한국 문화의 철학적 해석

한국 문화의 철학적 해석

우리 시가의 어법, 그 철학적 풀이

1판 1쇄 찍은날 2018년 3월 10일
1판 1쇄 펴낸날 2018년 3월 15일

글쓴이 김선영
펴낸이 조영준 | 책임편집 김선영전집간행위원회
펴낸곳 여유당출판사 출판등록 395-2004-00068
주소 서울시 마포구 동교로 27길 53, 201호 | 전화 02-326-2345 전송 02-6280-4563
전자우편 yybooks@hanmail.net | 블로그 http://blog.naver.com/yeoyoubooks

ISBN 978-89-92351-67-6 93100

이 도서의 국립중앙도서관 출판시도서목록(CIP)은
서지정보유통지원시스템 홈페이지(http://seoji.nl.go.kr)와 국가자료공동목록시스템
(http://www.nl.go.kr/kolisnet)에서 이용할 수 있습니다.(CIP제어번호: CIP2018007473)

한국 문화의 철학적 해석

우리 시가의 어법, 그 철학적 풀이

김선영 지음

머리글

개인적으로 오래도록 마음에 걸렸던 물음이 있었다. 문화예술을 좋아하는 건지 문화예술에 대한 분석과 해석을 좋아하는 건지 스스로 헷갈릴 때가 있었다. 문화예술을 통해 얻는 감동을 잊을 수 없기에, 철학을 하더라도 개념분석에만 열중할 것이 아니라 논리적 구조 이면의 생생한 삶의 체험과 구체적인 감을 살리고 싶었고, 문화예술 방면에 대한 관심의 끈을 놓을 수 없었다. 그리고 직접 그 세계에 입문했을 때에는 과연 그것이 전부일까, 그에 대한 해석이 필요하지 않을까 하는 뜻밖의 의문에 부딪쳐서 역시 남모르는 고민에 휩싸여야 했다. 그러니 철학자들 틈에 있으면 늘 딴전을 피우는 것처럼 보였고, 예술인들 틈에 있으면 영락없는 이론가의 티가 났다. 결국 아무 데에도 속하지 못하는 주변인이라는 불안한 신분으로 몇 해를 헤매야 했다. 문화예술이든 철학이든 다방면에 걸쳐 두루 관심을 갖기는 했지만 어느 것도 자신을 사로잡을 만한 절박한 문제로 와 닿지는 않았던 것이다. 다른 길이 있어 보이지도 않았다. 두 갈래의 길에서 결국 돌파의 길이 보이지 않는 미로에 갇혀 오도가도 못 하는 신세가 된 기분이었다.

그러던 어느 시점에 가서야 바로 그곳이 내 자리라는 깨달음에 이를 수 있었다. 바로 그렇게 양다리를 걸치고 있으면서 양자를 아우를 수 있는 제3의 중간 지대에서 자신의 자리를 발견하게 된 것이다. 그 자리는 문화예술에 대한 철학적 해석과 비판의 자리 내지는 문화비판으로서 철학의 자리라고 불릴 수 있을 것이다. 그렇다. 감성이 열려 있으나 그것을 돌이켜 보지 못할 정도는 아니며, 지적 욕구에 목말라 하지만 가슴을 닫고 살지는 않는다. 그것이 자신의 실상이라고 생각하니, 진실은 바로 거기에 있었다. 할 수 있는 일이 분명해진 것이다. 나는 문화예술 현상에 대한 철학적 해석과 진단을 내리고 싶었고, 그러한 바램은 운명이자 사명감으로 다가왔다.

사실 이런 고민의 과정을 겪게 된 가장 결정적인 계기는 우리 문화예술을 접했을 때 받은 그 지울 수 없는 느낌에 있었다. 당시 서구 철학과 씨름하면서 개인적으로 그것을 이해는 하겠지만 마음에 꼭 맞지는 않는다고 하는 벽에 부딪쳐 있었다. 서구 철학을 아무리 연구해도 자신의 인생의 문제가 건드려지지 않은 채로 남아 있다면, 그것은 자신이 서구 사람들과는 다른 기질과 삶의 체험과 세계관을 갖고 있기 때문일 것이다. 그런 자기표현이 하고 싶었다. 그러나 서구의 철학 전통에 비견할 수 있을 정도로 그런 이야기를 꺼내 놓을 만한 문맥을 찾기도 어려웠고, 그런 이야기의 핵심이 무엇인지를 선뜻 내놓기가 쉽지 않았다. 다만 우리의 문화예술을 접했을 때, 최소한 그것은 내 것 같다고 하는, 최소한 거기서는 내 문제와 생각과 감정이 살아나는 것 같다고 하는 절박한 느낌이 있을 뿐이었다. 하지만 그것들은 워낙 단편적인 느낌으로 흩어져 있어서 하나의 그림으로 완성되기까지는 철학적 해석을 거쳐야 하는 것들이었다.

그저 향유의 대상으로만 묻어 두기에는 아까운 우리의 문화예술에 대하여 이제는 철학적 해석의 옷을 입혀야 할 때가 되었다. 서로 다른 문화권의 문화예술의 차이가 더 이상 서구의 것을 기준으로 해서 그 가치를 일방적으로 평가받거나 단지 우연히 빚어진 취향의 차이로 간주되어선 안 된다. 우리의 문화예술이 서구의 그것과 정당하게 비교될 수 있기 위해서는, 양자의 차이를 두 문화권의 미의식의 차이로 설명할 수 있어야 하고 세계관과 삶의 방식의 차이에서 비롯된 차이로 해석해낼 수 있어야 한다. 그러기 위해서는 무엇보다도 우리의 문화예술에 반영되어 있는 미의식과 세계관의 관점을 읽어내는 철학적 해석의 작업이 먼저 이루어져야 한다. 어느 문화예술의 표현이든 간에 거기에는 그것을 표현한 이의 미의식과 그런 미의식을 갖게끔 한 세계관과 인생관이 반영되어 있기 마련이므로, 그것을 철학적으로 풀이해 내는 작업이 필요하다는 것이다.

이 책을 엮게 된 것도 마찬가지 동기에서다. 서양의 문화예술이 지배적인 영향력을 행사하며 우리의 삶에 침투해 들어와 있는 시점에서 동양의 문화예술의 특징을 돌이켜 봐야 하는 이유는 너무도 명백하다. 서양 문화에 밀려 자기표현을 잃어버린 이들에게 기회를 주기 위해서다. 서구에서 들어온 옷을 입는 것이 더 쉽고 편하게 느끼는 이들이 점점 늘어나는 것이 현실의 추세이지만, 만약 그것이 완전히 자기 것으로 되지 못하고 자기 안에서 무언가 해갈되지 않은 것이 여전히 남아 있다면 그것에 대한 표현의 길을 찾기 위해서다. 더 이상 다른 사람의 미적 감각과 세계관을 빌려서 이야기할 것이 아니라, 자신의 기질과 삶의 체험과 세계관에서 우러나오는 이야기를 하기 위해서다. 사람은, 그리고 철학자라면 더더욱, 떠밀려 가기만 하는 것이 아니라 돌아볼 줄도 알아야 한다. 진정한 문화비판은 서구사람들보다는 오히려 그들의 다른 문화까지 체험한 우리에게 가능한 것일 수 있다.

이 책이 궁극적으로 지향하는 바는 우리 자신의 문화예술에 대한 철학적 해석을 내리는 것이지만, 우선은 현대에 지배적인 서구의 문화와 대조해 보려는 목적에서 우리의 문화와 중국의 문화를 묶어 동양의 문화라는 이름으로 이해해도 좋을 것이다. 물론 그것은 어디까지나 잠정적인 분류에 지나지 않는다. 어느 시점에 가면 한국의 문화와 중국의 문화를 더 이상 동양의 문화라는 이름으로 함께 묶을 수 없게 만드는 결정적인 차이점들이 발견될 것이다. 우리의 문화는 서구 문화뿐만 아니라 중국 문화와도 차별화 되는 특징을 지니며 다른 역사적 체험과 세계인식을 반영하고 있기 때문이다.

한국 문화를 이해하기 위해 우선 「한국 예술과 한국 어법」에서는 한국의 구전시가(口傳詩歌)를 중심으로 한국 예술의 특징을 살펴보고 그것과 한국어의 어법적 특징과의 친연성을 보였다. 그리고 그것을 서구의 경우와 중국의 경우와 비교함으로써 한국적 특징을 한층 차별화 시키는 데 주력하였다. 「한국의 가족주의 문화」에서는 개인주의적 사고방식을 갖고 있으면서도 공적 체제와 질서에 따르는 서구사람들과 비교해 볼 때 유달리 혈연, 지연, 학연에 따라 이합집산하는 한국사람들의 행태에 대하여 그것을 가족주의의 한 형태로 보고, 가족주의라는 것이 공적 체제를 구성하기에는 부적절한 것이므로 지양되어야 한다는 부정적 평가를 내리기에 앞서 먼저 그것이 반영하고 있는 존재이해에 대한 철학적 분석과 성찰이 필요함을 역설하였다. 그리고 서구 사회를 지배한 법(法)의 이념에도 중국 사회를 지배한 예(禮)의 이념에도 끝내 동화될 수 없었던 한국사람들이 보이는 가족주의의 행태는 오히려 분열과 연대를 통해 최적의 모임을 지향하는, 네트워크(network) 시대에 어울리는 나름의 사회 구성 방식이 될 수 있음을 시사하였다.

이런 논의들은 한국 문화를 이해하는 데 있어 지극히 사소한 실마리를 제시한 것에 지나지 않을 것이다. 다만 다음의 문제의식을 확인하고 앞으로의 연구에 작은 디딤돌이 되었으면 하는 바램뿐이다. 지금까지 한국사람은 세계 무대를 향하여 자기의 고유한 철학사상을 내보인 적이 없다. 그러나 이제는 한국사람도 자기의 철학을 표현할 때가 되었다. 한국의 문화예술은 그것을 표현할 수 있는 단서들의 보고이다. 그러니 한국의 문화를 다양한 각도에서 접근하고 풀이하는 작업이 이루어져야 하고, 무엇보다도 그에 대한 철학적 해석이 절실히 요구된다.

편집자의 글

이 책은 김선영(1963~2015)의 글을 정리한 『김선영전집』 전3권(한국
음반아카이브연구소, 2018) 중에서 제1권의 전반부 「한국 문화의 철학적
해석」을 따로 엮어서 낸 것이다.

이 책의 제1부는 저자가 『동양문화의 이해』(동과서, 2003)에서 처음
발표했던 것이며, 저자의 머리말 또한 제1부에 해당하는 것이다. 제2부
는 모두 생전에 발표하지 않은 유고를 수습한 것이다.

이 책은 유고를 수습하여 엮은 것이므로 일부 내용이 중복되기는 하
지만, 같은 주제에 대해 서술을 달리하므로 논지를 이해하는 데는 오히
려 도움이 될 수도 있다. 또한 저자의 원래 편집 의도를 존중하여 제1부
가 앞에 놓여 있으나 내용의 흐름으로 보면 오히려 제2부를 먼저 읽는
것도 좋을 것이다.

『김선영전집』 제1권의 후반부인 「중국 문화의 이해」와 2권 『문화와
상상력』, 제3권 『흄의 철학 연구』 등은 중국철학과 서양철학에 대한 전
문적인 논고이므로 전공자가 아니면 읽기가 쉽지 않다. 그렇지만 이 책
에 실린 「한국 문화의 철학적 해석」은 한국 문화와 음악에 대한 철학적
해석이고, 비교적 평이하게 서술되어 있으므로 일반인들이 읽기에도 무

리가 없다고 보아 별책으로 간행한 것이다.

　『김선영전집』 전3권은 사정상 비매품 100세트 한정판으로 제작되어 일반인들이 직접 구입하기는 어렵지만, 전국 국공립도서관과 여러 대학 도서관에 기증되어 있으므로 이를 이용할 수 있다.

김선영전집간행위원회

차 례

1. 한국 예술과 한국 어법

— 구전시가(口傳詩歌)를 중심으로 —

1) 문제 제기

사람들은 글로써 무수한 기록들을 남겼다. 기록을 신뢰한다고 공공연하게 주장하는 사람들이나 그 한계를 말하는 사람들이나 할 것 없이 어떤 식으로든 기록의 역사에 한 장을 보태왔다. 기록되지 않으면 잊혀질지도 모른다는 생각이 그들을 더욱 분주하게 만들었다. 그러면서 정말로 무엇이 잊혀지고 있는지를 생각할 수 없었다. 철학도 그러한 기록문화의 한 산물이다. 철학자들은 인간의 운명과 자연의 질서 나아가 우주의 생성에 이르기까지 실로 다양한 사색을 전개해왔다. 하지만 그 어느 것도 궁극의 해답을 주지는 못했다. 그럼에도 철학의 저술들은 보편의 진리를 잡았다는 주장들로 가득하다. 도대체 그들은 무엇을 간과하고 있는 것일까?

그러나 기록을 남기지 않은 사람들의 이야기가 있다. 오히려 일찍이 기록문화를 이루어 역사를 주도해온 사람들은 일부일 뿐이고, 대부분의 사람들은 기록의 역사에 합류하지 않은 채 삶을 개척해 왔다. 어떤 주목할만한 기록도 남기지 않은 사람들, 뒤늦게 기록문화로 진입하긴 했지만 여전히 기록에 충실할 수 없는 사람들, 고유의 철학이론을 선보인 적이 없는 사람들, 과연 그들에게는 사상이나 세계관이 없는 것일까? 그들의 마음은 기록된 철학사 그 바깥에 있다. 그러니 문자기록에 충실했던 사람들이 제시한 어느 철학도 그들에게는 붙잡을 수 있는 것이 아니다. 그렇다면 그들은 무슨 생각으로 살아온 것일까? 철학으로 계발되지 않은 사람들의 기질과 마음으로부터 바라볼 수 있는 세상은 어떤 것인가? 기록된 철학사를 갖고 있지 않은 사람들의 철학을 이야기할 수 있다면, 기존의 어떤 철학으로도 정형화될 수 없는 세계체험의 양식을 형상화해낼 수 있다면, 기존의 철학들이 무엇을 간과하고 있는지를 보일 수 있을 것이다.

2) 구전문화(口傳文化)와 어법(語法)의 문제

(1) 말의 세계에 대한 관심

기존 철학의 한계를 기왕의 기록 가운데서 말하기는 어렵다. 기록이란 이미 기록되지 않은 것에 대한 망각으로써 이루어지기 때문이다. 기록되지 않은 것은 기록에 의해 의식적으로 청산된 세계일 수 있다. 또는 기록이 무의식적으로 당연시하고 있는 전제일 수도 있다. 철학사의 기록에서 빠져나간 것은 무엇일까? 철학사의 기록은 어떤 전제에 붙들려 있는가? 이런 의문들은 쓰여진 철학사 자체에 대한 반성의 필요성을 제기하고 있다.

최근 들어 활성화되고 있는 말의 세계에 대한 관심은 쓰여진 철학사를 재진단하기 위한 하나의 계기로 잡힌 것으로 볼 수 있다. 말의 세계에 대한 관심은 두 가지 탐구로 나타난다. 그 하나는 문자기록으로 철학적 사유가 틀 잡히기 이전의 구전문화(口傳文化)를 탐구하는 것이고, 다른 하나는 철학적 사유가 의존해 있는 어법을 탐구하는 것이다. 구전문화에 대한 탐구는 문자기록에 의존하지 않는 구전문화의 사유방식을 보임으로써 철학적 사유에 문제를 제기한다. 이에 따르면, 철학적 사유는 구전문화의 사유를 작위적으로 정리한 것일 뿐이라고 한다. 어법에 대한 탐구는 철학적 사유와 어법간의 유대관계를 보임으로써 철학적 사유에 문제를 제기한다. 이에 따르면, 철학적 사유의 여러 형태들은 각기 특수한 모국어의 어법에 깃들어 있는 세계이해의 모형을 시험 발전시킨 상대적인 것에 불과하다고 한다. 그러나 최근의 탐구에서 제기된 문제들은 아직 하나의 반성으로 타결되지 못하고 있다. 어째서 그런가?

(2) 구전문화에 대한 탐구

구전문화에 대한 탐구는 쓰여진 텍스트에 집중된 관심을 쓰여진 텍스트 바깥의 말의 세계로 환기시키고, 나아가 기록시대 이전의 말의 세계 또는 문자를 갖지 않은 이들의 말의 세계를 연구함으로써, 기록문화에 대한 반성의 계기를 찾고자 하는 것이다. 문자 기록에 의해 청산된 세계는 어떤 세계일까? 인간의 삶 속에 문자가 침투해 들어오기 전에 그리고 철학적 사유가 의식을 구성 지배하기 전에 인간은 어떤 방식으로 사유했을까? 그들에게는 철학이나 문학이라 할 만한 것이 없었을까? 기록 저편의 세계로 향하는 다리를 놓아 구전문화의 사유양식을 추적 발굴해낼 수 있다면, 지금까지 전개된 철학적 사유라는 것이 얼마나 제한된 세계에 갇혀 있는지를 보일 수 있을 것이다.

문자를 갖기 이전의 문화는 고전학을 연구하는 이들에게 관심의 대상이 되었다. 그들은 문자기록이 이루어진 초기의 작품과 문자기록이 완전히 정착된 이후의 작품 사이에 어떤 중요한 차이가 있다는 사실에 착안하여, 초기의 기록들은 오랫동안 구전되어 온 내용이 후대에 정리된 것이라는 결론에 도달하게 되었다. 이것을 계기로 그들은 문자기록을 갖게 된 이후의 문학작품과는 달리 구전으로 이루어지는 이야기가 갖는 고유한 특징들에 주의를 기울이기 시작했다. 이 연구는 20세기에 와서 밀만 페리에 의해 구체적 결실을 맺게 되면서, 이후에 앨버트 로드와 에릭 하블로크 그리고 버클리 피바디에게로 이어졌다. 이들은 주로 희랍의 서사시를 대상으로 그것이 지니는 구전의 특징을 밝힘으로써, 그러한 특징들이 기록문화의 사유양식과는 대비되는 구전시대의 사유양식을 보여준다고 생각하게 되었다. 또한 구전의 전통을 청산하고 기록시대로 진입하면서 사유양식이 재구조화되었으니 그 새로운 사유양식을 개척한 것이 철학이라고 보고, 구전문화로부터 기록문화로의 이행 과정을 추상적 사유양식이 출현하는 과정으로 설명하였다. 이러한 일련의 연구들을 토대로 월터 옹은 구전문화와 기록문화의 차이를 구술성에 뿌리를 둔 의식상태와 문자성에 뿌리를 둔 의식상태의 차이, 즉 정신역학의 차이로 보고, 구전문화 특유의 정신역학을 규명하고자 했다. 그에 따르면, 구전문화에 입각한 사유와 표현은 종속적이기보다 첨가적이고, 분석적이기보다 집합적이며, 장황하거나 다변적이고, 보수적이거나 전통적이며, 인간의 생활세계에 밀착되고, 논쟁적 어조가 강하며, 객관적 거리유지보다는 감정이입적 혹은 참여적이고, 항상성이 있으며, 추상적이기보다는 상황 의존적이라는 특징을 지닌다고 한다. 그러나 기록문화와는 구별되는 구전문화 특유의 정신역학을 규명한다고 하면서, 그는 구전문화로부터 기술문화로의 이행을 설명함에 있어서는 인간 의식이 고도의 내면화를 향하여 진화되어 왔고 그 진화가 주로 기록에 의존해 있다는 해석을 벗어나지 못했다.

문자를 갖고 있지 않은 이들의 문화는 인류학자들의 관심거리이기도 했다. 초기의 인류학자들은 이른바 원시인들의 사유방식을 탐구하면서, 원시인들의 사유가 문명인의 사유에 비해 뒤떨어진 것이거나 완전히 다른 것이라고 결론내렸다. 말리노프스키는 원시인들의 사유방식이 전적으로 생활의 기본적인 욕구에 의해 결정되는, 다소 조잡하고 뒤떨어진 것이라고 생각했다. 또 레비 브륄은 원시인들의 사유는 전적으로 감정이나 신비적 표현에 따라 결정되므로 문명인의 사유와는 기본적으로 다른 것이라고 보았고, 그 특징을 전논리적인 것으로 규정했다. 이런 견해들은 분명 문명인의 관점에서 일방적으로 이루어진 평가가 아닐 수 없다. 이런 환상을 깬 것은 레비 스트로스였다. 그는 우선 '원시' 또는 '미개'라는 말을 '쓰기를 갖지 않은'이라는 말로 바꾸어야 한다고 제안한다. 말리노프스키의 견해가 공리주의적인 개념인 데 비해 레비 브륄의 견해는 감정적 정서적 견해라고 간주하면서, 그는 문자를 갖지 않은 사람들의 실제 사고방식이란 현실문제에 관심이 없는 것일 수 있으며 그것은 또한 지적이라고 주장한다. 그는 이와 같은 자신의 견해가 전자의 측면에서 말리노프스키와 다르고 후자의 측면에서 레비 브륄과 다르다고 한다. 그는 문화적 차이에도 불구하고 인간의 정신은 모든 곳에서 하나이고 동일하며 똑같은 능력을 가지고 있다는 사실을 상기시킨다. 그리고 이항대립의 견지에서 구조분석을 수행함으로써 쓰기를 갖지 않은 이들의 사유의 모습과 그 내적 논리를 밝히려 한다. 그에 따르면, 문명인의 사유는 추상의 논리로, 야생의 사유는 신화적 사유 내지 구체의 논리로 특징지어질 수 있다. 그러나 문명인의 사유뿐만 아니라 야생의 사유 역시 무질서를 없애려는 노력을 경주한다. 쓰기를 갖고 있지 않은 이들도 나름의 분류체계를 가지고 있으며, 더 이상의 대립이 인식되지 않는 선까지 분류를 밀고 나간다. 다만 양자는 사물을 범주화시키는 방법과 관심의 영역이 다를 뿐이다. 그러니 어느 것이 보다 과학적이라거나 논리적이라고 주장할 수 없다는 것이다. 그러나 레비 스트로스의 접근에 대해서는, 구전문화가 항상 구조주의적 이항분석을 허용하는 견지에서 형성되지는 않음에도 불구하고 그의 구조분석은 이항대립의 도식에 맞지 않는 중요한 요소들을 종종 무시함으로써 도식적 설명을 추구한다는 비판과, 구조주의적 접근 자체가 탐구의 객관성을 위해 심리적 현상을 배제하지만 그런 접근은 구전되는 이야기에 대한 추상적 분석일 뿐 이야기 자체의 심리적 긴장감 등을 설명하지 못한다는 비판이 제기될 수 있다.

위의 두 연구는 무문자문화에 대한 인류학적 발견들을 정신역학적 분석이나 구조주의적 분석을 통해 구성한 것들이다. 정신역학적 분석은 구전문화와 기록문화의 정신역학적 차이를 규명하고 전자에서 후자로의 이행을 의식의 내면화 과정으로 해석한다. 구조주의적 분석은 구전문화와 기록문화가 모두 질서와 분류를 지향하는 것으로 보고 그 방식의 차이로써 양자의 차이를 설명한다. 이런 연구들은 기록문화의 틀을 가지고 구전문화를 이해하려는 것이 아니라 구전문화 자체의 사유양식을 탐구하려는 것이며, 그것을 통해 기록문화의 사유양식이라는 것이 단지 특정 방식으로 구조화된 결과물에 불과함을 보이려 한다는 점에서, 기록문화를 반성하는 중요한 출발점이 될 수 있다. 그러나 이 연구들은 아직 몇 가지 문제를 남겨두고 있다. 이 연구들은 문자에 의존하지 않는 구전문화의 사유양식을 주로 서구의 기록문화의 사유양식과의 대비를 통해서 드러내고 있다. 이에 따르면 구전문화는 특유의 이야기 조직 방식 내지 질서매김의 방식을 가지고 있으며, 그것이 기

록문화의 추상적 사유와는 구별되는 구체적 사유의 특징을 지닌다고
한다. 그러나 이것은 어디까지나 서구문명과의 비교를 통해 드러나는,
즉 서구 사람들에 의해 잡힌 특징이며 해석일 뿐이다. 다시 말해, 이들
은 문명권의 사유방식 또는 그것을 대표하는 철학적 사유방식의 특징
을 추상적 사유에 있다고 보고, 문명의 사유와 원시의 사유의 차이를
추상적 사유와 구체적 사유의 차이로 일반화시키고 있는데, 이것은 어
디까지나 서구문명 내지 서구철학의 특징을 기준으로 한 발상이다. 그
러나 이것으로써는 다른 문명권의 철학적 사유에 대해서도 원시의 사
유에 대해서도 충분한 기술이 될 수 없다.

(3) 어법에 대한 탐구

어법에 대한 탐구는 이와는 다른 각도에서 문제를 제기한다. 이 탐
구는 특정 언어의 어법을 분석함으로써 그 문화의 특수성을 드러내려
는 것이다. 문화와 언어 사이에는 밀접한 관계가 있다. 언어는 시대에
따라 변화를 겪기 마련이다. 시간이 흐르면서 없어지는 말도 있고 새
로 생기는 말도 있으며, 말의 형태나 음운 그리고 의미가 달라지기도
한다. 그러나 말을 하는 방식, 즉 어법은 보다 안정적이다. 물론 그 세
부적인 규칙들은 변할 수도 있지만, 그 기본적인 특징들은 거의 변하
지 않고 유지되는 편이다. 오랜 시험을 거치면서 다듬어진 어법에는
삶의 현장에서 길러진 체험과 사색의 양식이 반영되어 있다. 그래서

말의 어법적 특징을 분석해보면, 말을 쓰는 이의 세계관을 짐작할 수 있다. 따라서 한 민족의 세계관 내지 문화는 특히 어법과 긴밀한 유대 관계를 갖는다고 할 수 있다.

언어와 세계관의 관계에 관한 문제는 19세기 독일의 훔볼트에 의해 제기되었다. 사실 19세기에 언어구조에 대한 연구가 시작되었을 때는 언어사실의 역사적 해명과 인도유럽어의 조어(祖語) 탐구가 일반적 경향을 이루고 있었다. 이러한 흐름에 대하여 훔볼트는 오히려 주어진 한 시점에서 관찰되는 언어자료의 해명, 즉 언어의 공시적 단면을 고찰하는 데 주의를 기울였다. 또한 그는 인도유럽어가 다른 어족 이상으로 주목되어야 할 이유는 없다고 생각했다. 인도유럽어의 언어구조와는 근본적으로 다른 언어의 특질에 접하게 됨으로써, 그는 언어의 본질과 인간생활에 있어서의 언어의 역할에 대해 전혀 새로운 관점에서 접근할 수 있었다. 언어구조와 민족성의 관계에 대한 문제는 훔볼트의 언어이론에서 핵심적인 부분이다. 언어가 민족의 정신을 여실히 드러내며 민족의 세계관을 반영한다고 하는 그의 이론은 일반적으로 세계관이론으로 불린다. 즉 각각의 언어는 그것을 사용하는 사람의 사유방식과 표현방식을 반영하고 조건지우는 고유한 구조를 가지고 있다는 것이다. 언어는 그 언어를 사용하는 사람의 사고방식이나 정신구조에 일정한 영향을 미친다고 하는 그의 주장은 언어상대성 이론으로도 불린다. 훔볼트의 세계관이론 내지 언어상대성 이론은 신훔볼트학파의 바이스게르버 등에 의해 20세기까지도 계승되었다.

유럽의 연구와는 별도로 20세기 미국에서도 비슷한 문제가 제기되었다. 20세기에 들어와서 문화인류학이나 민족학의 연구가 이루어지면서 그 이론과 방법 및 연구 성과를 이용해서 언어를 이해하고자 하는 인류언어학이나 민족언어학이 출현하게 되었다. 언어가 인간 문화의 한 부분이라는 점에서 언어학이 인류학과 관련을 갖게 된 것이다. 이러한 학문을 통하여 문화의 한 부분으로서 언어를 고찰하고 언어적인 면과 비언어적인 면과의 관계를 연구하는가 하면, 한 민족의 언어를 연구함으로써 그 민족의 문화 가치관 세계관 등을 이해하려는 시도가 이루어졌다. 언어와 문화의 관계에 관한 문제, 즉 각 언어의 유형이 언어사회의 문화유형과 관계가 있는가 없는가, 혹 관계가 있다면 어느 정도 의존하고 있는가 하는 문제를 다루는 이러한 연구경향들은 미국의 인디언어 연구에서 비롯되었다. 당시에 번역자들은 인디언어로 성서를 번역하다가 그 번역이 불가능함을 알고 그만두거나 인디언어를 영어로 번역하다가 예기치 않은 곤경에 빠지는 경험을 해야 했다. 인디언들의 언어구조는 인도유럽어족의 그것과 근본적으로 달랐기 때문이다. 이런 일들이 미국 언어학계에 인류언어학적 관심을 불러일으켰다. 즉 원시적 언어라는 것은 존재하지 않으며 모든 언어는 나름대로 동등하게 완전하다는 자각을 하게 된 것이다. 이는 곧 언어의 다양성과 상대성에 대한 자각으로 이어졌는데, 이 점은 보아스로부터 사피어와 워프의 연구를 통해 분명하게 드러났다. 특히 워프는 인간의 심리적 지적 세계가 그 언어구조와 밀접하게 결합되어 있다는 사실에 주목했다. 언어가 문화에 의해 영향을 받는다는 견해에 대해서는 아무도 반대하지 않았다. 그러나 워프는 그 반대도 강조했다. 그는 언어의 유형이 문화의 유형을 규정하고 인식과정에 직접 영향을 미친다고 생각했다. 우리들의 사고과정이나 경험양식은 언어에 의존하고 있으며, 언어가 다르면 그에 대응해서 사고와 경험양식도 다르다는 것이다. 즉 언어는 사람들의 경험과 사고방식을 규정하며 사람은 이것을 피할 수 없다고 보는 것이다. 사고가 언어에 의해 결정된다는 이런 입장은 언어상대성 가설 가운데서도 강한 가설로서 언어결정론이라고 한다. 이 극단적인 입장에 의하면, 언어구조가 서로 다른 언어 사이에는 번역이 불가능하다는 이야기가 성립한다. 이보다는 온건한 입장을 취하여 언어가 사고나 인식의 과정에 다만 영향을 미친다고 보는 견해가 있는데, 이를 언어상대성 가설 중에서도 약한 가설이라고 한다. 대체로 심리학자 언어학자 철학자들은 언어가 사고방식을 결정한다고 하는 강한 가설에 대해서는 회의적이지만, 언어가 사고 지각 기억에 어떤 영향을 미친다고 하는 약한 가설에 대해서는 인정하고 있다.

위의 두 연구는 사실상 별도로 이루어졌다. 유럽의 언어학이 곧바로 미국에 알려진 것은 아니었기 때문에 위의 두 연구 간에 직접적인 영향관계를 주장할 수는 없다. 그럼에도 두 연구는 그 내용에 있어서 하나의 흐름을 보여주고 있다. 이 연구들은 언어구조의 차이를 통해 문화의 차이를 인식하게 한다. 이것은 분명 언어학의 일반적 경향과는 구별되는 관점이다. 이 연구는 18세기까지의 언어학이 그랬던 것처럼 그리스어나 라틴어를 기초로 해서 언어의 보편적이고 논리적인 구조를 추구하려는 것도 아니며, 산스크리트어의 발견으로 고무된 19세기의 비교 언어학이 그랬던 것처럼 언어에 대한 역사적 비교를 하려는 것도 아니다. 또한 이 연구는 언어를 기호 체계로 보고 각각의 기호를 체계 내에서의 위치나 기능에 의해 파악하는 20세기의 구조주의 언어학과도 구별되며, 말을 하고 이해하는 능력에 관한 기술로서 변형생성문법과도 구별된다. 오히려 이 연구는 언어의 특수성에 주목하고 그것을 통해 언어사회의 세계관과 문화의 특수성을 보이려는 것이다. 그러나 언어의 특수성에 주목하는 이러한 연구경향은 언어의 보편적 구조를 추구하는 서양 언어학의 일반적 추세에 일시적으로 끼어든 에피소드로만 볼 수는 없다. 그것은 언어구조나 사고방식을 보편화하려는 경향에 대한 반성의 계기가 될 수 있도록 보다 차별화 되어야 한다. 그리하여 인도유럽어계의 언어를 모델로 해서 일반화시킨 이론을 가지고 제 언어에 적용시키는 작업의 문제점을 지적할 수 있어야 한다. 따라서 어법에 대한 탐구는 철학사의 기록을 남기지 않은 민족의 언어를 통해 또 다른 사유양식과 세계관을 보여줌으로써, 기존의 철학적 사유라는 것이 특정 언어에 의존하는 특정한 사유방식에 불과함을 지적하고, 그것이 어째서 참 보편의 진리가 될 수 없는지를 생각해보는 철학의 문제로 연결되어야 한다.[1]

---

1) 이런 탐구는 단지 언어인류학에 국한된 주제일 수만은 없다. 그것은 아직 철학적 해석을 기다리고 있다. 또한 철학의 문제라는 것 역시 언어의 문제를

통해 재조명될 필요가 있다. 물론 철학에서도 언어는 고대로부터 줄곧 문제시되어 왔다. 철학자들은 언어와 사고 그리고 존재의 관계를 문제 삼는다. 그러나 서구의 철학사라는 것이 고대 희랍철학의 발상을 넘어서 전개되지 않은 것처럼, 언어의 문제나 문법에 대한 탐구 또한 그러한 틀에 따라 이루어질 뿐이었다. 희랍 철학 이래 보편자를 추구했듯이 언어연구에서도 보편적 구조를 추구해왔던 것이다. 그러나 언어학자들이 말하는 보편문법이라고 하는 것은 어디까지나 희랍어나 라틴어를 기초로 해서 생각해낸 것에 불과하다. 마찬가지로 희랍철학자들이 추구한 추상적 보편자, 정적이고 연속적인 세계이해의 방식, 사고와 존재의 일치에 관한 주장들은 어디까지나 희랍어를 사용하는 사람들의 생각에서나 가능한 것에 불과하다. 그러니까 희랍철학으로부터 비롯된 현대까지의 서구의 철학은 희랍어와 같은 인도유럽어 계통의 언어가 갖는 특수한 성질에서 말미암은 것에 지나지 않는다는 것이다. 그런데도 자신들의 전통을 너무나 당연시했던 서구의 철학자들은 이 점을 돌아볼 수 없었다. 그러던 것이 영미의 언어분석철학에서 언어가 중요 관심사로 부상하면서 문제가 제기되었다. 주로 영어권에서 활동하던 그들은 희랍철학을 이해하는 데에 어떤 문제점을 발견하였다. 그것은 바로 희랍철학을 희랍어의 특성과 떼어서 이해할 수 없다는 자각이기도 했다. 존재와 본질을 모두 기술하는 희랍어 계사에서 나타나는 애매성이 밀과 럿셀에 의해 주목되면서, 이후의 철학자들은 기존의 존재론적 해석과는 달리 논리적 관점에서 희랍철학을 해석할 수 있었다. 그런데 이 계기가 그들에게는 아직 근본적인 반성으로 맺어질 수 없었다. 언어분석철학자들은 희랍철학이 특유의 언어구조를 바탕으로 한다는 사실을 알아차렸으면서도, 그 결말은 보다 철저한 논리적 분석으로 무장된 희랍적 사유의 보다 이상적인 형식을 지향하는 데에 이르고 있다. 더군다나 다른 한편에서 언어에 대한 연구는 희랍적 사유에 대한 보다 적극적인 항변을 낳기도 했다. 칸은 호머로부터 플라톤에 이르기까지의 희랍어 계사를 분석함으로써 희랍적 사유의 원형을 복구해내려 했다. 그는 희랍적 사유의 바탕이 된 희랍어의 애매성을 지적하는 것은 현대 영어권의 분석적 시각에 말미암은 시대착오적인 해석일 뿐, 희랍어로 사유한 전통의 시각

(4) 구전문화와 어법이 반영하는 세계관의 문제

어법에 대한 탐구는 구전문화에 대한 탐구와 어떻게 연결될 수 있는 가? 어법에 대한 탐구는 한 민족의 구전문화와 기록문화를 연장선상에서 읽는 방법을 제시하고 있다. 구전문화와 기록문화 사이에는 거부할 수 없는 공통점이 있는데, 같은 어법(語法)에 의해 지배된다는 사실이 그것이다. 양자는 구전과 기록이라는 양식상의 차이에도 불구하고 언어로써 연행되고 쓰여지는 한, 마찬가지로 떠날 수 없는 공통의 틀로서 어법을 전제한다. 구전시대의 언어와 기록시대의 언어 사이에는 여러 가지 차이점들이 발견될 수 있음에도 불구하고 말을 구성하고 운용

___

으로 볼 때에는 희랍어 계사의 기능이 그런 것처럼 존재와 본질은 뗄 수 없는 하나로 인식되는 것이 당연하다는 주장을 폈다. 나아가 그는 이렇듯 희랍적 사유가 상당 부분 희랍어의 특징에서 기인함을 오히려 다행스러운 일로 보았다. 그는 희랍철학이 정적이고 연속적인 세계를 표상하며 존재와 사고의 일치를 주장할 수 있었던 것은 바로 그것을 가능케 한 희랍어 계사의 본래적 특징에 연유한다고 주장했다. 이렇게 희랍철학과 희랍어의 연관성을 인정하고 나서, 그는 희랍어가 어떤 다른 언어보다도 인간 사유의 보편적 특징을 가장 잘 반영할 수 있는 언어이며, 희랍철학이 다른 어떤 철학보다도 보편적이고 근원적인 철학적 사유를 전개할 수 있었던 것은 바로 희랍어 덕분이었다는 보수적 주장으로 되돌아가고 만다. 인도유럽어 외의 언어들은 일반적으로 존재기능과 계사기능을 구별한다는 에른스트 로커의 주장 같은 것은 철학자들에게는 진정으로 이해될 수 없었다. 그들은 자신들의 철학이 특정 언어에 깃들어 있는 특수한 세계이해의 방식일 뿐이라는 사실을 인정할 수 없었던 것이다. 이런 현상들은 서구철학에 대한 그들의 자체 반성이 얼마나 어려운 일인지를 다시금 확인하게 해준다.

하는 기본 원칙에 있어서는 크게 달라진 점이 없다. 문자를 발명하기 오래 전부터 말을 사용해 왔듯이, 어법은 그에 대한 이론이 성립하기 훨씬 전부터 존재해 왔다. 다만 의식적으로 자각되지 않았을 뿐이다. 말의 어법적 특징을 분석해 보면, 말을 쓰는 이의 세계관과 철학을 짐작할 수 있듯이, 시나 노래도 언어를 떠나서 이루어지는 것이 아니기에 그 언어의 특성을 통해 작용하는 세계관과 긴밀한 유대관계에 놓인다. 생각하는 방식에 따라 말하는 방식이 틀 잡히고 그에 따라 노래가 불려지고 시가 만들어지는 것은 한 가지의 일이다. 이런 의미에서 어법에 대한 탐구는 문화 전반의 양식에 대한 탐구일 수 있다. 구전문화와 기록문화가 같은 어법으로 이루어진다면, 그 공유하는 틀로서 어법을 연구하는 것은 곧 양자가 함께 할 수밖에 없는 보다 뿌리 깊은 사유방식에 대한 문제제기일 수 있다.

어법에 대한 탐구는 또 다른 측면에서 구전문화를 통한 반성을 심화시키는 계기가 된다. 구전문화에 대한 탐구가 구전문화 일반의 특징에 관한 것인 한, 그에 의거한 반성 또한 일반론을 제기하는 데 그칠 따름이다. 구전문화에 대한 탐구는 구전문화의 일반적 특징을 살펴봄으로써 그와 대비되는 기록문화의 일반적 특징을 돌이켜보기 위한 것이며, 구전문화에서 기록문화로 이행해 간 일반적 경향을 진단하기 위한 것이다. 물론 이 탐구는 기록에 의해 잊혀진 구전세계를 드러냄으로써 그에 비해 기존의 철학들이 잡았다고 하는 보편의 진리라는 것이 얼마나 제한된 사유의 결과인지를 일깨워줄 수 있다. 그러나 구전문화와 기록문화의 일반적 차이를 밝히는 것으로는, 구전문화를 청산하면서 성립한 기록문화가 어떻게 서로 다른 체계들로 갈라졌는지에 대해 설명할 수 없다. 그러니 그것으로써는 저마다 보편의 진리를 잡았다고 하는 기존 철학의 주장들에 대해 그것들이 어째서 각기 상대적이고 특수한 바탕으로 떨어질 수밖에 없는지를 보이지 못한다. 이 점은 기록문화를 구전문화와의 대비를 통해서 바라보고 일반론을 전개하는 비판으로는 답할 수 없는 부분이다. 이에 답하기 위해서는 구전문화와 기록문화가 공유하는 바탕에서 문화의 상대성과 특수성을 보일 수 있어야 하는데, 그 적절한 기점이 될 수 있는 것이 바로 어법이다. 어법과 문화의 유대관계는 비단 기록문화에 대해서만이 아니라 구전문화에 대해서도 마찬가지로 성립하기 때문이다. 즉 문자기록으로 이루어진 철학체계들 뿐 아니라 오늘의 구전문화나 기록 이전의 구전 시대의 예술양식들의 다양성과 특수성까지도 특정 어법에 반영된 세계관의 문제로 설명될 수 있다는 것이다. 보편의 진리를 주장하는 철학이론들이 구전 시대로부터 다듬어진 특수한 어법에 의존하는 상대적인 것일 수밖에 없음을 드러낸다는 점에서, 어법에 대한 분석은 보다 근원적인 반성을 제공해준다.

기록시대의 철학을 되돌아보기 위해서는 구전문화에 대한 탐구와 어법에 대한 탐구가 모두 필요하다. 구전문화에 대한 탐구는 구전문화와 기록문화의 관계를 청산과 상실의 측면에서 바라보고, 기록문화를 비판적으로 읽기 위해서 그것이 망각하고 있는 구전문화의 일반적 특징을 탐구하는 것이다. 그리고 어법에 대한 탐구는 구전의 양식과 기록의 양식 간의 차이를 부정하는 것이 아니라, 그러한 차이에도 불구하고 특정 문화가 공유할 수밖에 없는 전제로서 어법의 특징을 연구하는 것이다. 그런데 특수한 어법적 특징이 기록문화의 특수한 체계들 뿐아니라 구전문화의 특수한 형태들에도 관련을 갖는다면, 기록시대의 철학은 구전문화와의 차이에도 불구하고 그것의 연장선상에서 이해될 수 있으며, 철학체계들의 차이 뿐 아니라 구전문화의 다양한 차이까지도 어법의 차이를 통해 설명될 수 있다. 이런 점들은 어법에 대한 탐구의 중요성을 강조하여 말한 것이다. 그럼에도 구전문화에 대한 탐구가 여전히 필요한 까닭은 그것이 풍부한 단서와 안목들을 제시한다는 데에 있다. 이 점은 기록을 가진 이들에게도 해당되는 이야기이지만, 특히 기록을 갖지 않은 민족에게 있어서 구전문화는 바로 그들의 음악이요 문학이면서 철학이기에 보다 구체적으로 그들의 정서체계와 가치체계 그리고 세계관을 확인할 수 있는 중요한 자료가 된다. 레비 스트로스에게서 신화와 음악이 중시되는 이유도 이런 것이다. 신화와 음악은 모두 언어로부터 파생된 것으로서, 음악은 언어에 배어있는 소리의 측면을 주로 이어받은 것이고, 신화 역시 언어에 배어있는 의미의 측면을 주로 이어받은 것이다. 기록을 갖지 않은 이들의 신념체계나 사유방식을 이해하기 위해서는 그들의 구전문화, 즉 언어로 구성된 종교적 예술적 세계를 탐구하지 않을 수 없다. 따라서 기록을 갖지 않은 이들의 세계를 이해하기 위해서는 그들의 어법만이 아니라 그들의 언어행태, 즉 언어로 구성된 세계를 함께 보아야 한다.

어법에 대한 탐구와 구전문화에 대한 탐구는 모두 문자기록을 갖지 않은 이들의 세계관을 탐구한다는 점에서 궁극적으로는 하나의 문제에 닿아 있다. 어법과 구전문화, 즉 말을 짜는 방식과 그 말로써 구성된 세계는 별개의 것일 수 없다. 보통의 경우 어법이라고 할 때 그것은 단순히 말이 짜여지는 원리를 뜻한다. 그런데 어법이라는 말은 보다 광범위하고 다양하게 쓰인다. 이를테면 말에 어법이 있듯이 음악이나 문학에도 음악어법이나 문학어법이 있다고 한다. 음악어법이니 문학어법이니 하는 말들은 음악작품이나 문학작품을 구성하는 원리 내지 특징을 가리키는 용어들이다. 여기서 단지 특징이나 원리라고 하지 않고 어법이라고 한 데에는 이유가 있다. 음악과 신화가 모두 언어로부터 파생했다는 레비 스트로스의 주장이 뒷받침해주듯이, 일차적으로는 음악작품이나 문학작품, 즉 노래나 시가 말로 이루어진다는 점에서 어법이라는 말이 붙었을 것이다. 나아가 이것은 실제로 한 민족의 음악이나 문학을 구성하는 원리 내지 특징이 그 민족의 말의 특징과 원리에 바탕해서 이루어짐을 함축하고 있다. 작품이 표현 전달하고자 하는 내용도 그렇거니와 악기의 성음까지 말의 성음을 본따서 제작되고 연주되는 실정을 보면 알 수 있다. 이런 사실들은 문화와 언어의 긴밀한 연관을 시사하고 있다. 그러므로 문자기록을 갖지 않은 이들의 세계관을 해명하고 그로부터 기왕에 쓰여진 철학사를 반성하려는 취지에서 볼 때, 잊혀져 가는 구전문화의 양식을 추적하고 그 어법적 특징을 밝히는 것은 하나의 연관된 문제이다.

(5) 한국적 세계관의 모색

그러나 구전문화와 어법에 대한 탐구를 통해서 쓰여진 철학사를 반성하려는 시도들은 이미 그것을 만든 이들의 입장에서는 자체적으로 결실을 맺기 어렵다. 정말로 반성이 이루어지려면 그들의 질문이 멈추는 곳에서 다시 물어야 한다. 어째서 특수성과 구체성이 중시되는가? 무질서를 제거하려는 인간의 노력은 과연 성공할 수 있는가? 질서매김이나 분류의 틀이 깨지는 곳에서 사람들은 무엇을 경험하고 무엇을 깨닫는가? 그들의 체험양식과 반응양식으로부터 생각해볼 수 있는 세계관은 어떤 것인가? 철학사를 갖지 않은 사람들의 시각을 통과해야 하는 이유가 여기에 있다.

일찍이 철학의 전통을 세운 서구나 중국과는 달리 한국에서는 고유한 철학의 전통을 찾기 어렵다. 이것은 주로 민족 고유의 사상을 표현해줄 고유의 문자가 오래도록 부재했다는 사실에 기인하지만, 문자가 생긴 이후에도 뚜렷한 변화는 일어나지 않았다. 한국인들은 끊임없이 외래의 사상과 문화를 수입하고 추종하여 마치 고유의 사상과 문화가 없는 것처럼 보이기도 한다. 그러나 신기한 것은 어떤 외래의 사상이나 문화도 영원히 또는 진정으로 그들의 마음을 붙들어두는 것 같지 않다는 사실이다. 외래문화에 대한 한국인들의 개방적 태도는 오히려 그 어느 것도 그들에게는 임시적이고 피상적인 거리일 수밖에 없음을 반증해준다. 어째서 한국인들은 어디에나 쉽게 동화되는 듯하면서 어디에도 결코 동화될 수 없는 것일까? 그들의 마음은 도대체 어디를 향하여 있는가? 아니, 마음이라고 하기보다는 기질이라고 하는 편이 더 나을법한 그것의 정체는 무엇인가? 쉽게 정형화될 수 없는 그들의 마음과 기질로부터 바라볼 수 있는 세계관은 어떤 것인가? 그것을 어떤 양식으로 객관화할 수 있을까? 그들 고유의 문화와 사상을 어떻게 찾을 수 있을까? 이 글에서는 구전시대로부터 한국 사람들이 이루어낸 시가(詩歌)의 양식과 어법의 특징을 탐구함으로써, 기존의 어떤 철학사에도 합류할 수 없는 그들의 감성과 세계관을 추적해보려 한다. 이 글은 한국적 기질론을 위한 하나의 시론이고자 한다. 또한 이 글은 한국 사람의 마음과 기질에서 걸러진 세계관을 통해 기왕의 철학사를 되돌아보고, 미래의 가능한 철학을 그 폭과 깊이에서 새롭게 시험해보려는 뜻도 가지고 있다. 이 작업은 앞에서 소개된 기왕의 연구들을 참고로 하되, 그들의 시야에 들어올 수 없었던 특징들에 초점을 맞추고 그 의미를 되새겨보는 데 중심을 둘 것이다.

3) 한국 구전시가(口傳詩歌)의 특징

(1) 기록문학의 원형으로서의 구전시가

문자를 발명해서 기록을 남기기 전부터 사람들은 말로써 생각을 표현하고 뜻을 소통해왔다. 뿐만 아니라 말로써 시도 읊고 노래도 지어 불렀다. 글의 시대가 개막되기 오래 전부터 사람들이 이루어온 말의 세계가 있었고, 그러한 말로써 이루어낸 언어예술이 있었다. 이것을 기록문화와 구별하여 구전문화라고 한다.

구전문화에 접근하기 위해서는 우선 몇 가지 선입견이 청산되어야 한다. 만일 입으로만 구전될 따름인 시가들을 문학사의 부분으로 인정할 수 없다고 주장한다면, 그것은 문자성에 갇혀서 오히려 그 진정한 기원을 망각하고 있는 것이다. 말은 글과 무관하게 이루어지지만 글은 말없이는 불가능하듯이, 구전문화는 기록문화와 무관하게 연행되지만 기록문화는 구전문화를 전제로 해서야 비로소 성립할 수 있었다는 점만을 보더라도, 구전문화는 기록문화의 모태라고 할 수 있다. 그러나 구전문화에 대한 연구가 필요한 것은 단지 기록문화의 기원을 밝히기 위해서가 아니라 또한 그 원형을 발굴하기 위해서다. 만일 구전문화가 기록문화 이전 시대의 것이니 보다 저급의 양식이라고 본다면, 그것은 오늘에 유행하는 기록문화의 잣대로 구전문화를 폄하한 것에 지나지 않는다. 구전문화는 천재적인 개인의 창작으로 완결되는 것이 아니라 평범한 사람들의 공동 작업을 통해 끊임없이 재구성된다. 삶의 현장에서 여러 사람들의 입을 통해 역동적으로 전승 변화되기에, 거기에는 민중의 보편적 정서와 시대적 요구가 담겨 있다. 그러니 구전문화는 단지 기록문화의 발전되지 않은 형태가 아니다. 오히려 그것은 민족문화의 원형으로서, 그로부터 파생한 기록문화가 끊임없이 자신을 돌이켜보아야 하는 본래의 모습인 것이다.

구전문화가 기록문화의 원류요 원형이라는 점은 구전문화의 다양한 형태들에 모두 해당되는 사실이다.2) 가령 기록문학에서 詩라고 하는 것은 실은 구전시대에 노래로 불려지던 것에서 파생한 것이다. 시(詩)는 원래 입으로 불려지는 노래(歌)였다.3) 그러던 것이 노랫말(歌詞)을

---

2) 한국의 구전문화로는 간단한 말(속담, 수수께끼), 이야기(설화, 신화 전설, 민담), 노래(민요, 판소리), 놀이(탈춤, 꼭두각시놀음) 등을 들 수 있다. 기록문학에서 말하는 시 소설 연극 등은 구전되던 노래 이야기 놀이로부터 비롯된 것들이다.

3) 한국문학에서 시대에 따라 여러 형식으로 거듭난 詩의 명칭을 보더라도 詩가 원래 노래 부를 수 있는 것이었음을 알 수 있다. 서동이 부른 노래가 서라벌 곳곳에 퍼져 선화공주의 귀에 들어가게 되었다는 일화가 보여주듯이, 민요로 불리던 것이 향가(鄕歌)에 편입된 경우는 허다하다. 이른바 속요(俗謠)라는 것도 민간에 떠돌던 노래들을 후대에 기록한 것이며, 단가(短歌)라고도 불린 시조(時調) 역시 노래로 불려졌던 것들이다. 특히 청구영언(靑丘永言), 해동가요(海東歌謠), 고금가곡(古今歌曲) 등 시조집의 명칭에서 나타나는 것처럼, 그 책들은 단지 눈으로 읽히기만 하는 시(詩)들을 엮어 놓은 문집이라기보다는 입으로 불려졌던 노래말들을 엮어 놓은 가사집임을 알 수 있다. 여기서 가요(歌謠)나 가곡(歌曲)이라는 명칭이 노래를 가리키고 있다는 점은 명백히

문자로 기록하게 되면서, 급기야는 노래로 불려지지 않는 시가 출현하게 된 것이다. 그러나 기록문학의 시(詩)는 구전시가(口傳詩歌)로부터 많은 것을 잃어버렸다. 무엇보다도 그 살아있는 현장성을 잃어버림으로써 화석화된 문자세계에 갇히고 말았으며, 음악성을 잃어버림으로써 소리예술에서 문자예술이 되어 버렸다. 그 결과 이후의 詩는 아무리 화려하게 수식되어도 구전시대의 그것처럼 역동적 흥취를 불러일으키지는 못하였다. 그것이 어찌 예술성에 국한된 이야기이기만 하겠는가? 구전을 통해 살아 숨쉬던 민족 고유의 기질과 감성 또한 그렇게 꺼내보기 어려운 영역으로 묻혀버리는 경향이 없지 않다. 세련된 문자로 정제되기 이전의 감성과 기질에 대한 망각은 오늘의 기록문학이 지니는 치명적 허점이다. 이러한 사정에도 불구하고 문학의 역사를 문자기록 이후로 한정하는 것은 문학의 진정한 기원과 원형을 무시한 처사이며, 기록문학으로의 진입을 구전문화에 대한 극복과 발전의 과정으로 보는 것은 그 원형의 가치에 대한 망각이 아닐 수 없다.

또 만일 구전문화의 범위나 성격이 모호하다고 문제를 제기한다면, 그것은 오늘의 기록시대의 분석적 안목에 의지해서 전통 문화의 종합적 양식을 바라본 것에 지나지 않는다. 현대에는 거의 모든 것이 분과

드러난다. 마찬가지로 '영언(永言)'이라는 말도 '시언지 가영언(詩言志 歌永言)에서 유래한 것으로서, 이 역시 시(詩)와 가(歌)가 자연스럽게 병존하였음을 보여준다. 뿐만 아니라 시대에 따라 詩가 새로운 형식으로 거듭날 때마다 그 계기가 민요로부터 주어졌다는 사실 또한 시(詩)가 원래 노래(歌)에 바탕한 것이며, 노래로 불려질 수 있는 것이었음을 보여준다.

화되고 전문화되어 있다. 사회구조와 생활세계가 그렇거니와 학문이나 예술도 마찬가지이며 사람들의 능력과 마음조차 그렇게 갈라진 어느 한 점에 쏠려있다. 그러니 오늘의 안목으로 볼 때 시는 시로만, 노래는 노래로만, 말은 말로만, 생각은 생각으로만 이해될 뿐이다. 그것이 소위 음악 문학 언어학 철학이 갈라지는 명분이라고 한다. 오늘의 연구는 너무 분과화되고 전문화되어서 각 분야들이 서로 연결되는 맥이나 근본 뿌리를 보려 하지 않는 것이다. 그러나 그 원래 형태는 그렇지 않았다. 구전시가는 가무악(歌舞樂)의 종합예술의 형태를 띠고 있었다. 생각이 드러나 말이 되고 말에 가락이 붙어 노래와 시가 되고 거기에 춤과 음악이 곁들여지던 원시종합예술에서 그 모든 것들은 한 데 어우러져 있을 뿐이다. 거기에 무슨 음악이니 문학이니 하는 구획이 있단 말인가? 그것들은 모두 한 場에서 연행되는 하나의 사건이다. 시가라는 것이 단지 관념적으로 생각되기만 한 것이 아니라 필요한 상황에서 실제로 입으로 불려졌으며 그럼으로써 새롭게 다듬어져 온 역학적 구성물이었음을 고려할 때, 오늘날 학계의 분립화 경향은 적절한 방향으로 전개된 것이라고 볼 수 없다. 그러니 분과화되고 전문화된 구분 기준을 가지고는 구전문화의 실체에 접근할 수 없다.

사실 구전문화는 일찍이 기록문화로 이행한 민족들에게는 거의 잊혀진 유물이기도 하다. 그러나 뒤늦게 고유의 문자를 얻게 된 한국 사람에게 구전문화는 유구한 역사와 전통을 지닌다. 고유의 문자로 기록을 할 수 있게 된 연후에도 구전의 전통을 벗어버리지 않았거니와, 심지어는 문화의 보편화를 부추기는 각종 기록 매체들이 범람하는 오늘에도 구전의 전통은 아직 남아 있다. 입으로 전해질 뿐 기록이 없음을 개탄하고 염려하면서 이제는 외래 매체의 도움을 받아서라도 가사나 악보를 수록 채보(採譜)해야 한다고 주장하는 일부 학자들을 향하여, 구전심수(口傳心授)의 방법을 떠나서는 진정 살아남을 수 없지 않겠느냐고 예인(藝人)들은 태연하게 반문한다. 거기에는 어떤 기록으로도 대신할 수 없는 살아있는 감성이 숨쉬고 있기 때문일 것이다.

그러니 단순히 기록으로 객관화되지 않았다고 해서 그것이 이해의 범위를 벗어나 있다고 단정할 수 없다. 구전문화의 편린들이 오늘에도 남아 있다면, 그리고 기록시대를 사는 오늘의 한국 사람의 마음 밑바닥에 구전시대의 감성과 인식의 불씨가 아직 꺼지지 않고 있다면, 피상의 기억 저편에 묻혀있는 그것을 다시 불러낼 수 있다. 고고학자가 깨어진 그릇조각들로부터 사라진 세계의 생활상과 미의식을 재구성해내듯이, 언어학자가 음절 몇 개로부터 소멸된 민족의 삶을 복원해내듯이, 기록으로 객관화될 수 없었던 문화의 원형을 발굴하여 그로부터 가능한 세계관을 추적해보고 싶은 철학자도 그런 탐구를 시도할 수 있다. 한국의 구전문화는 어떤 특징들을 지니는가? 그로부터 추적해볼 수 있는 세계관은 어떤 것인가? 그것이 오늘의 철학사에 대해 시사하는 바는 무엇인가? 구전세계의 문을 두드리면서 그가 던지는 물음은 이런 것들이다.

(2) 전승체계로서 구전시가의 특징

구전시가를 이해하기 위해서는 먼저 그것이 어떻게 구전되는지 그 전승(傳承) 양상을 이해해야 한다. 기록문학이 개인의 창작으로 이루어지고 그것이 언제나 누구에게나 일정하게 읽히는 것과는 달리, 구전시가는 여러 사람들의 입을 통해 받아들여지고 오랜 기간에 걸쳐 다듬어지면서 전승되는 사회적 역사적 산물이다. 구전되는 작품 가운데 개인의 창작으로 이루어진 것은 극히 일부일 뿐이다.4) 또 개인의 창작품이라 할지라도 대개는 다른 사람들의 입으로 건너가서 새롭게 다듬어지기 마련이다. 그러니 무엇이 공유되고 무엇이 변형되는지가 중요할 수는 있어도 그것이 누구의 창작품인지는 그다지 중요하지 않다. 작가의 익명성 또한 구전시가의 한 특징이라고 할 수 있다. 구전시가는 대체로 사회의 공동작으로 볼 수 있다. 뿐만 아니라 구전시가의 전승은 여러 사람들에게 일어날 수 있고 연속적으로 일어날 수 있는 사회적이고 역사적인 운동이다. 이런 점에서 보더라도 구전시가에서는 그것의 순수한 창작자를 말할 수 없다. 누구나 이미 자신이 속한 집단의 문화에 알게 모르게 노출되어 있다. 그가 태어나기 이전 사람들에 의해 공유되던 문화가 이미 주어진 것으로서 그에게 나타나면, 그는 일단 수용자의 입장에서 동시대의 다른 사람들과 함께 그것을 받아들

---

4) 향가나 시조 같은 것이 이에 해당할 것이다. 그러나 대부분의 민요나 판소리 등은 그 작가를 알 수 없다.

인다. 하지만 개인적으로건 집단적으로건 주어진 것에 창조적인 변형을 가해서 그것이 그 시대의 새로운 문화로 자리 잡히게 되면, 그것은 다시금 다음 세대의 수용자들에게 이미 주어진 문화형식으로 전수된다. 이 과정은 계속 되풀이된다. 여러 사람들에 의해 공동으로 생산되고 수용되는 과정 속에서 형성되는 구전시가는 사회적 역사적 산물이다.

전승은 일차적으로 전승내용이 수용되고 공유 보존되는 것을 의미한다. 그러나 입에서 입으로 전하는 과정에서 그 전승내용이 언제나 완벽하게 공유되리라는 보장은 없으며, 그렇게 되는 것은 바람직하지도 않다. 같은 내용을 전해 받는 과정에서 변화와 운용의 가능성은 얼마든지 있다. 변화란 더 이상 공유될 수 없는 부분이 삭제되고 새로이 공유될 수 있는 부분이 첨가되는 것을 뜻한다. 그 변화와 운용은 개인의 창작에 의해 일어날 수도 있고 시대적 사회적 조건들로 인해 집단적으로 일어날 수도 있다. 따라서 전승에는 항상 수용과 운용, 보존과 변화라는 두 세력이 공존한다. 어느 하나를 배제하고서는 진정한 의미에서 전승을 말할 수 없다. 만일 구전시가의 일정한 완성태가 미리부터 주어져 있어서 전혀 변화 운용되지 않고 단지 일률적인 내용만을 보존할 뿐이라면, 그것은 구전시가가 거듭날 수 있는 창조적 계기를 잃어버린 것이며 이미 기록문학과 다를 바가 없게 되는 것이다. 또 만일 구전시가가 아무것도 공유하거나 보존하는 바 없이 전적으로 변화하기만 한다면, 그것은 이미 주어진 문화에 대한 전승일 수조차 없게 되는 것이다. 그러므로 전승에서 보존과 변화, 즉 수용과 운용의 이중성은 불가피하다. 수용됨으로써 비로소 운용이 가능하고, 운용될 수 있음으로써 지속적으로 수용될 수 있기 때문이다. 전승은 곧 수용과 운용의 역학이라고 할 수 있다.

전승이 수용과 운용의 역학이라면, 전승내용으로서 구전시가는 수용과 운용의 역학적 구성물이다. 구전시가는 입에서 입으로 전해지면서 수용되고 운용되는 과정 중에 있는 진행형의 작품이다. 구전시가의 생명은 바로 그 수용과 운용의 역학을 어떻게 살리는가에 있다. 전승의 양상은 그 전승내용인 작품에 그대로 반영되어 있다. 작품이란 일련의 구연 행위들의 집적이기 때문이다. 따라서 구체적인 작품을 분석해보면, 거기에는 대체로 언제나 등장하는 것이 있는가 하면 상황에 따라 다르게 나타나는 것이 있다. 작품이 연행될 때마다 대체로 비슷하게 나타나는 것은 전승과정에서 보존되고 수용되는 것이요, 불규칙적으로 등장하거나 상황에 따라 변형된 형태로 등장하는 것은 전승과정에서 변화를 겪으며 운용되는 것이라 할 수 있다. 전승이 보존과 변화, 수용과 운용의 두 측면을 지니는 것처럼, 그 작품에도 원형과 변형의 두 측면이 나타나는 것이다. 그러므로 구전시가를 접하면서 지속적으로 수용되어 온 원형과 창조적으로 운용되어 온 변형 그리고 양자의 역학관계를 살펴보는 것은 문화의 정체성을 발굴하는 데 중요한 단서가 될 수 있다.

구전시가를 역사적 사회적 전승의 관점에서 이해할 때, 전승으로서 구전시가가 지니는 일반적 특징들을 말할 수 있다. 전승이란 오랜 세월 동안 전해져 온 것을 받아들여 주어진 현장에 맞게 쓰고 그것을 다시금 다음의 수용자에게 전달하는 것이다. 시대적 요구에 따라 새롭게 변화 운용될 수 있는 구전시가에서는 변화와 운용의 구심점이 되는 구전의 현장이 중시된다. 또한 전승과정에서 기왕의 것들에 새로운 변형들이 계속 보태지고 그것들이 선택적으로 재수용되므로, 구전시가는 적층적 구조물이 된다. 현장성과 적층성은 구전시가의 일반적 특징이다. 대체로 이런 특징들은 추상적이고 간결하기보다는 구체적인 상황에 의존적이고 번잡하다는 말로 설명되어 왔지만, 실은 그 이상의 의미를 지닌다.

구전시가에서 현장성이 중시된다는 것은 곧 구연되는 구체적이고 특수한 상황과 순간을 중시한다는 것이며, 그런 구체적 현장에서 운용의 묘를 살리는 것을 중시한다는 것이다. 운용의 묘를 살린다는 것은 해석 내지 재구성의 자유가 보장됨을 뜻한다. 또 그것은 실제로 구연되는 현장에서 즉흥적 연출이 가능함을 뜻한다. 즉흥성이란 일정한 틀에 얽매이지 않고 그때마다 주어지는 특수한 상황 가운데서 임기응변하는 능력이다. 구전시가는 판에 박힌 답습보다 즉흥성을 연출하는 데에 가치를 둔다.5) 즉흥적 연출은 한 순간의 느낌을 극대화시켜 분출하는

---

5) 한국 예술에서 즉흥성은 그 최고의 가치를 인정받는다. 한국의 예술 형태 중에는 처음부터 끝까지 거의 전적으로 즉흥적인 연출에 의존하는 것도 있다. 일정한 내용이나 형식이 정해져 있지 않은 구음(口音)과 시나위가 그런 것이다. 구음은 가사 없이 입소리로 순간의 감흥을 극대화시켜 표출하는 것이고, 시나위는 여러 명의 연주자가 제각기 여러 악기를 가지고 모여서 일정한 가

효과를 낼 수 있다. 여기서 신명은 극대화된다. 더군다나 순간의 느낌은 기왕의 흐름에서 돌출적으로 출현한 것일 수 있다. 따라서 순간의 극대화는 아무런 전조나 준비 없이 비약이나 급반전으로 나타날 수 있다. 또한 구전시가가 적층적이라는 것은 기왕에 주어진 내용들이 한꺼번에 창작된 것이 아니라 계속적으로 추가되어 왔음은 물론이요 앞으로 다가올 것을 향해서도 열려 있음을 뜻한다.6) 그러니 한 작품으로

락에 대한 아무런 약속도 없이 그 자리에서 즉흥적으로 교감하면서 엮어나가는 연주 형태이다. 풍물놀이 또한 장단만 맞으면 가락에 구애되지 않고 연주된다. 즉흥성은 사설내용이나 서사구조를 갖는 민요나 판소리에서도 발휘된다. 민요를 부를 때 앞소리를 메기는 선창자는 즉흥적으로 사설을 만들어내는 능력이 뛰어나야 한다. 판소리를 하는 창자도 마찬가지이다. 아니리 부분에서 즉흥적으로 재담을 늘어놓는다거나, 사설의 일부를 임의로 변형시킨다거나 하는 일들은 창자의 재량에 맡겨진다. 여기서의 즉흥적 연출은 무조건 순간의 느낌을 분출하는 것이 아니다. 즉흥성은 구연 현장의 상황에 맞추어 발휘될 때 보다 극적인 효과를 얻을 수 있다. 민요를 부르는 창자는 노래 부르는 상황에 어울리는 적절한 사설로 대응한다. 판소리를 하는 창자가 그 시대의 감각에 맞고 그 자리에 모인 청중들의 성향에 부합되게 판을 짜는 것도, 판소리가 구연되는 현장을 고려하기 때문이다. 만일 즉흥적으로 이루어진 처리가 구연되는 상황이나 분위기에 어울리지 않으면, 오히려 실패할 수 있다. 즉흥성의 연출은 창자의 예술적 역량에 달려 있다.

6) 공동작으로 이루어진 대부분의 구비 전승 작품들은 여러 세대를 거치면서 여러 사람들에 의해 새로운 내용이 추가되고 끊임없이 재창조되므로 일정한 형태로 완결될 수가 없다. 한국 구전시가의 전형이라 할 수 있는 민요의 경우, 오랜 세월 무수한 사람들의 입을 통해 전해지는 노래는 결코 하나의 완결된 형태로 답습되지 않는다. 시대에 따라 또 부르는 사람에 따라 그에 부응하는 새로운 노랫말들이 계속 생겨나므로 그것은 현장의 상황 속에서 부단히 재창

서의 궁극적인 완성을 바라볼 수 없다. 작품은 언제나 미완결적일 수밖에 없다. 그런데 이후에 추가 수용될 내용이 어떤 것인지는 미리 정해져 있지 않다. 그것은 이후의 시대적 사회적 경향에 달려 있는데, 그것을 짐작할 수 없다. 구전시가가 이후에 어떻게 재해석되고 재구성될지는 결정되어 있지 않다. 어쩌면 미래의 해석은 기존의 해석과 전혀 다른 것일 수도 있다. 구전시가는 이 전혀 다를 수도 있는 가능성에 대해서도 그것을 수용할 수 있도록 개방되어 있다. 전혀 다른 시각이 수용될 수 있다는 것은 한 작품 안에 서로 상충되는 관점이 공존할 수도 있음을 뜻한다. 즉 유기적으로 연결될 수 없는 비연속적이고 비일관적인 구성이 될 수도 있다는 것이다. 그러나 그것은 전혀 문제가 안 된다. 구전시가는 유기적 정합성이나 통일성이라는 기준을 추구하지 않기 때문이다. 오히려 구전시가는 유기적이고 정합적이며 통일적인 구성을 깨는 비일관성이나 균열을 만끽할 수 있도록 짜여진다.7) 구전

조될 수밖에 없다. 또한 온갖 형태의 시가들이 집대성되어 있는 판소리의 경우에도, 시대에 따라 그리고 부르는 이에 따라 작품에 대한 새로운 해석이 개입될 수 있으므로 한 작품은 완결된 체계로 고정되어 있는 것이 아니라 끊임없이 거듭나는 미완결의 개방구조를 지닐 수밖에 없다.

7) 이 점은 구전시가 중에서도 일정한 서사구조를 가지고 있는 판소리의 경우에 가장 잘 나타난다. 판소리에는 창자들의 독특한 해석에 따라 각기 다른 내용의 사설이 삽입되기도 하는데, 그런 것들이 뒤섞여 있어서 부분들 간의 비일관성이 비일비재하게 나타나게 된다. 그래서 판소리는 통일성 내지 정합성을 구하기 어려운 분열의 구조로 짜여진다. 따라서 작품 평가의 기준도 마땅히 달라져야 한다. 만일 일관성과 유기적 통일성을 기준으로 하는 서구 기록문

시가에서 정합성과 통일성은 어디까지나 잠정적일 따름이며, 다시금 일어날 균열의 한 계기일 뿐이다. 거기에는 언제나 비연속성이 도사리고 있으며, 일순간의 비약과 급반전이 나타날 수 있다. 그런 한, 한 작

학의 플롯을 잣대로 판소리를 평가하려고 한다면, 판소리는 하나의 작품으로 간주될 수조차 없을 것이다. 그러나 그런 평가는 정당한 평가가 아니다. 판소리는 각각의 특수한 현장을 배경으로 하는 여러 사람들의 개입을 허용하고 있다. 그러한 현장성과 적층성을 바탕으로 성립한다는 점에서 판소리는 본질적으로 비일관적이고 분열적인 구조를 지닐 수밖에 없다. 더군다나 판소리는 일반 백성들의 소리이면서도 양반들의 호응까지 얻게 되면서 실로 각계각층의 개입이 자유롭게 이루어졌다. 이것은 판소리의 구성 자체가 이중적으로 짜여지도록 하는 결과를 초래하기도 했다. 판소리 구성의 이중성은 청중, 소재, 문체, 인물, 주제 면에서 모두 볼 수 있다. 실제로 판소리는 민중이든 지배층이든 간에 다양한 층의 청중을 모두 대상으로 하고 있다. 이렇게 감상층이 다양하니, 당연히 노래도 다양한 감상층에게 호소할 수 있는 내용을 가져야 했다. 그래서 판소리에는 백성들이 공감할 수 있는 민요로부터 양반들이 공감할 수 있는 시조나 송서까지 모두 망라되어 있다. 실제로 양반들이 창작에 개입하기도 했다. 그래서 판소리에는 온갖 상스러운 말과 유식한 문자가 공존하게 된다. 또한 판소리에 등장하는 인물들도 일관적인 성격의 소유자가 될 수 없었다. 주인공들의 성격은 이중적이다.(기생이면서 기생이 아닌 춘향, 양반이면서 매품을 파는 흥보 등) 따라서 그런 주인공이 펼치는 이야기의 주제 또한 일정하게 읽힐 수 없다. 판소리에는 표면적 주제(유교적 이념을 지지해주는 권선징악)와 이면적 주제(그것을 조롱하는 현실적인 풍자)가 공존함으로써, 비장과 골계의 극치를 보여주고 있다. 중요한 사실은 판소리를 감상하는 사람들이 이런 복합적인 요소들 간의 괴리를 문제 삼기는커녕 오히려 그러한 균열을 즐기고 있다는 것이다. 그렇다면 판소리에 대한 평가 또한 그러한 긴장과 균열의 미학을 얼마나 잘 살렸는가 하는 관점에서 이루어져야 마땅하다. 이것이 한국 구전시가의 작품성을 규정하는 기준이면서 동시에 한국 구전시가를 대하는 적절한 감상법이다.

품을 구성하는 부분들이 모두 긴밀하게 연관된다거나 유기적 전체를 형성한다고 단언할 수 없다. 구전시가가 추구하는 것은 그렇게 부단히 일그러지고 깨지는 균열의 미학이다.

이상에서 살펴보았듯이, 구전시가는 현장성 구체성 즉흥성 적층성 미완결성 미결정성 개방성 수용성 비연속성 비정합성을 특징으로 한다. 사실 이 모든 특징들은 서로 얽혀 있다. 특히 유기적 정합성과 통일성 그리고 연속적이고 점진적인 전개를 추구하는 기존의 기록문학과는 달리, 비정합적 구성이나 균열의 미학 그리고 즉흥적인 비약이나 급반전을 추구하는 것은 역동적 구조물로서 구전시가가 지니는 고유한 특징들이다. 그렇다면, 구전문화의 사유 역시 무질서를 제거하려는 노력을 경주하되 그 질서매김의 방식에 있어 추상적 사유로 특징지어지는 기록문화와는 달리 구체적 사유에 의존한다는 기존의 분석은 보다 논리적인 관점에서 재평가되어야 한다. 즉 구전문화에 적용될 수 있는 질서가 어떤 것이지, 또 특수성과 구체성이 어째서 중시되는지에 대한 해석이 달라져야 한다. 한국 구전시가에서 나타나는 특징들을 보건대, 구전문화에서는 질서가 실현되는 측면보다는 질서가 깨지는 측면이 보다 중대한 관심사였던 것으로 보인다. 또한 특수성과 구체성이 중시되는 까닭은 그것이 유기적 통일 내지 정합적 정체에 기여하는 한 계기라기보다는 오히려 그것을 깨는 비연속적 비정합적 균열의 징표라는 데 있다고 말해야 한다.

(3) 구전시가의 개방구도

이런 특징들이 구체적 작품에서 어떻게 나타나는가? 한국 구전시가의 전형이라 할 수 있는 민요를 통해 이 점을 살펴보기로 한다. 민요는 한국 시가의 성립과 변천의 역사에서 실로 중요한 원동력이었다. 한국의 시가들은 시대에 따라 새로운 형식으로 거듭날 때마다 민요에 의뢰해왔던 것이다. 향가(鄕歌), 고려가요(俗謠), 경기체가(景幾體歌), 시조(時調), 가사(歌辭) 등은 모두 민요를 모태로 한 시대적 변형들이라고 할 수 있다.8) 그렇다면 한국 구전시가의 전형이라 할 수 있는

---

8) 한국의 시는 시대에 따라 여러 차례 거듭남으로써 다양한 형식으로 분화되어
왔다. 향가, 고려가요(속요 별곡), 경기체가, 시조, 가사 등이 그 다양한 형식
을 보여주는 것들이다. 어떻게 이렇듯 다양한 형식들이 분화될 수 있었는가?
이런 다양한 형식들의 모태는 어디에 있는가? 시가의 여러 형식들이 세부적
으로는 다양한 차이를 보이지만, 그것들은 원래 민요의 형식에서 유래하여
다소간의 변형을 겪으면서 발전해온 결과로 볼 수 있다. 일견 한국의 전통
시가를 대표하는 향가, 속요, 경기체가, 시조, 가사 등은 그 형식에 있어서
상당한 차이를 보이며, 따라서 어떤 객관적 분류의 기준이 없는 것처럼 보이
기도 한다. 그러나 그것은 시의 형식을 너무 편협하게 이해한 것이다. 가령
음수율(글자수의 정형성)에 따라 시의 형식을 규정하고자 한다면, 시의 갈래
조차 가리기 어렵게 된다. 어떤 시도 음수율을 엄격하게 지키지는 않기 때문
이다. 이에 비해 음보율(말토막수의 정형성)에 따라 시의 형식을 규정하는
것은 음수율에 따르는 규정보다는 적절한 분류라고 할 수 있다. 그 기준에
따르면, 속요나 경기체가는 3음보 형식으로, 향가나 시조나 가사는 4음보 형
식으로 분류된다. 그러나 말토막수만을 고려하여 시의 형식을 이해하는 데
그친다면, 어째서 서로 다른 음보율을 갖게 되었는가 또는 어째서 같은 음보

민요에서 지속적으로 수용되어 온 원형과 창조적으로 운용되어 온 변형 그리고 양자의 역학관계를 어떻게 말할 수 있을까? 그로부터 읽을 수 있는 한국 사람의 마음과 기질 내지 세계관은 어떤 것인가?

민요는 한국 사람이라면 누구든지 언제 어디서나 쉽게 부를 수 있는 노래이다. 즉 그것은 오랜 세월 동안 삶의 현장에서 보편적으로 불려져 온 노래이다. 예로부터 오랜 생명력을 유지해왔다는 것은 곧 그것이 끊임없이 변화하는 세태를 반영할 수 있었다는 것이며 그만큼 한국

율을 가지면서도 시의 길이에서 그렇듯 차이가 나는가에 대해서는 설명할 수 없다. 그러니 음수율(글자수의 정형성)이나 음보율(말토막수의 정형성)을 통하여 시가의 형식을 이해해서는 시가의 실체에 접근할 수 없을뿐더러, 그러한 분류가 무엇을 가리키는지 그 기능을 알 수 없게 된다. 이것은 오직 쓰여진 글 속에서만 형식을 찾으려는 데서 비롯된 자가당착이 아닐 수 없다. 시의 형식을 논하는 문제는 다른 관점, 즉 글로 쓰여지기 이전에 노래로 구연되던 현장을 통해 접근되어야 한다. 즉 시의 형식을 논하기 위해서는 무엇보다도 노래의 형식을 살펴보는 것이 중요하다. 노래의 형식이란 노래가 짜여지는 방식, 즉 노래 부르는 방식을 가리킨다. 민요를 부르는 방식은 대체로 선후창, 교환창, 독창으로 나뉜다. 이러한 민요의 가창 방식에서 어떻게 시의 형식이 분파되었는지에 대해서는 다음과 같이 설명할 수 있다. 우선 한 사람이 자유롭게 앞소리를 메기면 나머지 사람들이 일정한 뒷소리(후렴)를 받는 선후창의 방식은 여음이 삽입되는 형식의 속요나 경기체가의 모체가 된다. 또한 두 집단으로 나뉘어 대구나 문답 형식으로 불려지는 교환창의 방식은 두 줄을 기본으로 하고 거기에 약간의 변형을 가한 형식이라고 볼 수 있는 향가나 시조의 모체가 된다. 그리고 혼자 마음대로 부를 수 있는 독창의 방식은 줄 수에 제한이 없는 긴 형식의 가사의 모체가 된다. 그러므로 한국 시가의 다양한 형식들은 민요의 다양한 형식으로부터 비롯된 것으로 볼 수 있다.

민족의 정서체계나 생활체계에 부합되는 것이었음을 말해준다. 더욱이 민요는 특정한 전문 가객(專門 歌客)에 의해 불려지는 노래가 아니라 일반인 누구에게나 보편적으로 불려지는 노래이다.9) 삶의 현장 어디에서나 불려지던 민요는 항상 그 현장에 맞는 기능을 수행하였다. 노동의 현장에서는 노동의 효율을 높이고 피로를 잊게 해주는 기능을 하고, 의식의 현장에서는 그 의식에 적절한 분위기를 연출하며, 놀이의 현장에서 서로의 흥을 돋우는 역할을 하면서 민요는 불려졌다.10)

민요는 대체로 가사(노랫말)와 후렴(後斂)으로 짜여진다. 가사는 부르는 사람이 표현하고자 하는 의미내용을 전달하며, 후렴은 단순히 노

---

9) 가령 판소리 같은 것은 비록 그 청중의 층은 다양했어도 실제로 그것을 부르는 사람은 전문 가객에 국한되었다. 또한 시조도 처음에는 양반들이 지은 것을 그들과 함께 수작했던 기녀들이나 일부 전문가객들이 불렀을 뿐이었으나, 차츰 그 생산층과 소비층이 확대되어 갔던 것으로 보인다. 그러나 민요는 언제 어디서나 누구나 쉽게 부를 수 있는 노래이다. 이런 비교를 통해 보더라도, 민요는 가장 보편적으로 불려진 노래라 할 수 있다.

10) 민요는 그 기능에 따라 노동요(勞動謠), 의식요(儀式謠), 유희요(遊戱謠)로 분류될 수 있다. 노동요에는 농업노동요 어업노동요 토목노동요 채취노동요 제분노동요 수공업노동요 가내노동요 길쌈노동요 등이 있다. 의식요에는 세시의식요 장례의식요 등이 있다. 유희요에는 무용유희요 경기유희요 기구유희요 언어유희요 비기능요 등이 있다. 이처럼 주어진 상황에 따라 그에 부응하는 기능을 하는 민요들이 있었지만, 민요의 기능에는 시대와 지역에 따라 변화가 일어나기도 했다. 시대가 변화하여 특정 종류의 노동이나 풍속이 사라지면 그에 따라 민요도 사라지거나 혹은 다른 기능으로 변질되었고, 다른 지방에서 흘러 들어온 민요는 원래 불려지던 현장에서 수행하던 기능과는 무관하게 단순히 유희의 목적으로 불려지기도 했다.

래의 흥을 돋우는 기능을 한다. 따라서 가사는 의미 있는 말들로 되어 있지만, 후렴은 대체로 의미 없는 말들로 되어 있다. 물론 더러는 후렴이 없는 경우도 있고 후렴에 의미 있는 말이 삽입되는 경우도 있지만 그것은 일반적인 경우가 아니다. 가장 오래되고 일반적인 형태는 무의미한 말들로 되어 있는 후렴이 있는 경우이다.11)

민요에서는 꼭 가사가 지켜져야 한다는 법이 없다. 기록된 가사 없이 입에서 입을 통해 불려졌으니 일정하게 불려질 수도 없었지만, 기록된 가사가 전해졌다고 할지라도 결코 천편일률적으로 불려지지는 않았을 것이다. 가사는 노래를 부르는 상황에 따라 다양하게 변화할 수

---

11) 민요에는 후렴을 갖지 않는 것도 있지만, 그것은 일반적인 형태는 아니다. 또한 후렴에도 여러 종류가 있다. 아무 뜻도 없는 무의미한 말로 된 후렴이 있는가 하면, 의미있는 말로 된 후렴도 있으며, 무의미한 말과 의미있는 말이 섞여있는 후렴도 있다. 무의미한 말로 된 후렴으로는 '거나 헤'(육자배기) '아 아 아 아 어허 어허 어허 어기야'(개고리타령) '둥당게당 둥당게당 둥게둥게 둥당가 둥당가 둥당가 둥게둥게 둥당가'(동당게타령) 등이 있고, 의미있는 말로 된 후렴으로는 '아무렴 그렇지 그렇고 말고 한 오백년 살자는 데 웬 성화요'(한오백년) '물레야 물레야 윙윙윙 돌아라 어리렁 서리렁 잘도 돈다'(물레타령) '가세 가세 동백꽃을 따러 가세'(동백타령) 등이 있으며, 무의미한 말과 의미있는 말이 섞여있는 후렴으로는 '닐리리야 닐리리야 니나노 난실로 내가 돌아간다'(닐리리야) '어랑어랑 어허야 어야 디야 내사랑아'(어랑타령) '에헤야 어허야 영산홍록의 봄바람'(오봉산타령) 등이 있다. 그러나 후렴구에 의미있는 말들이 섞여 들어가기 시작한 것은 후대의 일이고, 후렴의 원래 형태는 무의미한 말로 되어 있었다. 가사와 가사 사이마다 무의미한 여흥구로서 후렴이 있다는 것은 민요의 중요한 특징이다.

있다. 즉 같은 노래라 할지라도 가사는 시대에 따라 그 시대상을 반영하는 내용으로 바뀔 수도 있고, 사람에 따라 표현하고 싶은 내용이 다를 수도 있으며, 같은 사람이 부른다 할지라도 그것이 불려지는 상황에 따라 다른 내용이 선택될 수도 있다. 이렇듯 가사가 상황에 따라 다양하게 나타날 수 있다는 사실은 오히려 가사의 자생력을 보여준다. 가사가 다양하게 변할 수 있음에도 그것들을 하나의 같은 노래라고 볼 수 있게 하는 것은 일정한 후렴이다. 한 노래의 가사가 다양하게 변화하는 데 반해서, 후렴은 언제나 일정하게 반복된다. 오늘에 불려지는 후렴은 오래 전부터 전해 내려온 것이다. 그런데 후렴에는 대체로 아무 뜻도 담겨져 있지 않다. 주로 사람의 음성이나 악기소리를 흉내낸 구음(口音)으로 이루어지는 후렴은 단지 흥을 돋우기 위한 여흥구(餘興句) 내지 여음구(餘音句)일 뿐이다. 설령 후렴에 어떤 뜻있는 말이 들어간다 해도, 그것 역시 무슨 의미를 전달하기 위한 것이라기보다는 그저 아무 부담 없이 언제 어디서나 반복될 수 있는 단순한 여흥구로 쓰일 뿐이다. 후렴이란 단지 노래의 흥을 돋울 수 있으면 그만인 것이다. 그러니 한 노래의 후렴이 바뀌어야 할 필요는 없다. 후렴은 어느 누구에게나 공유되고 어느 시대에나 보존되어온 반면, 가사는 사람에 따라 다양할 수 있고 시대에 따라 변화할 수 있다. 말하자면 민요에서 후렴은 공통적으로 보존 수용되는 원형이며, 가사는 다양하게 변화 운용되는 변형인 셈이다. 이처럼 민요는 지속적으로 수용되는 것과 그때그때 운용되는 것, 즉 원형과 변형의 역학적 구성으로 짜여진다.

민요를 이해하기 위해서는 무엇보다도 그것이 불려지는 현장을 떠올려야 한다. 현장에서 실제로 민요가 어떤 방식으로 불려지는지를 살펴보아야 민요의 실체에 접근할 수 있기 때문이다. 민요를 부르는 방식 가운데 가장 오래되고 일반적인 것은 앞뒤로 나뉘어 가사와 후렴을 주고받으면서 부르는 방식이다.12) 이것을 선후창(先後唱) 방식이라고 하는데, 이를테면 아리랑 같은 노래가 그런 것이다.13) 선후창으로 불리

---

12) 민요는 혼자 부르는 경우도 있고, 다같이 부르는 경우도 있고, 심지어는 여럿이 모여서 제각기 멋대로 부르는 경우도 있지만, 나누어 부르는 것이 보통이다. 나누어 부르는 방식 또한 다양하다. 여러 집단으로 두서없이 나뉘어 노랫말을 번갈아 돌려가며 부르기도 하고(돌림창), 두 집단으로 옆옆이 나뉘어 노랫말을 문답식으로 교환하며 부르기도 하지만(교환창), 대개는 앞뒤로 나뉘어 노랫말과 후렴을 메기고 받으면서 부른다(선후창).

13) 가령 진도아리랑이 불려지는 모습을 떠올리며, 이어지는 설명을 따라가 보자. 다음의 가사는 수없이 많은 가사들 가운데서 임의로 취해 본 극히 일부에 지나지 않는다. 그리고 구연 현장의 실감을 살리기 위해서 철자법은 사투리 그대로, 띄어 쓰는 음보에 맞추어 적었다. …… (후렴) 아리아리랑 스리스리랑 아라리가 났네, 아리랑 음음음 아라리가 났네. (1절) 문경 세재는 웬고개 인가, 구부야 구부구부가 눈물이 난다. (후렴) 아리아리랑 스리스리랑 아라리가 났네, 아리랑 음음음 아라리가 났네. (2절) 노다 가세 노다나 가세, 저달이 떴다지도록 노다나 가세. (후렴) 아리아리랑 스리스리랑 아라리가 났네, 아리랑 음음음 아라리가 났네. (3절) 청천 하늘엔 잔별도 많고, 우리네 가슴속엔 수심도 많네. (후렴) 아리아리랑 스리스리랑 아라리가 났네, 아리랑 음음음 아라리가 났네. (4절) 호박은 늙으면 맛이나 있건만, 사람은 늙으면 보기가 싫네. (후렴) 아리아리랑 스리스리랑 아라리가 났네, 아리랑 음음음 아라리가 났네. (5절) 강물은 돌아돌아 바다로 가는데, 이내몸은 돌아돌아 어데로 가려나. (후렴) 아리아리랑 스리스리랑 아라

는 노래에서는 선창자가 특정한 앞소리(가사)를 메기면, 나머지 사람들은 그것을 일정한 뒷소리(후렴)로 받는다. 이렇게 가사와 후렴을 주거니 받거니 하면서 노래는 무한정 계속될 수 있다.

가사와 후렴을 주고받으며 부르는 노래에서는 앞서 부르는 사람이 어떤 가사를 메기든지 간에 그와 상관없이 일정한 후렴으로 받을 수 있다는 이야기도 성립하거니와, 후렴이 일정하게 반복되니 앞소리를 메기는 사람으로 하여금 다양한 가사를 준비할 수 있게 한다는 이야기도 성립한다. 더군다나 후렴은 대체로 아무런 뜻도 없거나, 설령 뜻있는 말이 들어간다 해도 아무 부담도 주지 않는 단순한 여흥구에 불과한 것이다. 이것은 갖가지 뜻으로 다양하게 꾸며지는 가사와 뚜렷한 대비를 이룬다. 또 가사와 가사 사이에 반드시 어떤 유기적 연관성이 있어야 하는 것은 아니다. 가사들 사이에는 어떤 일관성이 존재하지 않는다. 같은 현장에서 같은 사람이 부르는 경우라 할지라도 때에 따라 상충되는 내용의 가사들이 나오기도 한다. 가사 사이에 후렴이 끼

리가 났네, 아리랑 음음음 아라리가 났네. (6절) 간다 간다 내가돌아 간다, 정든님 따라서 내가돌아 간다. (후렴) 아리아리랑 스리스리랑 아라리가 났네, 아리랑 음음음 아라리가 났네. (7절) 우리집 서방님은 명태잡이를 갔는데, 바람아 구름아 석달열흘만 불어라. (후렴) 아리아리랑 스리스리랑 아라리가 났네, 아리랑 음음음 아라리가 났네. (8절) 남이야 남정네는 자전거도 타는데, 우리집 멍텅구리는 논두렁만 타누나. (후렴) 아리아리랑 스리스리랑 아라리가 났네, 아리랑 음음음 아라리가 났네. (9절) 쓸만선 밭띄기는 신작로 되고요, 힘깨나 쓰는놈은 가막소 간다. (후렴) 아리아리랑 스리스리랑 아라리가 났네, 아리랑 음음음 아라리가 났네. ……

어들어 있어서, 일관적으로 가사를 엮어갈 수 있는 기회를 후렴구가 가로막고 있다. 또한 역으로 후렴이 가사 사이에 끼어있음으로써 상충되는 가사까지도 엮어질 수 있게 된다. 그런데 이렇듯 일관적인 진행을 가로막는 것에 대해 정작 노래를 부르는 사람들은 아무런 문제도 느끼지 않는다. 일관성이라는 부담을 덜어내고 아무 이야기나 마음껏 해도 되기 때문에 흥은 더욱 깊어진다. 어차피 모든 사람이 같이 부르는 후렴이라는 것도 아무 뜻도 없는 여음이다. 아니, 어쩌면 아무 뜻이 없어야만 모든 사람이 함께 부를 수 있는지도 모른다. 부담 없이 반복되는 뜻 없는 후렴은 유의미성이라는 부담을 덜어냄으로써 누구에게나 친밀하게 다가가고 또 누구든 달래줄 수 있는지도 모른다. 그렇다고 해서 뜻 없는 후렴이 갖가지 의미로 윤색되는 가사를 거부하는 것은 결코 아니다. 후렴은 오히려 가사의 다양한 변신을 가능케 하고, 그렇게 임시로 왔다 가는 가사들을 한층 빛나게 한다. 어떠한 가사이든 가리지 않고 받아넘길 수 있는 후렴구가 있음으로써, 오히려 가사가 자유롭게 발달하게 된 것이다.

이런 노래를 지어 부르면서 한국 사람들은 무슨 생각을 했을까? 아니, 도대체 무슨 생각으로 살기에 이렇게 희한하기 짝이 없는 노래를 지어 불렀을까? 노래 부르는 이의 마음은 어떤 것일까? 이런 노래 속에서 그들은 제한된 유의미성으로부터 해방되고 정합적 구성으로부터 해방되는 균열의 기회를 만끽했던 것이 아닐까? 그런 균열의 미의식 내지 체험양식의 한 단면을 민요가 보여주고 있는 것은 아닐까?

민요를 부를 때에는, 마치 멀리서 밀려오는 파도가 포구에 이르러 소리를 토해내고 그 빈 자리가 이내 또 다른 물결을 기다리는 듯한 형상이 마음에 그려지곤 한다. 이것은 노래가 그런 방식으로 불려지기 때문에 드는 느낌이겠지만, 아마도 한국 사람의 기질과 체험의 양식이 그렇게 그려지는 것인지도 모른다. 그 근원지를 알 수 없는 먼 데서 밀려오는 후렴이 어떤 특정 상황의 자기에게 부딪치면서 임시로 맺혀지는 것이 가사라면, 그리고 그 임시의 상조차 다시금 굴절되어 잡히지 않는 세계 속으로 사라져 가는 것이라면, 노래 부르는 이의 마음이란 어디에도 정박할 수 없는, 다만 피안과 임시의 교차로일 뿐이다.

밑도 끝도 없는 가사의 편린들로써 순간의 감흥이 표출되는 것처럼, 그에게 부딪쳐 떠오르는 것은 어디까지나 임시의 상들일 뿐이다. 그 임시의 상들이 어디로부터 연원하는지, 그 궁극의 모습이 어떤 것인지에 대해서 그는 다만 유보할 뿐이다. 가사와 가사 사이에 필연적인 연관을 고집할 수 없는 것처럼, 그에게 부딪쳐오는 임시의 상들의 관계에 대한 판단도 유보될 수밖에 없다. 그것들은 아직 다하지 않은 미래의 사태에 대해 열려 있기 때문이다. 그에게는 딱히 거부해야 할 것도 딱히 받아들여야 할 것도 정해져 있지 않다. 이미 그의 마음은 현세의 임시적인 것들 가운데 머물러 있지 않다. 현세에 주어진 어떤 것도 참으로 잡을 수 있는 것이 아님을 알기 때문이다. 그의 마음은 늘 피안을 향해 열려 있다. 그러나 그는 어떤 현세적인 것도 결코 피하려 들지 않는다. 그는 부딪쳐오는 임시의 편린들을 받아들인다. 마치 후렴이 있음으로써 언제 어떤 노래라도 부를 수 있으며 그 노래의 신명이 살아날 수 있듯이, 궁극에 대한 미확인과 유보의 태도는 부딪쳐오는 현실을 받아들이고 치러내게 하는 더없이 강인한 힘이기도 하다. 어떤 통일의 구도나 전체의 조망도 궁극의 것일 수 없음을 알기에, 다가올 사태의 파장을 임의로 예측 조정할 수 없음을 알기에, 그는 이런저런 특수한 정황들에 더욱 귀 기울이며 직접 부딪치는 수밖에 없다. 그는 궁극의 판단을 유보한 채 임기응변할 뿐이다. 그렇게 임시로 주어지는 것들이 펼치는 갈등과 곡예를 몸소 겪는 것으로써, 그는 잡히지 않는 세계를 향해 자신을 양도(讓渡)하는 것이다. 그의 마음은 마치 후렴과 가사의 관계가 그런 것처럼 비워지기에 무엇이나 받아들일 수 있고 무엇을 받아들이든 다시금 비워질 수밖에 없는, 그런 피안과 임시의 역동적 얽힘 자체인지도 모른다.

이상은 현장에서 민요가 불려지는 방식에서 나타나는 특징들로부터 그것을 부르는 이들의 마음을 짐작해본 것이다. 이상에서 살펴본 바에 따르면, 민요는 문자가 없던 시대로부터 오늘날에 이르기까지 가장 보편적으로 불려진 한국의 노래이며, 시대마다 한국의 시가들이 새로운 형태로 거듭나는 데 원동력이 되어왔다는 점에서, 한국 구전시가의 전형이라고 할 만하다. 민요가 그런 역할을 수행할 수 있었던 것은 바로 민요 자체가 지닌 생명력 때문이었다고 말할 수 있다. 그 생명력은 바로 민요가 지속적으로 수용되는 것과 그때그때 운용되는 것, 즉 원형과 변형의 역학적 구성으로 짜여진다는 데에서 주어진다. 말하자면, 민요가 공통적으로 보존 수용되는 후렴과 다양하게 변화 운용되는 가사의 역학적 짜임으로 이루어진다는 사실 자체가 바로 시대의 변화에 부응하면서도 전통을 계승할 수 있는 힘이 되었던 것이다. 이렇게 볼 때, 가사 사이마다 후렴이 있으며 그 후렴이 대체로 별 뜻 없이 여흥구의 역할을 한다는 사실은 민요의 중요한 특징이라고 할 수 있다. 이 점은 비단 민요에만 국한된 특징이 아니라, 민요를 모태로 하는 구전시가들에서 확인되는 공통의 형식이기도 하다.14) 민요는 자체의 짜임 안에 의미내용을 표현하는 가사와 그것을 부리는 마음의 흥취를 표현하는 후렴을 겸비함으로써, 궁극의 의미를 보류한 채 다가오는 사태나 감흥들을 수용할 수 있는 개방구도를 보이고 있다. 바로 이 점으로 인해 민요는 한국 구전시가의 영원한 모태가 될 수 있었다.

나아가 민요에서 가사가 상황에 따라 다양하게 변화해 온 반면 후렴

---

14) 민요를 모태로 하는 시가 중에서도 고려가요(속요, 별곡)와 경기체가(景幾體歌)는 시의 연과 연 사이에 여흥구(餘興句) 내지 여음구(餘音句)가 삽입되어 있다는 점에서 민요의 선후창 형식을 잘 반영하고 있는 시가로 볼 수 있다. 특히 일반인들의 감정이 가장 진솔하게 표현되고 있는 속요에서는 뜻 없는 여흥구들이 쓰이고 있다. 경기체가는 모두 같은 여흥구(위 景 긔 엇더하니잇고)로 통일되어 있는데, 그 여흥구는 '─하는 모습, 그것이 어떠한가'라는 뜻을 지닌다. 한편 속요는 각각 특색있는 여흥구를 가지고 있다. '아으 동동 다리'(동동), '위 두어렁셩 두어렁셩 다롱디리'(서경별곡), '얄리 얄리 얄랑셩 얄라리얄라'(청산별곡) 등이 그런 것들이다. 이 여흥구들은 뜻이 없는 말들로 되어 있다. 이 다양한 여흥구들을 악기의 구음(口音)으로 보기도 하는데, 어쨌든 그것들은 흥을 돋우기 위한 발음들일 뿐, 결코 무슨 뜻을 전달하려는 것이 아니다.

은 어느 누구에게나 공유되고 어느 시대에나 보존되어 왔다고 하는 사실은 구전민요의 일차적 기능이 어떤 사상성을 표현하기보다는 흥취를 살려내는 데 있음을 간접적으로 시사해주고 있다. 실제로 이 점은 한국 시가의 경향과 가치를 평가하는 데 있어서 중요한 기준으로 작용한다. 이것이 한국 시가의 정체성을 민요의 특징과 관련하여 규명하고자 하는 또 하나의 이유이기도 하다. 민요는 비단 그 짜임에 있어서뿐만 아니라 그 정신적 경향에 있어서도 구전시가의 정체성을 밝힐 수 있는 중요한 실마리를 제공해준다.

(4) 구전시가의 풍류정신

그렇다면 과연 한국 구전시가가 추구하는 고유한 정신세계는 어떤 것일까? 한국 시가의 정체성은 문자기록으로 남겨진 시가들의 사상성을 분석하는 것으로는 발굴되기 힘들다. 예로부터 한국에는 유(儒), 도(道), 불(佛) 등의 다양한 사상들이 수입되고 시험되었다. 그에 따라 시가작품에도 그런 사상들이 반영되는 경향이 없지는 않았다. 그런 경향은 사대부들의 시가작품에서 두드러지게 나타났는데, 그들의 경향조차 어떤 한 사상으로 일괄할 수 있을 만큼 뚜렷하다고는 할 수 없다. 더군다나 사대부들의 시가는 주로 한문으로 수식되는 경우가 많았으므로, 민족 고유의 서정을 제대로 담기 어려웠다. 또는 우리말로 된 시가의 경우일지라도 그들이 연마한 학문은 진정으로 외래 사상으로부터 자유로운 내용을 표현하기 어렵게 했다. 그러니 이것으로써는 한국 구전시가의 정체성을 밝히는 데 한계가 있다. 따라서 한국 구전시가가 추구해 온 가치를 특정 시대의 특정 계층들이 소유한 특정 사상에서 찾으려 한다거나, 그런 여러 사상들의 종합적 복합체에서 찾으려 하는 시도는 자제되어야 한다. 일부 식자층들이 향유했던 문화가 아니라 일반 백성들이 공유했던 문화를 논해야 하기 때문이며, 시대에 따라 변화 유동해 온 것에서가 아니라 언제나 보편적으로 작용해 온 것을 찾아야 하기 때문이다. 이렇게 볼 때, 민요는 어떤 다른 시가들보다 한국 시가의 정체성과 한국 사람의 보편적 정서를 가장 잘 대변한다고 볼 수 있다. 민요는 문자기록 이전 시대로부터 일반 백성들의 입에서 입을 통해 불려져 왔으며, 시대적 요구에 부응하여 새로운 형태의 시가를 창출하는 원동력이었기 때문이다. 뿐만 아니라 그 자체가 보존과 변화, 수용과 운용의 역학적 구도 하에서 이루어지는 민요는 시대의 정서를 반영하고 걸러내는 자정능력을 수행해 왔기 때문이다.

한국 시가에서 민요의 중요성이 의식적으로 자각된 것은 모국어로 된 문학이라야 민족 고유의 정서를 표현할 수 있다고 하는 민족문학론의 맥락에서 이루어졌다. 민족문학론을 주창한 김만중은 그의 『서포만필(西浦漫筆)』에서 이러한 각성을 집약적으로 표현하고 있다.

    송강(松江)의 관동별곡(關東別曲), 전후사미인가(前後思美人歌)는
    우리나라의 이소(離騷)이나, 그것은 문자(文字)로써는 쓸 수가 없기

때문에 오직 악인(樂人)들이 구전(口傳)하여 서로 이어받아 전해지고 혹은 한글로 써서 전해질 뿐이다. …… 사람의 마음이 입으로 표현된 것이 말이요, 말의 가락이 있는 것이 시가문부(詩歌文賦)이다. 사방의 말이 비록 같지는 않더라도 진실로 말할 수 있는 사람이 각각 그 말에 따라서 가락을 맞춘다면, 다 같이 천지를 감동시키고 귀신을 통할 수가 있는 것은 유독 중국만이 그런 것은 아니다. 지금 우리나라의 시문은 자기 말을 버려두고 다른 나라 말을 배워서 표현한 것이니, 설사 아주 비슷하다 하더라도 이는 단지 앵무새가 사람의 말을 하는 것이다. 여염집 골목길에서 나무꾼이나 물긷는 아낙네들이 에야디야 하며 서로 주고받는 노래가 비록 저속하다 하여도 그 진가(眞假)를 따진다면, 정녕 학사 대부(學士 大夫)들의 이른바 시부(詩賦)라고 하는 것과 같은 입장에서 논할 수는 없다. 하물며, 이 세 별곡(別曲)은 천기(天機)의 자발(自發)함이 있고, 이속(夷俗)의 비리(鄙俚)함도 없으니, 자고로 좌해(左海)의 진문장(眞文章)은 이 세 편뿐이다. 그러나 세 편을 가지고 논한다면, 후미인곡(後美人曲)이 가장 높고 관동별곡(關東別曲)과 전미인곡(前美人曲)은 그래도 한자어를 빌어서 수식을 했다.15)

---

15) 松江關東別曲, 前後思美人歌, 乃我東之離騷, 而以其不可以文字寫之, 故惟樂人輩, 口相授受, 或傳以國書而已. …… 人心之發於口者, 爲言. 言之有節奏者, 爲歌詩文賦. 四方之言雖不同, 苟有能言者, 各因其言而節奏之, 則皆足以動天地通鬼神, 不獨中華也. 今我國詩文, 捨其言而學他國之言, 設令十分相似, 只是鸚鵡之人言, 而閭巷間樵童汲婦伊啞而相和者, 雖曰鄙俚, 若論眞贋, 則固不可與學士大夫所謂詩賦者, 同日而論. 況此三別曲者, 有天機之自發, 而無夷俗之鄙俚, 自古左海眞文章, 只此三篇. 然又就三篇而論之, 則後美人尤高. 關東前美人, 猶借文字語, 以飾其色耳. (김만중, 『서포만필』, 홍인표 역주, 일지사, 1987, 388-389쪽)

여기서 김만중은 문학작품을 글이라고 하지 않고 말이라고 했기에 그릇된 전제를 일거에 타파할 수 있었다. 그리고는 한문을 어디까지나 다른 나라 말이라고 함으로써, 통용되는 글이 중요하지 말은 대수로운 것이 아니라고 생각했던 기존의 문학관을 근저에서 불신하였다. 또한 문학이 말로 이루어진다는 근거에서 천한 백성의 노래(民謠)가 진실되고 사대부의 시부는 허망하다고 보면서, 정철의 가사는 민요에 가까운 위치에 있다는 것으로 그 의의를 입증하는 증거로 삼았으니, 이제 그것을 격찬하기 위해서 한시에 못지않은 품격을 지녔다고 할 필요조차 없어졌다. 악인들에 의해 구전되거나 한글로 써서 전해지는 시가, 그것은 평범한 백성들의 말로 불려졌던 민요와 맥을 같이 한다는 점에서, 참으로 민족 고유의 정서를 담아내고 있는 진정한 민족문학이라는 것이다. 김만중의 자각은 무엇보다도 한국 시가의 정체성을 한국말로 된 작품에서 찾고자 한 데 있다. 그런데 당시 사대부들은 대체로 한국말이 아닌 한문으로써 서정을 표현했으니, 그것은 민족 고유의 서정을 제대로 표현한 작품으로 볼 수 없다는 것이다. 따라서 그는 한글로 쓰여진 몇몇 작품과 문자화되지 않고 악인들에 의해 구전되어 온 민요에서 민족 고유의 서정을 발견할 수 있다고 보았다. 모국어로 된 작품만이 민족 고유의 정서를 담아내는 진정한 문학이라고 하는 민족문학론을 펴면서 김만중은 민요의 중요성에 대한 자각을 유감없이 드러낼 수 있었다.

그런데 김만중은 구체적으로 어떤 면에서 모국어로 표현된 작품의 진가를 높이 평가하고 있는 것일까? 모국어로 불리는 민요는 도대체 어떤 서정을 표현하고 있는가? 또 민요와 같은 맥락에서 칭송되는 정철의 작품들은 어떤 특징을 가지고 있기에 그 진가를 인정받은 것일까? 그는 왜 마찬가지로 한글로 쓰여진 다른 작가의 작품들에 대해서는 언급하지 않고 유독 정철의 작품만을 꼽고 있는가? 위의 인용문은 정철의 시가와 민요가 모국어로 이루어졌다는 사실 이외에 어떤 공통점이 있는지에 대해서는 설명하지 않고 있다.

그러나 그 설명을 찾아내는 것은 어려운 일이 아닐 것이다. 정철의 작품세계를 살펴보면, 민요의 그것과 연결되는 점을 발견할 수 있다. 정철이 추구한 정신세계는 어떤 것이었을까? 그의 시조를 통해 이 점을 살펴보자. 한국말로 된 시조는 한시(漢詩)를 대체하는 데 중요한 계기가 되었다. 이황은 시조를 지어야 하는 이유에 대해 설명하고 있다. 그에 따르면, "한시는 읊을 수 있을 따름이고 노래 부를 수는 없는 것이기에 우리말 노래를 찾아야 했는데, 시조는 노래 부르고 춤추는 데 소용된다"고 했다. 또 "스스로 그렇게 하지 않아도 노래 부르고 춤추는 것을 보고 듣고 있노라면, 넘치는 감흥 때문에 마음이 맑아져서, 뜻을 바르게 하고 배움의 길을 찾는 데 크게 유익하다"고 했다. 이렇듯 노래는 도학을 전하는 데 그치지 않고 흥취로 체득하게 하는 더욱 중요한 구실을 한다는 것을 기본 이론으로 삼고, 그렇게 하자면 시조가 한시보다 소중하다고 했으니, 시조를 당대 문학의 최고 수준에 올려놓는 데 모자람이 없는 논리였다. 이황의 논리에서 보다 구체화된 점은 한국말로 된 시의 장점이 노래로 부를 수 있는 것이어서 흥취를 더할 수 있다는 사실이다. 따라서 이황의 논리와 김만중의 논리를 종합해 보면, 한국말로 된 시나 노래는 그 내용에 흥취를 더할 수 있다는 점에서 민족 고유의 서정을 보다 적절히 표현할 수 있다는 이야기가 성립한다.

그렇다면 김만중이 정철의 시를 민요와 함께 거론한 것은 단지 그것들이 모두 한국말로 되어 있다는 사실만을 염두에 둔 처사일까? 만일 그렇다면 김만중은 어째서 이황 등의 인물을 거론하지 않고 굳이 정철을 거론했을까? 물론 김만중 자신은 두 사람의 차이를 심각하게 고려하지 않았을 수도 있다. 더군다나 이황이나 정철은 모두 사대부로서 시조를 창작했을 뿐, 민요의 가치를 옹호하지는 않았다. 그러나 김만중이 굳이 정철의 시를 일반 백성들의 민요와 함께 거론했다는 사실로부터 그 이상의 이유를 짐작해 보는 일이 전혀 불가능하지만은 않을 것이다. 혹시 김만중은 이황의 시보다 정철의 시를 민요가 표현하는 서정에 보다 가까운 것으로 생각했던 것은 아닐까? 만일 그렇다면 그 이유는 어디에 있었을까?

그 이유를 발견하기 위해서는 시조의 두 흐름을 이해할 필요가 있다. 한시를 대체하는 시조가 성장할 수 있었던 풍토는 대체로 두 가지 방향에서 진작되었다. 한편으로는 강호가도(江湖歌道)를 논하는 영남가단에 의해서, 다른 한편으로는 풍류정신(風流精神)을 애호하는 호남가단에 의해서 시조는 널리 보급되었다. 시문(詩文)보다는 도학(道學)을 더욱 존중하는 영남가단에서는 시조를 짓되 심성을 닦고 도의를 실천하는 자세를 앞세우는 기풍을 길렀다. 시조를 지어 즐기는 풍류가 따로 놀지 않고 도학하는 자세에 수렴하게 되고, 강호에서 노닐며 선비로서 마땅히 실행해야 할 도리를 찾자는 강호가도의 구현을 시조 창작의 목표로 두었던 것이다. 한편 호남가단은 자기합리화의 설명은 늘어놓지 않고 작품을 통해서 감회를 나타내는 것으로 만족했으며, 도리는 따지지 않은 채 풍류를 자랑했다. 그들은 시조에 대한 의의를 입증할 이론을 스스로 갖추지 못했다. 이론을 따지거나 이유를 묻지 않고 풍류를 생활화하는 것은 바로 호남가단의 지속적인 경향이었다. 영남가단은 이황 이후에 차차 움츠러들었고, 호남가단은 정철에 이르러서 절정을 보였다. 정철의 시조는 마음의 바른 도리를 찾는 철학적이고 도덕적인 주제를 지닌다거나 자연을 즐기면서 그 배후의 이치를 생각한다거나 하지 않고, 풍류를 즐기고 감흥을 표출하는 데 치중한 점에서 이황의 시조와 크게 다르다. 비록 정철 자신이 그런 풍류의 정신은 상층 선비에게나 긴요한 것으로 보고 일반 백성들에게는 행실이 긴요하다고 보아 백성들을 교화하기 위한 수단으로 훈민가(訓民歌)를 짓기도 하는 양면성을 보이긴 했지만, 이치의 탐구보다 풍류를 중시 여긴 점은 여전히 주목될 만한 사실이다. 아마도 이 점이 김만중으로 하여금 정철을 높이 평가하게 했을 것이다. 즉 한시에 비해 시조의 장점을 이론적으로 설명한 이황이 여전히 도리를 추구하며 조용히 관조하는 유의 시정에 머물러 있는 데 비해, 이치의 탐구나 이론적 설명보다는 풍류 자체의 생활화를 지향한 정철은 넘치는 흥취를 생동적인 움직임으로 살릴 수 있었던 점에서 민요가 표현하고 있는 담백하고도 역동적인 흥취와 통할 수 있음을 김만중은 감지하고 있었는지도 모른다.

이상의 논의가 보여주듯이, 민요의 중요성은 그것이 한국말로 된 작품으로서 민족 고유의 서정을 표현하고 있다는 점에 있으며, 민요를 위시한 한국의 시가들이 표방하고 있는 서정은 요원한 이치와 도리를 따지는 정신보다는 그때그때 밀려오는 감흥을 만끽하는 풍류정신과 통하는 것임을 알 수 있다. 물론 풍류정신은 궁극의 이치를 잡을 수 없다는 인식으로부터 가능한 것이다. 궁극적인 것에 대한 판단을 보류할 때, 순간의 서정은 한층 살아난다. 민요는 바로 그런 순간의 감흥들에 대한 진솔한 표현이다. 민요를 위시한 한국의 구전시가들이 표방해 온 것은 이런 풍류정신이다. 이것은 가사와 후렴으로 짜이는 민요의 가창 방식에서 드러나는 미완의 개방구도와 통해 있다. 민요는 그 짜임에 있어서 뿐만 아니라 그에 깃들인 정신성에 있어서도 한국 시가의 정체성을 구현하고 있다. 즉 한국 시가의 정체성은 민요가 보여주는 미완의 개방구도와 풍류정신에서 찾을 수 있다는 것이다. 이것은 곧 한국 사람의 마음과 기질을 단적으로 드러내는 특징들이다.

(5) 시가와 언어

모국어로 된 작품이라야 민족 고유의 서정을 담을 수 있다고 하는 민족문학론은 사실 어느 민족에게서나 가능한 생각일 것이다. 그러나 한국 사람이 이와 같은 자각에 이르기까지에는 특수한 사정이 있었다. 일찍이 문자를 발명하여 기록시대를 연 다른 문명권들에 비해 한국은 뒤늦게 기록시대에 진입했다. 그러나 그 기록조차 고유의 말에 바탕을 둔 고유의 문자로써 이루어진 것은 아니었다. 고유의 말은 갖고 있으면서 고유의 문자를 갖지 못한 까닭에 부득이 기록을 해야 할 경우에는 지배층들이 중국으로부터 한자를 들여와서 쓰는 것이 고작이었다. 그 결과 입으로 말하는 언어(口語)와 글로 쓰이는 언어(文語)가 부합되지 않는 언문불일치(言文不一致)의 곤란을 겪어야 했다.16) 이런 곤란에 대한 자각과 반성의 결실로 훈민정음이 창제됨으로써 한국은 비로소 고유의 문자를 갖게 된 것으로 보인다. 그러나 고유의 문자를 갖

---

16) 기록 이전 시대의 시가(詩歌)는 전적으로 구전에 의존했다. 그러다가 한자를 이용한 향찰 표기로 시가를 기록하게 되었으니, 향가가 한국 최초의 기록문학이었던 셈이다. 한자의 수용은 한국문학사에 지대한 영향을 미쳤다. 삼국시대부터 고려시대를 거쳐 조선시대에 이르기까지, 또 한글이 정립된 이후에도 한참 동안이나 한문학은 한국문학사의 한편을 차지하고 있었다. 그러나 한문으로 창작된 작품은 말할 것도 없거니와, 한국말에 가락을 얹어 부르던 노래를 한문으로 옮겨 적은 것은 한국말로 표현되는 고유의 서정을 제대로 살릴 수가 없었다. 물론 다양한 차자표기(借字表記)를 고안해냄으로써 원래의 말 그대로 기록하려고 애쓴 여러 가지 시도가 뒤따랐던 것은 사실이다. 그러나 향찰로 향가를 표기하면서도 한자와 한국말의 음운이나 음절이 맞지 않아 불편을 겪었고, 그나마 향찰이 쓰이지 않게 되자 상황은 더욱 힘들게 되었다. 그렇게 하면서 누적된 오랜 소망이 있어 결국 한국말을 아무 불편 없이 표기할 수 있는 고유의 문자가 창제되었던 것이다.

고서도 오랜 구습을 떨치지 못하여 언문불일치의 관행은 계속되었다.17) 한글시가를 창작하는 작업이 활성화된 것도 그렇거니와, 한글시가나 구전시가의 진가를 인식하게 된 것도 오랜 시일이 걸리고서야 가능했다.18) 그러니 만큼 한국의 민족문학론은 말과 글의 불일치에서

---

17) 훈민정음의 창제와 더불어 비로소 한국 시가는 노래로 불려지던 그대로, 즉 발음되는 그대로 기록될 수 있었다. 국문문학으로의 전환의 계기가 마련되었던 것이다. 그리하여 용비어천가(龍飛御天歌)나 월인천강지곡(月印千江之曲)과 같은 최초의 국문문학이 출현하게 되었다. 나아가 시조 등의 국문문학이 한시(漢詩)를 대체하는 움직임이 시도되었다. 노래로 부를 수 있는 시조가 단지 읊을 수 있을 따름이던 한시보다 나은 점은, 조용히 관조하는데 그치지 않고 넘치는 흥취를 움직임으로 살릴 수 있다는 데 있었다. 아마도 한국말이 풍부하게 갖추고 있는 감성어와 서술어의 다양한 운용이 큰 구실을 해서 그런 효과를 낼 수 있었을 것이다. 이렇듯 국문문학이 성장하는 추세에 따라 국문시가를 창작하는 작업 뿐 아니라 구전되어 오던 시가들을 한글로 정리하는 작업들도 이루어졌다. 그렇지만 고유 문자의 창제 이후에 언문불일치의 관행이 일거에 폐지된 것은 아니다. 한문을 숭상하는 사대부층의 편견은 고유 문자의 보급을 저해했다. 사대부들은 여전히 한문을 사용했고, 시가를 정리하거나 한문 서적을 번역해야 하는 특수한 경우에나 겨우 한글이 소용될 뿐이었다. 이러한 사정 때문에 고유의 문자를 갖게 되고서도 국문문학이 한문문학을 대신하는 일은 결코 쉽지 않았다.

18) 두 차례의 국난을 겪으면서 그 체험에 바탕하여 세상을 새롭게 바라보게 됨에 따라, 문학 역시 새로운 전기를 맞게 되었다. 한문문학에서는 제대로 표현될 수 없었던 우리의 말씨와 삶의 모습을 잘 살리고 있는 국문문학에 대한 재평가가 이루어지게 된 것이다. 그리하여 민족어의 가치를 충분히 발휘하고 민족이 당면한 현실에 참여하는 민족문학 및 민족문학론이 대두하였다. 중국의 옛것을 답습해서 비슷하게 되려는 어리석은 풍토에서 벗어나, 말과 글의 불일치에서 빚어지는 문제를 해결하고, 한국문학의 독자적인

오는 오랜 불편과 문제점에 대한 자각과 반성으로부터 제기된 각별한 배경을 지닌다.

그렇다면 말과 글이 어긋나던 시대의 애로사항은 무엇이었으며, 말과 글이 일치하게 됨으로써 그 애로사항은 어떻게 해소되었는가? 고유의 문자가 없던 시절 한자로 표기된 시는 겨우 그 뜻만을 전달할 수 있었을 뿐 그 말씨까지 살릴 수는 없었다. 한시에서는 한국말이 주는 어감과 흥취가 표현될 수 없었던 것이다. 한글의 창제는 바로 뜻만 겨우 통하게 해줄 뿐인 외래문자를 대신하여 한국말의 말씨를 있는 그대로 살려내기 위한 조치였다. 한국말을 소리나는 대로 적을 수 있게 됨에 따라 그 어감과 흥취를 살려낼 수 있었다. 말과 글이 어긋나던 시대에서 말과 글이 통하는 시대로 넘어오면서, 한자 표기에 묻혀 제대로 드러날 수 없었던 한국말의 말씨를 한글 표기로 되살려낼 수 있었던 것이다. 이런 점에서 한글의 성립은 외래문자에 의존해 온 풍토를

방향을 찾아야 한다는 각성이 일어났던 것이다. 이에 김만중은 진정한 한국문학이란 민족 고유의 말로써 이루어진다는 근거에서 민요의 진가를 논하였다. 민요의 중요성을 인식하게 되면서 국문시가는 한층 풍부해졌다. 민요처럼 한국말의 특징을 그대로 살릴 수 있는 국문시가의 필요성이 증대되었던 것이다. 한국말의 특징을 살리기 위해서 기존의 틀에 얽매이지 않는 보다 분방한 형식이 모색되었고, 민요에서 그것을 찾고자 했다. 그리하여 국문시가는 새로운 형식으로 거듭날 수 있었고, 또 널리 보급될 수 있었다. 뿐만 아니라 사회체제가 동요하면서 민중 의식이 크게 성장하고, 이에 힘입어 국문문학은 한층 활기를 찾아 나갔다. 그리하여 점차로 국문의 사용을 확대하고 공식화하는 등 국문 운동이 꾸준히 전개되었으며, 그 결과로써 후일 근대 국어학과 근대 국문학의 성립을 보게 된 것이다.

비판적으로 바라보고 한국말의 고유한 특징들을 살려내고자 하는 노력이 맺은 결실로 평가되어야 한다.

그러나 한글이 성립되기 이전에도 또 이후에도 여전히 한국 사람들은 말에 가락을 붙여 그들의 삶을 노래해 왔다는 사실을 상기해야만 한다. 문자기록과는 무관하게 입에서 입으로 불려지는 구전시가를 통해 한국 시가는 명맥을 유지해왔던 것이다. 기록기대 이전의 먼 옛날로부터 기록시대 이후에까지 줄곧 입에서 입으로 불려진 노래들이야말로 한국 사람들의 정서와 체험이 살아 숨쉬는 원형이라 할 수 있다. 더군다나 구전시가에서는 한국말의 말씨가 그대로 살아나므로, 구전시가는 한국 사람의 마음을 가장 근사하게 그려낸다고 할 수 있다. 그래서 기록문학이 아닌 구전시가에서 한국 시가의 정체성을 찾으려 한 것이다. 그러니 고유의 문자로 생각을 기록할 수 있게 되었다는 사건이 곧 전체 역사를 대변해준다거나, 그로부터 비로소 한국적 정체성이 정립되었다고 볼 수는 없다. 한글을 갖게 됨으로써 표현이 자유로워지고 한국적 정체성에 대한 자각이 크게 신장한 것도 사실이지만, 한글의 역사는 어디까지나 전체 역사 가운데 그리 오래되지 않은 근래의 이야기일 뿐이며, 그로 인해 한국 사람의 사고방식 자체가 근본적으로 달라진 것도 아니기 때문이다. 한글이 만들어지기 이전에도 한국 사람은 고유의 말을 가지고 있었고, 고유의 말로 표현된 고유의 시가를 가지고 있었다. 그리고 그 말과 노래에는 한국사람 고유의 사고방식과 세계체험의 양식이 반영되어 있다.

구전시가의 중요성은 그것이 한자로 표기된 기록문학과는 달리 한국말로 불려진 노래라는 사실에 있다. 즉 구전시가는 한국말로 된 작품이기에 한문으로 된 기록문학에서는 제대로 표현될 수 없었던 한국 사람의 사고방식이나 체험양식을 그대로 드러낼 수 있다는 것이다. 외국어로 표기된 작품에서 제대로 표현될 수 없었던 것, 그래서 차라리 표기되지 않은 채로 실제로 쓰는 말 그대로 입으로 불려지는 노래에서 잘 살아나고 있는 것, 그리고 한국말과 부합되지 않는 외래 문자가 아니라 한국말과 부합되는 고유의 문자로써 살려내고자 했던 것, 그것은 바로 고유의 말씨였다. 그렇다면 한국말로 된 구전시가가 살려내고 있는 말씨, 그리고 언문불일치의 장벽을 넘어 한글을 통해 되살려내고자 했던 그 말씨는 어떤 특징을 지니는가? 한국말의 고유한 특징은 어디에 있는가? 또한 한국 구전시가의 특징들은 한국말의 특징과 어떻게 연결되는가? 특히 가사와 후렴으로 짜여지는 구전민요의 개방적 구도 그리도 궁극의 이치보다는 풍류를 추구하는 한국 사람의 정신세계는 한국말의 특징과 어떤 연관이 있는가? 여기서 구전시가를 통해 한국문화의 정체성을 찾고자 한 탐구는 한국말의 특징에 관한 물음으로 인도된다. 즉 기록된 철학사를 갖지 않은 한국 사람들의 마음과 기질 그리고 그 세계관을 추적하기 위한 두 번째 시도로서 한국말의 특징을 탐구할 필요성이 제기되는 것이다.

4) 한국 어법의 특징

(1) 글의 원형으로서의 말

한국 문화의 정체성에 대한 자각과 반성은 여러 방면에서 이루어졌다. 그것은 민족 고유의 음악을 추구하는 음악적 각성으로 나타나기도 했고,19) 민족 고유의 말을 적을 수 있는 고유한 문자의 필요성을 제

---

19) 구전시가(口傳詩歌)에서 언어적 특징과 문학적 내용 그리고 음악적 특징이 뗄 수 없는 연관을 지님은 이미 밝힌 바 있다. 따라서 민족 고유의 정서를 표현하고자 하는 주체의식의 각성이 음악 방면에서 일어난 것은 극히 자연스러운 일일 것이다. 『삼국사기(三國史記)』 「악지(樂志)」에 의하면 "왕이 이르기를 제국(諸國)의 방언(方言)도 각각 다른데, 성음(聲音)이 어찌 한결같을 수 있겠는가"라고 하였다.(『三國史記』, 卷32, 8 伽倻琴條) 이와 같이 1400년의 먼 옛날에도 가야국(伽倻國)의 가실왕(嘉實王)은 방언이 다르면 그 음악도 같지 않다는 점을 간파한 바 있다. 즉 말이 다름에 따라 노래를 부를 때 목을 쓰는 방식이나 악기를 연주하는 방식이 다르다는 것이다. 이것은 이미 나라마다 언어가 다르고 그 나라 어법을 바탕으로 하여 그 나라 음악의 어법이 이루어진다고 하는 통찰을 여실히 보여준 것이었다. 또한 세종은 한편으로는 중국계 아악을 진작시키고 이를 국가의 의식음악으로 채택하면서도 다른 한편으로 전통적인 향악을 바탕으로 새로운 음악을 일으키겠다는 결연한 의지를 가지고 있었다. 세종 7년 10월에 종묘 제향을 마치고 대궐로 돌아와서 이조판서 허조(許稠)에게 "우리나라는 본시 향악을 익혀 왔는데, 종묘 제향 때 먼저 당악을 연주하고 겨우 삼헌(三獻, 終獻), 즉 셋째 잔을 드릴 때에 이르러 향악을 연주하니 조고(祖考)들이 평일에 듣던 음악을 아뢰는 것이 어떠한가?"라고 하여 그 그릇된 일을 지적하였다.(『世宗實錄』, 卷30, 7年 10月 庚辰條) 또 세종 12년 9월에는 "아

기하는 언어문자적 각성으로 나타나기도 했으며, 고유한 말에 바탕한 작품의 가치를 인식하는 문학적 각성으로 나타나기도 했다. 이런 오랜 자각과 반성이 쌓여 대두된 민족문학론은 한국 시가의 정체성을 한글 시가 내지는 구전민요에서 찾고자 했다. 민족문학론은 민족언어학을 전제로 한다. 모국어로 된 작품의 진가를 역설하는 데에는, 한 민족이 사용하는 언어의 고유성은 그 민족의 사상과 문화의 고유성을 나타낸 다는 생각이 전제되어 있다. 실제로 민족문학론의 주창자 김만중은 한 국말의 특징을 논하면서 그것이 한국 문화의 특성을 반영한다고 보는

악은 본래 우리나라 음악이 아니고 실은 중국 음악이다. 우리나라 사람은 살아생전에는 향악을 듣고 죽으면 아악을 연주하니, 어찌된 일인가?"라고 하여 또 한번 경고하였다.(『世宗實錄』, 卷49, 12年 9月 己酉條) 또 세종 12년 12월 경연(經筵)의 자리에서 "박연이 중국계 음악인 조회악(朝會樂) 을 바로 잡으려 하나 어려울 것이다. 우리나라 음악이 비록 진선은 못되나 중원에 비하여 부끄러움이 없을 것이며, 중원의 음악이라고 해서 또한 어 찌 바르다고 하겠는가?"라고 하였다.(『世宗實錄』, 卷50, 12年 12月 癸酉條) 세종은 이런 주체의식에 바탕한 문화정책으로써 완미한 유신들의 중국 음 악에 대한 무비판적인 숭배 풍조를 다스리고자 했다. 이토록 세종이 향악 을 일으킬 것을 일깨웠건만, 당시 유신들은 중국계 아악에 집착하여 좀처 럼 헤어나지 못했다. 이에 세종은 급기야 그 말년에 이르러 유신들이 하지 않은 일을 친히 결행하기로 한다. 그래서 세종 27년(1445년)에 용비어천 가를 지어 반포하고, 그 뒤를 이어 여민락(與民樂), 치화평(致和平), 취풍 형(醉豊亨), 보태평(保太平), 정대업(定大業), 창수곡(創守曲), 경근곡(敬勤 曲) 등을 창제하였다. 세종의 이런 각성 이후 여러 차례의 반성과 시도를 거듭하여, 중국계 음악은 점차 쇠퇴하고 한국 고유의 음악이 부흥하여 한 국적 체질에 맞는 음악이 자리 잡힘으로써 현재까지 전승될 수 있었다.

민족언어학의 가능성을 함께 타진했다. 민족문학론이나 민족언어학이 기록시대에 일어난 의식적인 각성의 산물이긴 하지만, 기록시대 이전부터 구전되어 온 시가와 말에서 한국 문화의 정체성을 찾으려 한 점에서 그 각성은 충분히 의의 있는 것이다. 중요한 점은 민족문학론이나 민족언어학이 대두하기 이전에도 민족 고유의 시가가 있었고 민족 고유의 말이 있었다는 사실이다. 그리고 그 말의 고유한 특징에 따라 거기에 가락을 얹어 부르는 노래와 시가 지어진다는 사실이다. 따라서 한국 문화의 정체성에 관한 탐구는 여러 방면에서 접근되더라도, 말하는 방식과 노래 부르는 방식 그리고 시 짓는 방식이 서로 통해 있다는 점에서 보면, 그것은 결국 하나의 문제인 셈이다.

　모국어로 된 작품의 진가를 주장했던 민족문학론이 언문불일치라는 특수한 역사에서 자각되었던 것처럼, 민족어의 고유한 특징으로부터 문화와 사상의 고유성을 찾고자 하는 민족언어학도 마찬가지였다. 물론 고유의 말을 표기할 고유의 문자가 창제되어 완전히 보급 정착된 경우에도 민족언어학적 각성은 가능하다. 그러나 고유의 말은 갖고 있으면서도 그것을 표기할 고유의 문자를 갖지 못하여 외래문자를 빌려 쓰거나, 고유의 문자가 창제된 이후에도 여전히 외래문자를 선호하는 관행이 지배하던 시절, 외래문자와 한국말이 서로 부합되지 않는다는 사실로부터 한국말의 고유성은 더욱 극명하게 인식되었다. 언문불일치에서 오는 여러 가지 곤란한 사정들이 외래문자와의 비교를 통해 역으로 한국말의 고유성을 인식하는 계기가 되었던 것이다. 결국 빌려 쓴

것은 문자였지 말이 아니었다. 그리고 외래문자는 어디까지나 수단으로 차용되었을 뿐이다. 말은 갖고 있으면서도 문자는 갖지 못할 수도 있으며 문자라는 것이 말에 바탕을 두고 만들어진다는 점에서 볼 때, 민족적 정체성을 형성하는 일차적인 요소는 문자라기보다는 말이며, 문자의 기본은 말에 있다. 문자는 어디까지나 차후의 산물이며 수단일 뿐이다. 외래문자의 차용으로 언문불일치의 오랜 역사를 지낸 한국 사람들에게 한국말의 고유성은 어떻게 자각되었는가? 한국말의 특징은 어디에 있는가? 한국말이 반영하는 한국사람 고유의 세계인식과 체험의 양식은 무엇인가?

한국말의 고유성에 대한 자각은 시대에 따라 여러 형태로 일어났다. 그것은 국어학사의 시대 구분을 통해 상세히 논의되어야 하겠지만, 이 글의 목적은 문자가 없던 구전시대로부터 오늘날까지 관통하여 적용될 수 있는 한국말의 고유한 특징을 밝히는 데 있으므로, 이와 관련된 몇 가지 특징적 계기들을 구성해 보는 것으로써 이야기를 풀어나갈 것이다. 한국말 연구의 역사는 대체로 세 시기, 즉 고유 문자가 없이 한자를 빌려 차자표기(借字表記)를 하던 시기, 훈민정음이 창제되어 차츰 보급되던 시기, 언문일치가 적극 추진되어 한글이 공식화 보편화된 갑오경장 이후 현재까지의 근현대 국어학의 시기로 나누어 볼 수 있는데, 각 시기마다 특수한 맥락에서 한국말에 대한 자각이 이루어지고 있다.

첫째 시기에는 한국말의 고유한 특징에 대해 직접 논하지는 않았지만 그것이 간접적인 방식으로 드러났다. 이러한 자각은 훈민정음이 창제되기 이전에 고유의 문자가 없어 한자를 빌려 쓰던 차자표기로부터 비롯되었다. 즉 한국말과 부합하기 어려운 한자를 빌려 쓰면서 가급적이면 한국말의 실정에 맞는 표기방식들을 만들어냈는데, 그 과정에서 한자와의 비교를 통해 한국말의 고유한 특징들이 자각되었으며, 그러한 자각이 표기방식에 반영되었던 것이다.

둘째 시기에는 한국말이 다른 나라 말과는 근본적으로 차이가 나는 독자성을 지닌다는 자각이 공식적으로 표출되고, 한국말의 고유한 특징이 무엇인지를 직접 논하게 되었다. 한국말이 독자성을 지닌다는 사실은 훈민정음이라는 고유의 문자를 제작하게 된 취지를 밝히는 데에서 천명되었다. 즉 한국말의 고유성에 대한 자각이 고유 문자에 대한 요청으로 연결되었던 것이다. 한국말이 중국말과 다르니 한자에 의지해서는 결코 한국말을 제대로 표현할 수 없으므로, 더 이상 실효를 기대하기 어려운 차자표기에 의지할 것이 아니라 한국말에 바탕을 둔 고유의 문자를 만들어야 했던 것이다. 훈민정음 원본(解例本)에는 훈민정음이 만들어진 원리를 풀이함으로써 한국말의 고유성을 밝히고 있다. 그러나 훈민정음이 창제되고 나서도 한문 선호로 인해 언문불일치의 관행이 계속되자, 이런 풍토를 반성하면서 한국말의 고유성을 역설하고 한글의 부흥을 꾀한 민족언어학과 민족문학론이 대두하게 된다. 이로써 한국말의 고유한 특징은 그 요체가 보다 선명하게 인식되기에 이른다. 여기서 중요한 점은 민족 고유의 말로 글을 써야 한다는 민족문학론의 각성이 민족 고유의 말은 민족 고유의 사상을 반영한다는 민족언어학적 각성과 함께 일어났으며 그러한 맥락에서 한국말의 고유한 특징이 논의되었다는 사실이다.

셋째 시기에는 언문일치가 적극 추진되어 한글이 공식화 보편화되었으며, 세계의 언어학의 추세에 호응하면서 한국말의 어법체계가 모색되었다. 이 시기에는 세계의 여러 말들과의 비교를 통해 한국말의 위상을 파악하고자 했다. 그리하여 한국말이 형태적(구조적, 어법적)으로 첨가어에 속한다는 사실을 밝혀내고, 이러한 특징에 맞는 어법체계를 구성하고자 했다.

이상은 한국말의 고유성이 자각된 몇 가지 특징적인 맥락들을 추출한 것이긴 하지만, 역사적으로 한국말의 특징에 대한 인식이 한결같았음을 입증하기에는 충분하다. 이에 한국말의 고유성이 시대별로 어떤 맥락에서 자각되고 있는지를 차례로 살펴보고, 문자의 유무와 상관없이 시종일관 감지되고 있는 한국말의 고유한 특징들이 무엇이며 그 특징들이 어떤 세계관의 특징들을 반영하는지를 생각해 볼 것이다.

(2) 차자표기 시대의 어법 인식

훈민정음이 창제되기 이전까지의 시기는 한국말이 직접 학문의 대상이 되지는 못하고 다만 한자와의 접촉을 통해 간접적으로 한국말에 대한 자각이 이루어지던 시기이다. 훈민정음이 창제되기 이전에 한국 민족은 고유의 말은 갖고 있었지만 고유의 문자를 갖지 못하여[20] 부득이 한자를 빌려 썼다. 한자가 언제 도입되었는지는 정확히 알 수 없으나, 삼국시대에는 한자의 사용이 널리 일반화되었던 것으로 보인다. 한자가 도입되면서 한국 사람의 문자생활은 두 가지 방향에서 이루어질 수 있었다. 하나는 구문이 전혀 다른 한문을 중국체계 그대로 흡수 소화하는 것이요, 다른 하나는 한국말과 한문이 부합되지 않는 차이점을 인식하고 한자를 빌려서 한국말을 표기하는 새로운 표기법, 즉 차자표기법을 강구하는 것이다. 전자가 한문을 일방적으로 수용하기만 한 것이라면, 후자는 한자에 대한 한국말의 반응 내지 소화양식이라고 할 수 있다. 차자표기법은 비록 한자를 빌린 것이긴 하지만 한국말에 맞게 고안된 것이라는 점에서, 한국말을 연구하는 데 중요한 자료가 된다.

어째서 차자표기법을 생각하게 되었을까? 원래 한자는 중국말을 표기하는 데 알맞도록 마련된 것이니, 중국말과 언어체계가 다른 한국말을 표기하는 데 그대로 적용될 수 없었다. 따라서 한자를 가지고 한국말을 표기하기 위해서는 어떤 방법을 강구해야 했으니, 이로부터 다양한 차자표기법들이 개발된 것이다. 차자표기법이란 한국말과 부합되기

---

20) 전해지지는 않았지만 고대에도 우리 고유의 문자(三皇內文, 神誌秘詞文, 王文文, 刻木文, 高句麗 文字, 百濟 文字, 新羅 文字, 渤海 文字, 高麗 文字 등)가 있었으며 훈민정음이 거기서 유래했다고 보는 설(김윤경)도 있으나, 그것을 입증할 자료가 충분치 않으므로 일단은 훈민정음을 최초의 고유 문자로 보는 설을 취하기로 한다.

어려운 한자를 빌려 쓰되 가급적이면 한국말의 실정을 고려하여 표기하는 방법이다. 따라서 차자표기법을 고안해냈다는 사실은 곧 한국말의 고유한 특징들이 인식되었다는 징표로 볼 수 있다.

차자표기법에는 고유명사 표기(固有名詞 表記), 서기체 표기(誓記體 表記), 이두(吏讀), 구결(口訣), 향찰(鄕札) 등이 있다. 차자표기법이 개발된 순서를 보건대, 한자의 차용은 우선 낱낱의 단어를 표기하는 데에서 비롯되어 차츰 문장을 표기하는 데까지 확대되었음을 알 수 있다. 그 과정에서 한국말과 중국말의 차이는 점점 심각하게 인식되었다. 한국말과 중국말은 낱낱의 단어가 만들어지는 원리에서도 차이가 나고, 그런 단어들이 모여 하나의 문장이 구성되는 원리에서도 차이가 난다. 한국의 선조들은 이 두 방면에서의 차이를 모두 인식하고 있었다. 차자표기법을 살펴보면, 중국말과 구별되는, 따라서 한문으로는 그대로 표현될 수 없었던 한국말의 특징이 과연 무엇이었는지를 알 수 있다.

한자에 어느 정도 익숙해지면서 그것을 가지고 한국말을 표기하고자 했을 때 우선 단어를 표기하려는 시도로부터 출발한 것은 외국어를 습득하고 활용하는 데 있어 자연스러운 순서였다. 그러나 단어를 표기하려는 데 있어서조차 벽에 부딪치지 않을 수 없었다. 중국말에서 단어가 만들어지는 원리와 한국말에서 단어가 만들어지는 원리가 달랐기 때문이었다. 한자는 원래 중국말을 표기하기 위한 문자이므로 중국말의 특징을 반영하고 있다. 중국말(고대 한어)은 모든 단어가 단음절

(單音節)임을 특징으로 하는데, 중국말을 문자화하면서도 그런 특징을 살려 각 단음절 단어를 한 문자 단위로 표시하는 원칙이 적용되었던 것이다. 그 결과 낱낱의 한자는 한 단어의 훈(訓)과 동시에 그 음(音)을 나타내게 된다. 그러나 한국말의 경우, 하나의 단어가 단음절로 되어 있다는 원칙은 통용되지 않는다. 즉 한국말에서는 하나 이상의 음절들이 모여서 하나의 단어를 구성하게 된다. 이런 까닭에 한자는 한국말을 표기하는 데에는 매우 부적합하였다.

무엇보다도 한국말로 발음되는 고유명사를 표기하는 일이 우선 문제시되었다.21) 의미 내용을 나타내기보다는 음성형태에 중점을 두는 고유명사를 표기하는 데에는 어려움이 따르지 않을 수 없었다. 고유명사를 한자로 표기하기 위해서는 먼저 단어를 음절로 분석해야 하고, 그다음에는 분석된 音형태에 가장 가까운 한자를 대응시켜야 한다. 이때 그 대응이 손쉽게 이루어진다면 문제는 간단할 것이다. 그러나 언제나 대응의 보기가 발견되는 것은 아니다. 즉 음을 빌리는 데 있어서는 원칙적으로 동일한 음절조직으로 된 한자음을 이용해야 하는데, 중국말과 한국말의 음운체계나 음절구조가 다르기 때문에 언제나 적합한 한자음을 찾을 수는 없다는 것이다. 이런 경우에는 부득이 적합한 훈(訓)을 지닌 말로 대신할 수밖에 없다. 그래서 음(音)을 취하는 방법과 훈(訓)을 취하는 방법을 함께 사용하게 된 것이다. 이것을 각각 음

---

21) 고유명사 표기에는 주로 지명(地名), 인명(人名), 관명(官名)에 대한 표기가 주를 이룬다.

독(音讀)의 원리[22]와 훈독(訓讀) 내지 석독(釋讀)의 원리[23]라고 한다. 각각의 한자는 뜻을 표시하는 기능과 소리를 표시하는 기능을 가지고 있는데, 음독의 원리는 그 중 소리를 표시하는 기능만을 취하는 원리이다.[24] 훈독의 원리는 한자에서 소리를 표시하는 기능을 버리고 뜻을 표시하는 기능만을 취하여 그것을 한국말의 단어로 고정시키는 원리이다.[25] 이 두 원리를 이용해서 한국말의 고유명사가 한자로 표기될 수 있었다.

이런 표기법을 사용했다는 것은 곧 중국말과 한국말의 음운조직의 차이를 확실히 인식하고 있었다는 징표이다. 또한 이것은 단음절 단어인 중국말과 그렇지 않은 한국말의 차이에 대한 인식을 전제로 한다. 즉 중국말은 뜻을 표시하는 기능과 소리를 표시하는 기능을 한 음절 안에 모두 갖고 있는 반면, 한국말은 뜻을 표시하는 기능과 소리를 표시하는 기능이 독립적이어서 한 음절이 소리를 표시하는 기능은 갖고

---

22) 음독의 원리는 한자의 육서 중 가차(假借)의 원리에 통하는 것이요, 실제로 고대 중국인들이 외국의 고유명사를 표기하는 데 이 방법을 사용했으니, 완전한 독창이라고 볼 수 없는 측면이 있다.

23) 석독의 원리는 한국 선조들의 독창이라고 할만한 것인데, 한자의 뜻을 규정하고 고정화시키는 데에는 상당한 시일이 걸렸을 것이므로, 이것은 소리를 이용하는 원리보다는 연대적으로 뒤졌을 것으로 짐작된다.

24) 가령 '古'라는 글자를 그 의미와는 관계없이 단순히 [gǔ]라는 음을 나타내는 기호로 사용하는 것이다.

25) 가령 '水'라는 글자를 그 음과는 관계없이 '물'이라는 단어를 나타내기 위하여 사용하는 것이다.

있되 반드시 뜻을 표시하는 기능을 갖지는 않는다는 차이가 인식됨으로써 그런 표기법이 가능할 수 있었던 것이다.

이렇듯 단어 하나를 표기하는 데에도 말의 차이에서 비롯되는 어려움이 있었거니와, 단어들이 모여 구성되는 문장을 표기하는 데에는 보다 심각한 어려움이 따랐다. 중국말의 어법과 한국말의 어법에는 상당한 차이가 있었기 때문이다. 문장을 표현하는 데 따르는 어려움을 다소라도 조정하기 위해 고안된 것이 바로 서기체 표기, 이두, 구결, 향찰 등의 표기법이다. 이들 표기법에서 한국말의 특징은 보다 분명하게 인식된다.

서기체 표기는 한자를 빌려 한국말의 문장을 표기하되 한국말(신라어)의 어순에 따라 한자를 배열하는 것이다.26) 신라인들이 이런 방식

---

26) 서기체(誓記體)라는 명칭은 임신 서기석(壬申 誓記石)에서 따온 것인데, 「壬申 誓記石銘」에 보이는 전문은 다음과 같다. "壬申年六月十六日 二人幷誓記 天前誓 今自三年以後 忠道執持 過失無誓 若此事失 天大罪得誓 若國不安大亂世 可容行誓之 又別先辛未年七月二十二日大誓 詩尙書禮傳倫得誓三年". 이 글을 현대어로 풀면 다음과 같다. "임신년 유월 십육일에 두 사람이 함께 맹서하여 기록한다. 하느님 앞에 맹서한다. 지금으로부터 삼 년 이후에 충도(忠道)를 집지(執持)하고 과실이 없기를 맹서한다. 만일 이 일을 잃으면 하느님에게 큰 죄를 얻을 것이라고 맹서한다. 만일 나라가 편안치 않고 크게 세상이 어지러우면 가히 모름지기 (충도를) 행할 것을 맹서한다. 또 따로 앞서 신미년 칠월 이십이일에 크게 맹서하였다. 시(詩), 상서(尙書), 예기(禮記), 좌전(左傳)을 차례로 습득하기를 맹서하되 삼 년으로써 하였다." 위의 글에서 한자들은 그 본래의 의미로 사용되었지만, 그것들의 결합은 한문의 그것과는 아주 다르다. 이 글은 한자를 신라어의 어순에 따

을 창안하여 문장 구성에 적용했다는 것은 곧 그들이 한문의 문장구성법과 한국말의 문장구성법의 차이를 중요한 문제로 인식하고 있었음을 보여준다. 이 서기체 표기에는 어법적 기능을 표시하는 형태는 나타나지 않는다. 즉 이것은 한자를 빌어 한국말 자체를 표기한 것이 아니므로, 향찰과는 구별된다. 서기체 표기는 다만 한자를 한국말과 같은 어순으로 배열하여 의사를 표시한 것이므로, 신라화한 한문이라고 할 수 있다. 서기체 표기는 한자를 이용해서 문장을 표기하는 방법 가운데 초기의 것에 해당한다.

서기체 표기와는 달리 이두 구결 향찰에서는 어법적 형태들이 표기된다. 이두27)는 한자 사이사이에 어법적 기능을 표시하는 형태를 보

라 배열한 것이다. 말하자면 신라화된 한문이라고 할 수 있다. 이 글의 임신년은 552년(또는 612년)으로 추정되고 있다. 따라서 서기체 표기는 한자에 의한 문장 표기의 초기적 방법이라 하겠다.

27) 이두는 삼국시대에 나타나기 시작하여 통일신라시대에 대체로 성립되었다. 이것은 고려 조선을 거쳐 19세기말 갑오경장 때까지 계속 사용되었다. 하나의 기형적인 문어라고 할 수 있는 이두가 이처럼 오래 사용된 것은 놀라운 일이 아닐 수 없는데, 그 이유는 첫째로 이것이 이서(吏胥)들 사이에 깊은 뿌리를 박고 있었고, 둘째로 한국의 문자 생활의 상층부를 이루었던 한문의 후광을 입고 있었기 때문이라고 생각된다. 고려와 조선에서 이두는 주로 공사문서(公私文書)에서 사용되었다. 따라서 이것은 거의 이서 전용(專用)의 특수 문어로서의 기능을 갖고 있었다. 또한 이두는 훈민정음이 창제되기 이전에 한문을 번역하는 데 사용되기도 하였다. 이두는 특수한 문자였으므로 매우 보수적이었지만, 워낙 그 역사가 오래되었으므로 그 체계에도 적지 않은 변화가 있었다.

충하여 문맥을 분명히 한 것이다.28) 문법 형태를 표기하는 것은 한국 말의 문장구성법에 따라 기록하는 것이므로, 이두가 쓰인 글에는 한문의 개조가 일어나게 된다. 구결29)은 다름 아닌 토(吐)이다. 즉 한문을 읽을 때 어법적 관계를 표시하기 위해서 삽입되는 요소들이다. 구결은 한자 전자를 빌려 쓰기도 하고30), 한자의 약체(略體)를 쓰기도 하며,31) 훈민정음 창제 이후에는 한글로 바꾸어 쓰기도 했다.32) 향찰33)은 한국말을 차자(借字)로 완벽하게 기록할 수 있었던 표기법이

---

28) 진평왕 13년(591)에 건립된 「慶州南山新城碑文」의 일부를 옮겨 보면 다음과 같다. "辛亥年二月二十六日 南山新城作節(디위) 如法以(으로)作 後三年崩破者(는) 罪教(이신)事爲(하야)聞教(이샤)令(시켜) 誓事之(이오)" 이것을 현대어로 풀면 다음과 같다. "신해년 이월 이십육일 남산신성을 만들 제 법대로 만들었다. 후 삼 년 붕파는 죄주실 것을 명령하여 맹서하오."

29) 구결은 이두의 발달 과정에서 이두식 용법과 비슷한 방법으로 생긴 것으로, 한문 원전을 해독하기 시작할 때 발생되었다. 즉 삼국시대부터 발달하기 시작하여 고려말 조선초 언해사업이 착수되기 전에 확립된 것으로 생각된다. 구결은 이두와 마찬가지로 19세기말 갑오경장 때까지 쓰였다.

30) 동몽선습(童蒙先習)의 일절(一節)을 인용해 보면 다음과 같다. "天地之間萬物之中厓 唯人伊 最貴爲尼 所貴乎人者隱 以其有五倫也羅." 이두에서 쓰이는 '伊 爲 尼 隱 羅' 등이 구결에서도 쓰이고 있다. 그러나 처격(處格)을 표시하는 '厓'는 구결에 독특한 것이다.

31) 위의 인용에 나오는 구결 '厓 伊 隱 羅'의 약자는 '厂 亻 阝 ㄆ'이다.

32) 위의 인용은 다음과 같이 쓰이기도 한다. "天地之間萬物之中에 唯人이 最貴하니 所貴乎人者는 以其有五倫也ㅣ라."

33) 현존하는 향찰 자료는 매우 드물며 향가에 국한되어 있는 바, 이것은 우연이 아닌 것 같다. 신라 시대에 향찰은 실제로 향가의 표기 이외에 사용된

다. 즉 향찰은 차자 표기법 가운데 가장 발달한 표기법으로서, 한자로 한국말을 표현하려는 노력의 집대성이라고 할 수 있다. 향찰 표기는 의미부(實辭)는 훈독 표기로 하고 형태부(虛辭)는 음독 표기로 하는 것을 원칙으로 한다.34)

이두 구결 향찰 등의 표기는 비록 세부적인 차이를 보이기는 하지만, 어법적 관계를 나타내는 형태부(虛辭)가 첨가되고 있다는 공통점을 지닌다. 한자를 차용하되 한자를 그대로 쓰는 것만으로는 의미가 충분히 표현되지 않는다고 보아, 단어들이 모여 문장을 형성하게 되는 구문 관계를 표시하게 된 것이다. 특히 향찰에서는 의미를 나타내고자 할 때에는 같은 훈(訓)을 가진 한자를 빌려 쓰고 어법적 형태를 나타내고

흔적이 보이지 않는다. 아마도 향가 문학의 발전이 이 표기법의 성립을 촉진한 것으로 생각된다. 통일신라 이전에도 향가의 표기가 이루어졌을 가능성은 있으나, 향찰이 일반화되기는 통일신라에 들어 향가 문학이 난숙하게 된 때의 일일 것이다. 그리고 진성여왕의 명으로 각간위홍(角干魏弘)과 대구화상(大矩和尙)이 편찬한 향가집 삼대목(三代目)(888)에 이르러 완성되었을 것으로 짐작된다. 이 표기법은 고려 초엽까지는 존속했으나 그 뒤에는 점차 소멸의 길을 밟았다. 향찰이 소멸하게 된 이유로는 무엇보다도 표기 원칙이 복잡하면서도 한국말을 만족스럽게 표현할 수 없었던 비효율성을 들 수 있다.

34) 향찰로 표기된 향가의 하나인 처용가(處容歌)는 다음과 같이 되어 있다. "東京明期月良 夜入伊遊行如可 入良沙寢矣見昆 脚烏伊四是良羅 二肹隱吾下 於叱古 二肹隱誰支下焉古 本矣吾下是如馬於隱 奪叱良乙何如爲理古". 이것을 현대어로 풀면 다음과 같다. "식볼 불긔 드래 밤드리 노니다가 드러사 자리 보곤 가르리 네히어라 둘흔 내해엇고 둘흔 뉘해언고 본딕 내해다마른 아사 늘 엇디 호릿고".(양주동 풀이)

자 할 때에는 같은 흡을 가진 한자를 빌려 쓰는 원칙을 확립하고 있다. 이것은 실사와 허사를 철저히 구별하는 구문의식을 전제로 성립할 수 있는 것이며, 한국말이 중국말과는 다른 문장구성법에 의해 지배됨을 반영하는 것이다.

고유명사 표기에서 서기체 표기 그리고 이두 구결 향찰에 이르는 표기법들에서 다음의 원칙을 발견할 수 있다. 첫째, 한자를 빌려 쓰되 소리와 뜻을 따로 취하는 방법을 사용한다. 둘째, 한자를 빌려 쓰되 한국말의 어순에 맞게 쓴다. 셋째, 문장의 구문 관계를 분명하게 하기 위해서 어법적 요소들을 첨부하는데, 어법적 요소들을 나타내기 위해서는 같은 음을 가진 한자를 빌려 쓰고 뜻을 나타내는 데에는 같은 뜻을 가진 한자를 빌려 쓴다. 이런 원칙들은 한국말과 중국말에는 단어나 문장구성 상의 차이가 있음을 인식하고 한자를 빌려 쓰되 한국말의 어법에 맞게 쓰려는 취지에서 요구된 것들이다. 따라서 그 표기법들을 살펴보면 한국말의 특징이 어떻게 인식되었는지를 알 수 있다. 표기법에 반영되어 있는 한국말의 특징은 다음과 같이 간추려질 수 있다. 첫째, 한국말은 소리를 가진 하나 이상의 음절들이 모여 뜻을 가진 낱말을 구성하는 소리글자이다. 둘째, 한국말의 어순에 있어서는 서술어가 뒤에 놓인다. 셋째, 한국말에는 실질적인 뜻을 나타내는 바 없이 단지 어법적 기능만을 표시하는 낱말들이 있는데, 이 낱말들은 실질적인 뜻을 나타내는 낱말 뒤에 첨가되도록 되어 있다. 따라서 한국말의 문장은 실질적인 뜻을 나타내는 낱말과 어법적인 기능을 표시하는 낱말의 결합으로 이루어지는데, 어법적인 기능을 표시하는 낱말들이 특히 발달되어 있다. 이상이 차자표기 시대에 한자와의 비교를 통해 인식된 한국 어법의 특징이다.

그러나 다양한 차자표기법들이 개발되었다고 해서 그것으로써 한국말이 충분히 표현되었다고 볼 수는 없다. 외래의 문자를 빌려서 자국의 말을 기록하는 데에는 한계가 있다. 한자를 빌려 쓰는 한, 차자표기는 미봉책이 될 수 있을 뿐 근원적인 해결은 될 수 없었다. 그럼에도 불구하고 차자표기는 여전히 의미를 지닌다. 차자표기 시대에 한국의 선조들은 한국말의 특징을 직접 서술하지는 못했지만, 그들이 개발해 낸 차자표기법에는 한국말의 특징에 대한 분석이 반영되어 있기 때문이다. 그러니 한자를 빌려 쓸지언정 거기에 동화될 수 없었던 한국말의 고유성에 대한 그들의 자각에 깊이 감탄하며, 그러한 특징을 살리려는 일관된 노력에 대해 높이 평가하지 않을 수 없다. 이렇게 볼 때, 훈민정음의 출현은 결코 우연한 창작이 아니다. 그것은 언문불일치의 현실에서 길러진 자각과 반성이 마침내 이루어낸 결실이라고 볼 수 있다.

(3) 훈민정음 시대의 어법 인식

한국말의 고유성이 공식적으로 천명된 것은 훈민정음이 창제되면서였을 것이다. 조선 초에 와서 차자표기법은 점차 그 사용이 축소되었다.35) 이런 상황에서 대안은 두 가지였을 것이다. 하나는 한자 아닌 다른 글자를 차용하는 것이고, 다른 하나는 한국말에 적합한 새로운 글자를 만들어 내는 것이다. 그런데 중국 문화에 심취된 당시의 대다수의 학자들의 생각에는 중국 이외의 다른 나라들은 모두 문화적으로 높이 평가되지 않았다.[36] 그러니 한자 아닌 다른 글자를 차용한다는 것은 생각조차 할 수 없는 일이었다. 그렇다면 문제를 해결할 방법은 새로운 글자를 만들어 내는 것이다. 그러나 그들 보수세력들에게는 새로운 문자를 만드는 것 역시 생각할 수 없는 일이었다. 그들은 여전히 한문을 숭상하며 중국에 대한 모화사상(慕華思想)에 심취되어 있었기 때문이다. 하지만 세종의 생각은 달랐다. 세종은 일찍이 내 나라 글자

---

35) 신라와 고려 초기에 성행하던 향가 표기 등에서는 비록 한자를 빌려 쓴 것이지만 한국말을 모두 다 표기하던 향찰 또는 이두가 조선 초에 발간된 『直解大明律』 등의 문헌에서는 그 표기하는 범위가 좁아지더니, 한문의 토(吐)인 구결에 이르러서는 다시 한자 차용의 범위가 이두보다 더 좁아진다. 그러면서 한문 글자의 약체로써 부호 같은 새로운 글자, 즉 약자를 만들어 내었으나 이 글자는 다른 글자들과 같이 일반화되지 못했다. 이전 시대에는 한문 글자에서 탈바꿈한 일종의 새 글자들(향가 표기 글자, 이두, 구결)을 만들어 내기는 했지만, 그것은 지극히 국한된 범위에서만 쓰였고 한국말을 기록할 수 있는 하나의 일반적인 문자 체계를 이룩하지는 못했다고 볼 수 있다.

36) 최만리 등의 훈민정음 창제 반대 상소문의 한 조항에 의하면, 우리나라 주변의 글자를 가진 민족, 이를테면 몽고(蒙古), 서하(西夏), 여진(女眞), 일본(日本), 서번(西蕃) 등을 오랑캐라 하고 있으니, 그들은 이들 민족의 문화를 높게 평가하기는커녕 아주 얕잡아 보고 있었다. 『世宗實錄』, 卷103, 26年 2月 20日 庚子條.

가 있어야 함을 생각하고, 고유의 문자를 제작하는 일을 추진하였다. 이러한 세종의 작업은 신료들의 반대에 부딪칠 수밖에 없었다. 당시의 집현전 부제학 최만리 등이 올린 훈민정음 창제 반대 상소문에 따르면, 신료들의 반대 이유는 무엇보다도 문자를 제작하는 것은 사대모화주의에 반대되는 일이며 오랑캐가 되려는 일이라는 데 있었다.37)

---

37) 상소문의 내용은 다음과 같다. "우리 조정에서 조종(祖宗) 이래로 지성으로 중국을 섬기어 한결같이 중화의 제도를 준행했는데, 이제 글을 같이하고 법도를 같이 하는 동문동궤(同文同軌)의 때를 당하여 언문을 창작하신 것은 보고 듣기에 놀라움이 있습니다. 설혹 말하기를, 언문은 모두 옛 글자를 본뜬 것이고 새로 된 글자가 아니라 하지만, 글자의 형상은 비록 옛 전문(篆文)을 모방하였을지라도 소리로써 글자를 합하는 것이 모두 옛 것에 반대되니, 실로 의거할 데가 없습니다. 만약 언문을 제작하였다는 사실이 중국으로 흘러 들어가서 혹시라도 비난하는 일이 있게 되면 어찌 사대 모화의 도리에 부끄러움이 없겠습니까? 옛부터 구주(九州)의 안에 풍토는 비록 다르지만 지방의 말에 따라 따로 문자를 만든 것이 없으며, 오직 몽고 서하 여진 일본과 서번의 무리들이 각각 그 글자가 있되, 이는 이적(夷狄)의 일이므로 족히 말할 것이 없습니다. 전해오는 말에, 중화로써 오랑캐를 변하게 한다 하였고, 중화가 오랑캐로 변한다는 것은 듣지 못했습니다. 역대 중국이 모두 우리나라는 기자(箕子)가 남긴 풍속이 있다 하고 문물과 예악이 중화와 비슷하다 하였는데, 이제 따로 언문을 만듦은 중국을 버리고 스스로 이적과 같아지려는 것으로서, 이른바 소합향(蘇合香)을 버리고 당랑환(蟷螂丸)을 취함이니, 어찌 문명의 큰 흠이 아니겠습니까? 신라 설총의 이두(吏讀)가 비록 비루하고 속되나, 모두 중국에서 통행하는 글자를 빌어 토에 쓰는 것이니, 문자(한자)와 근본적으로 떨어진 것이 아닙니다. 그러므로 비록 이서(胥吏)나 복예(僕隸)의 무리라도 반드시 이것을 익히려 하면 먼저 몇 가지 글을 읽어서 대강 문자를 알게 된 연후라야 이두를 쓰게 되는데, 이두를 쓰는 자는 모름지기 문자에 의거해야 능히 의사를 통하게 되

기 때문에, 이두로 인하여 문자를 알게 되는 자가 자못 많으니, 또한 학문을 일으키는 데 도움이 되었습니다. 만약 우리나라가 원래부터 문자를 알지 못하고서 매듭글자(結繩)의 세상이라면 잠깐 언문을 빌어서 한때 쓰게 함은 오히려 가할 것입니다. 그래도 바른 의논을 고집하는 자는 반드시 말하기를, 언문을 써서 고식의 책을 꾀함보다는 차라리 더디고 느릴지라도 중국에 통행하는 문자를 익혀서 길고 오랜 계획을 세움만 같지 못하다고 할 것입니다. 하물며 이두는 행함이 수천 년이나 되어 부서(簿書) 기회(期會) 등의 일에 아무런 지장이 없는데, 어찌 옛부터 쓰어 오는 폐단 없는 글을 고쳐서 따로 천하고 상스러운 무익한 글자를 만드십니까? 만약에 언문을 행하게 되면, 관리된 자가 오로지 언문만을 익히고 학문은 돌보지 않아서 문자와 관리는 관계없는 것이 될 것입니다. 진실로 관리된 자가 언문으로써 영달하게 되면, 후진들도 모두 이러한 것을 보고 생각하기를, 언문으로도 족히 세상에 입신할 수 있다고 할 것이니, 무엇 때문에 고심 노사하여 성리(性理)의 학문을 궁구하겠습니까? 이렇게 되면 수십 년 뒤에는 문자(한문)를 아는 자가 반드시 적어져서, 비록 언문으로써 관리의 사무를 다루어낸다 하더라도, 성현의 문자를 알지 못하면 학문이 없고 담에 맞대고 선 것처럼 사리의 옳고 그름에 어두울 것이니, 한갓 언문에 능숙한들 장차 무엇에 쓰겠습니까? 우리나라에서 오래 쌓아 내려온 우문(右文)의 교화가 점차로 땅을 쓸어버린 듯이 없어질까 두렵습니다. 전의 이두가 비록 문자에서 벗어나지 않는 것이라 할지라도, 유식한 사람은 오히려 이것을 얕보고서 이문(吏文)으로 바꾸려고 생각했는데, 하물며 언문은 문자(한문)와 조금도 관계없이 오로지 항간의 속된 말에나 쓰이니 말입니다. 가령 언문이 전조(前朝) 때부터 있었다 해도, 오늘날의 문명한 정치에 변노지도(變魯至道)하려는 뜻으로서 오히려 그대로 물려받을 수 있겠습니까? 반드시 고쳐 새롭게 하자고 의논하는 자가 있을 것이로되, 이는 환하게 알 수 있는 이치입니다. 낡음을 싫어하고 새로움을 좋아함은 예나 이제나 두루 있는 우환인데, 이번의 언문은 새롭고 기이한 한갓 기예에 지나지 않는 것으로서, 학문에 손해가 있고 정치에 이로움이 없으므로, 아무리 되풀이해서 그러나 세종은 이에 대해 재반론으로 응수하였고[38], 세종과 신료들 사이에는 여러 차례 논란이 거듭되었다.[39] 이러한 우여곡절 끝에 세종은 보수 세력의 반대를 물리치고 혁신 세력의 협조를 받아 마침내 훈민정음을 반포하였다.[40]

이로써 세종은 내 나라 글자를 가져야겠다는 숙원을 이루었다.[41]

생각해도 그 옳은 것을 볼 수 없습니다." 뿐만 아니라 최만리 등은 언문의 제작이 억울한 죄를 없앤다고 하나 중국은 말과 글이 같아도 옥송(獄訟)에 원왕(冤枉)한 것이 심히 많다는 점과, 언문의 제작은 여론을 무시한 독단이며, 동궁의 성학(聖學)에 방해가 된다는 등의 이유를 들어 반대하고 있다.『世宗實錄』, 卷103, 26年 2月 20日 庚子條.

38) 세종의 답변은 다음과 같다. "너희들이 언문이 음(音)으로써 글자를 합한 것이 모두 옛 글에 어긋난다 하였는데, 설총의 이두도 역시 음이 다르지 않는가? 또 이두를 제작한 참 뜻이 백성들을 편리하게 하려 함이 아니겠는가? 만약 그것이 백성들을 편리하게 한 것이라면, 이제 언문도 또한 백성들을 편리하게 함에 있지 않겠는가? 너희들이 설총은 옳다 하면서, 군상(君上)의 하는 일은 그르다 하는 것은 무엇인가? 또 너희들이 운서(韻書)를 아는가? 사성 칠음(四聲 七音)의 자모(字母)가 몇이나 있는가? 만약 내가 그 운서를 바로잡지 않으면 누가 그것을 바로잡을 것인가?" 세종의 초지일관된 뜻은 바로 내 나라 글자가 있어야 한다는 데 있었다.

39) 그러한 논란 끝에 세종은 부제학 최만리, 직제학 신석조, 직전 김문, 응교 정창손, 부교리 하위지, 부수찬 송처검, 저작랑 조근 등을 의금부에 회부하였다가 이튿날 석방하였는데 그 중에 김문은 국문하라 하였고 정창손은 파직시켰다.

40) 일반적으로 훈민정음은 세종이 집현전 학사들의 도움을 받아 창제한 것으로 되어 있는데, 세종의 세 아들, 즉 세자(문종)와 수양대군 그리고 안평대군이 집현전 학사들보다 가까이서 도왔을 것이라고 보는 설도 있다.

고유의 문자를 가져야겠다는 생각은 말과 글이 불일치하는 현실에 대한 보다 근원적인 반성으로부터 비롯된 것이다. 세종은 한자라는 것이 한국말을 표현하는 데에 부적절하다는 사실을, 즉 한국말은 한자로써는 충분히 표현될 수 없다는 사실을 분명하게 인식하고 있었다. 그러므로 문제를 근원적으로 해결하기 위해서는 한국말을 그대로 표현해줄 고유의 문자를 만들어야 한다고 생각하게 되었다.

이 점에 대해 세종은 다음과 같이 술회하고 있다.

> 우리나라 말이 중국의 그것과는 달라서 글자를 가지고는 서로 통하지 않는 까닭에, 어리석은 백성이 말하고자 하는 바가 있어도 마침내 자기 뜻을 능히 펴지 못하는 사람이 많아, 그런 형편을 딱하게 여겨 새로 스물여덟 자를 만드니, 사람마다 쉽게 익혀 일상생활에 편하게 쓰도록 하려는 것뿐이다.42)

---

41) 세종이 내 나라 글자가 없음을 무한히 원통하게 생각했다는 것은 『保閒齋集』 권11 부록 行狀이나 『增補文獻備考』 권108 樂考19 훈민정음편을 보면 알 수 있으니, 여기에는 "여러 나라가 다 제나라 말소리를 기록할 글자를 가지고 제나라 말을 기록하고 있는데, 홀로 우리나라만이 글자가 없어 임금께서 언문 자모 28자를 만드셨다."고 되어 있다. "上以本國音韻 與華語雖殊 其牙舌脣齒喉淸濁高下 未嘗不與中國同 列國皆有國音之文 以記國語 獨我國無之 御製諺文 字母二十八字."(『保閒齋集』 卷11 附錄 行狀 (姜希孟 撰)) "本朝世宗二十八年 御製訓民正音 上以爲諸國各製文字 以記其國之方言 獨我國無之 遂製字母二十八字 名曰諺文."(『增補文獻備考』 卷108 樂考19 訓民正音)

42) "國之語音 異乎中國 與文字不相流通. 故愚民有所欲言 而終不得伸其情者 多矣. 予 爲此憫然 新制二十八字 欲使人人易習 便於日用耳."(훈민정음 원본)

이 글은 지극히 간단하나 문자 창제의 이유가 다 나타나 있으니 그 내용을 좀 더 세밀하게 풀어 말하면 네 가지로 설명할 수 있다.[43] 첫째, 우리 민족은 중국 민족과 다르기 때문에 우리말 또한 중국말과 같지 않다. 둘째, 말이 이미 다르니 중국 문자를 가지고는 우리 민족의 언어생활과 일치하는 정상적인 언어문자생활을 하지 못한다. 셋째, 우리 민족에게는 우리말에 알맞은 글자가 없기 때문에 백성들이 하고 싶은 말이 있어도 끝내 제 뜻을 적어내어 표현하지 못하는 사람이 많다. 넷째, 이제 새 글자 28자를 만드니 이 글자가 언어문자생활의 편리 향상에 큰 힘이 되기를 바란다. 이로써 보건대 훈민정음을 창제한 취지는 민족주의 민족문화주의 민본주의에 있음을 알 수 있다.

여기서 세종은 무엇보다도 한국말이 중국말과 다르다는 것을 서두에 내세우고 있다. 즉 한국말이 중국말과 달라서 한국말이 중국의 문자로는 통하기 어려운 점이 있으니, 한국말에 통하는 한국 고유의 문자가 필요하다는 것이다. 훈민정음은 바로 한국말에 통할 수 있는 한국 고유의 문자이다. 중요한 점은 글의 필요성이 말에 바탕해서 인식되었다는 사실이다. 세종은 '말'의 차이에서 한국과 중국이 차별화 되어야 함

"나랏말쓰미 듕귁에 달아 문쫘와로 서르 스뭇디 아니 홀써 이런 젼ᄎ로 어린 빅셩이 니르고져 홇배 이셔도 ᄆᆞᄎᆞᆷ내 제 ᄠᅳ들 시러 펴디 몯홇 노미 하니라 내 이ᄅᆞᆯ 위ᄒᆞ야 어엿비 너겨 새로 스믈 여듧 쫑ᄅᆞᆯ 밍ᄀᆞ노니 사ᄅᆞᆷ마다 히여 수비 니겨 날로 ᄡᅮ메 뻔한킈 ᄒᆞ고져 ᄒᆞᆯ ᄯᆞᄅᆞ미니라" (훈민정음 언해본).

43) 최현배, 『외솔 최현배 박사 고희 기념 논문집』(1968), 27-28쪽 참고.

을 주장하고 있다. 양국의 말이 다른데, 같은 문자를 빌려 쓴다고 해서 어찌 그 차이가 무시될 수 있겠는가? 중국의 문자로써 어찌 한국 사람이 말하고자 하는 바가 제대로 표출될 수 있겠는가? 중국의 문자를 빌려 쓰지만 그것으로는 통할 수 없었던 것, 중국에 동화될 수 없었던 한국 민족의 정체성을 세종은 바로 한국말에서 찾고 있는 것이다.

훈민정음은 한국말을 소리나는 그대로 표기하였다. 낱낱의 단어도, 문장도 그대로 표기되었다. 낱말의 어감이 그대로 전달되었고, 문장의 어순이나 구문도 그대로 지켜졌다. 한국말이 한국의 문자로써 살아날 수 있었던 것이다. 그런데 이와 같은 성과에도 불구하고 이미 굳어진 한문의 지위는 좀처럼 흔들리지 않았다. 훈민정음은 한문의 중압에 눌려 널리 쓰일 수가 없었다. 훈민정음의 창제로 언문일치의 숙원이 일단은 이루어지는 듯했지만, 실제로 언문일치의 길은 멀기만 했다. 이런 현실에 대한 반성이 민족문학론을 통해 이루어졌다.

김만중은 고유의 문자로써 한국 사람의 생각이나 말을 더 잘 담아낼 수 있는데도 굳이 한문을 선호하는 세태를 개탄하면서 한글의 사용을 촉구하였다. 그러나 그의 주장이 단지 고유의 문자로써 한국 사람의 생각이나 말이 더 잘 표현된다고 하는 단순한 논리로만 이루어진 것은 아니었다. 그러한 논리는 그것을 뒷받침해줄 수 있는 통찰이 있어야 가능한 것이었다. 즉 나라마다 각기 말이 다르니, 각기 자기 나라 말에 맞추어서 노래하는 문학이야말로 진정한 문학이라고 하는 그의 주장이 설득력을 갖기 위해서는, 중국과 한국의 말이 어떻게 다른지, 또 한국말의 특징이 무엇인지를 밝힐 수 있어야 했다.

김만중은 한국말이 중국말과는 구별되는 특징을 지닌다는 사실을 구체적으로 인식하고 있었다. 그리고 몇 가지 측면을 통해 한국말의 특징을 밝히고 있다.

> 원각경(元覺經) 소(疏)에 「바라밀다(波羅密多)」는 중국말로는 「도피안(度彼岸)」이라 하는데, 「바라(波羅)」는 「피안(彼岸)」이라 역(譯)되고, 「밀다(密多)」는 「도(度)」라 역(譯)되니, 「도피안(度彼岸)」이라고 한 것이 아니라 「피안도(彼岸度)」라고 한 것이다. 서축어(西竺語)의 말씨는 먼저 체언을 쓰고 뒤에 용언을 쓰기(先體而後用) 때문에, 예를 들면 독경타종(讀經打鐘)이라는 것도 경독종타(經讀鐘打)라고 한다 하였다. 이를 살펴보면, 마치 우리나라 말씨와 서로 비슷하다. …… 서역(西域)의 범어(梵語) 문자는 초성·중성·종성으로 합하여져서 글자를 이루니 그 생성이 무궁하다. 원(元)의 세조(世祖) 때 서역승(西域僧) 팔사파(八思巴)가 그 문체를 변화시켜 몽고글자를 만들었고, 우리나라도 이로 말미암아 언문(諺文)을 만들었고, 청국(淸國) 역시 이른바 청서(淸書)라고 하는 것은 그 문체가 비록 다르지만, 그 방법은 이와 같다. 여기서 동서양의 이치가 통하지 않음이 없음을 볼 수 있다. 오직 중국만이 어세(語勢)와 자체(字體)가 스스로 일가를 이루고 있어 아주 다르다. 이것이 만국에서 독존하는 까닭인 것이지만, 그러나 불법(佛法)은 사바세계에 행해졌는데도, 주공(周公)·공자(孔子)의 책은 동으로는 삼한(三韓)을 넘지 못했고, 남쪽으로는 교지(交趾)를 넘지 못했다. 아마도 언어문자의 이치가 상통하지 않아서 그럴 것이다."44)

여기서 그는 무엇보다도 한국말이 체언을 먼저 쓰고 용언을 나중에 쓰는 선체후용(先體後用)의 어순(語順)으로 되어 있음을 강조하였다. 또한 이미 세종에 의해 설명된 바 있는 훈민정음의 제자원리(製字原理)를 통해 한국말과 중국말의 차이를 논하기도 하였다. 이런 몇 가지 특징들을 통해 그는 한국말이 한문과 부합될 수 없는 사정을 단적으로 지적할 수 있었다. 나아가 그는 언어와 사상이 긴밀한 연관을 지닌다는 점을 시사하였다.

그러나 사실 그의 분석은 한국말의 특징에 대한 본격적인 연구라고 할 만한 것은 아니었다. 그의 분석은 몇 가지 측면들에 국한하여 이루어진 단편적인 분석일 뿐이다. 따라서 그의 분석은 한국말이 중국말과 어떻게 다른지는 보일 수 있었지만 다른 나라의 말들과 어떻게 구별되는지는 밝힐 수 없었다.45) 또한 그는 자신이 밝혀낸 한국말의 특징들이 무엇을 시사하는지에 대해서는 깊이 생각하지 않았다. 따라서 그의 분석이 한국말 고유의 정체성을 밝힌 것이라고는 볼 수 없다. 그럼에

---

44) "元覺疏曰 ; 波羅密多, 華言度彼岸. 波羅譯彼岸, 密多譯度. 不曰度彼岸, 而曰彼岸度者, 西竺語勢, 先體而後用, 故如讀經打鐘謂之經讀鐘打. 按此正與我國語勢相類. …… 西域梵字以初聲中聲終聲合而爲字, 生生無窮. 元世祖時, 西僧八思巴變其體而爲蒙書. 我國因之而爲諺文, 淸國亦有所謂淸書者, 其體雖別, 其法則同此, 亦可見東海西海理無不通也. 惟中國語勢字體自作一家, 迥然不同, 此所以獨尊萬國者. 然佛法行於沙界, 而周公孔子之書, 東不過三韓, 南不過交趾. 蓋以言語文字之理, 不相通而然也." 김만중, 앞의 책, 196−198쪽.

45) 김만중은 특히 서역(西域)의 범어(梵語)와 한국말의 차이점을 밝혀내지 못했다.

도 그가 단편적으로나마 한국말의 어법에 대해 말하고 있으며 특히 한국말의 특징으로 선체후용의 어순을 논했다는 것은 여전히 주목될 만한 일이다. 또한 사상의 차이가 언어문자상의 차이로부터 비롯된다는 그의 주장은 비록 언어적 특징에 대한 그의 앞선 분석의 맥락에서 이루어진 발언이긴 하지만, 언어와 사상의 연관성을 의식한 점에서 민족언어학적 통찰로 평가될 수 있다. 이렇게 볼 때, 중국말과는 그 특징을 달리하는 한국말로써 한국의 시와 노래를 담아낼 때 비로소 그 표현하고자 하는 바가 제대로 살아난다고 하는 그의 주장은 매우 당연한 귀결이 된다. 즉 그의 민족문학론은 바로 한국말의 특징을 분석하고 언어와 사상의 긴밀한 관계를 자각한 민족언어학적 통찰에 뿌리를 둔 것이었다.

(4) 한글 시대의 어법 인식

언문불일치의 오랜 역사를 지나 마침내 한글이 공식화되고 보편화되면서, 민족문화의 고유성을 결정하는 민족어의 특성을 살펴보아야 한다는 각성과 운동이 활발하게 전개되었다. 근대 국어학을 확립시킨 주시경은 민족주의적 언어관에 바탕을 두고 국어를 연구하였다.46) 그에

---

46) 한 민족의 사상과 언어의 뗄 수 없는 연계를 주장하는 이러한 언어관은 일찍이 고유의 말에 바탕한 글이라야 그 민족의 뜻을 제대로 표현할 수 있다고 본 15세기의 세종이나 17세기의 김만중에게서 나타나는 통찰을 이은

따르면, 한 영역은 독립국가 형성의 바탕(基)이요, 그 영역에 삶을 받은 사람은 독립국가 형성의 몸(體)이요, 거기에서 쓰이는 말은 독립국가 형성의 성(性)이라 하였고, 이 성(性)은 그 중 가장 중요한 요소로서, 이 성(性)이 없으면 바탕도 몸도 있을 수 없으니, 국가의 성함과 쇠함, 국가의 있고 없음은 오로지 이 성(性)인 말에 달려 있다고 하였다. 그리고 우리나라는 단군의 개국 이래 고유한 '국어'가 4천여 년간 전하여 내려오고 세종대왕에 의하여 국어에 상당하는 고유한 '국문'이 만들어졌다고 하였다.47)

이렇게 점화된 주시경의 국어 연구에서 가장 특징적인 점은 바로 그의 분석주의적 언어관에 있다. 그에 따르면, 낱말의 기본 단위는 실질적 요소와 기능적 요소로 되어 있다고 한다. 실질적 의미를 갖지 않으면서 어법적 기능만을 담당하는 요소를 하나의 단

것이다. 서양에서는 이러한 언어관이 19세기에 이르러 독일의 훔볼트에게서 제시된다.

47) "境의 地에 일종의 人을 産하고 一種의 人에 一種의 言을 發하게 함이라. 是以로 天이 命한 性을 從하여 其域에 其種이 居하기 宜하며 其種이 其言을 言하기 適하여 天然의 社會로 國家를 成하여 獨立이 各定하니 其域은 獨立의 基요 其種은 獨立의 體요 其言은 獨立의 性이라. 此性이 無하면 體가 有하여도 其體가 안이요, 基가 有하여고 其基가 안이니, 其國家의 盛衰도 言語의 盛衰에 存하고 國家의 存否도 言語의 存否에 存한지라. 是以로 古今天下列國이 各各 自國의 言語를 尊崇하며, …… 其言을 記하여 其文을 各制함이다. 檀君이 開國하신 以來로 神聖한 政教를 四千餘載에 傳하니 此는 天然特性의 我國語라. 李朝世宗朝께서 天縱의 大聖으로 國語에 相當한 文字가 無함을 憂慮하사 國文二十八字를 親制하시매, …… 此는 天然特性의 我國文이라." 주시경, 『국어문법』序.

위로 보는 것은 곧 조사나 접미사까지 독립된 단위로 인정함을 뜻한다. 어법적 기능을 담당하는 것까지 독립된 단위로 인정한 점에서, 그는 낱말의 단위를 단지 실질적 의미를 담지하고 있는 것으로만 이해하는 편협한 시각을 깨고 있다. 이러한 그의 견해는 어법적 기능을 실질적 의미를 지닌 말의 활용쯤으로 생각하는 타국어의 체계와는 달리 한국말의 체계에서는 어법적 기능을 지닌 말을 독립적인 단위로 인정할 만큼 중요한 비중을 두고 있음을 밝힌 것이다. 그가 구상하고 있는 체계는 철저하게 실사(實辭)와 허사(虛辭)를 구별해서 인식하는 분석적인 체계라고 할 수 있다.

주시경의 분석주의적 언어관을 계승하고 있는 김윤경은 '언어는 종합적인 데에서 분석적인 방향으로 발전한다.'는 주장을 통해 분석적 언어관을 한층 정당화시켰다. 그에 따르면, 말은 분석할 수 없는 하나의 문장이 먼저 생기고 나중에 그것을 낱말로 쪼개어 생각하도록 발전되어 온 것이다. 종합적인 말에서는 한 문장이 곧 한 낱말이 된다. 분석적인 말에서는 한 문장이 여러 낱말로 분화되어 있다. 여러 낱말로 분화되었다 하더라도 그 분화의 정도를 말할 수 있는데, 뜻을 나타내는 實辭만 낱말로 분화된 것보다 어법적 기능을 표시하는 虛辭까지 낱말로 분화된 것이 더욱 분석적이라 할 수 있다. 이러한 분석주의적 언어관에 비추어 그는 언어의 여러 유형들을 평가하고 있다. 그에 따르면, 집합어와 포합어는 종합적인 말이며, 고립어와 굴절어와 첨가어는 분석적인 말이다. 또한 고립어나 굴절어에 비해 첨가어가 보다 분석적이며, 첨가어 가운데서도 한국말이 가장 분석적이라 하였다.48)

말의 발달 정도에 대한 평가는 차치해 두더라도, 한국말의 분석적 성격에 대한 그의 주장은 한국말의 구조적 특징에 대한 적절한 통찰로 받아들여질 수 있다. 언어를 구조적(형태적) 특징에 따라 분류할 때, 한국말은 첨가어에 속한다고 할 수 있다.[49] 첨가어란 문장의 구조가

---

48) "집합어(남북 아메리카의 토인의 말)와 포합어(멕시코말)는 한 문장이 한 덩어리로 되어 있어 낱말로 구별할 수 없는 상태에 있다. 고립어(중국말)는 이보다는 낱말로 분화 발달되었으나 말의 법칙을 표시하는 말(虛辭)이 발달되지 못하여 위치로 이를 표시하게 된다. 굴절어(인도유럽말)는 고립어보다는 법칙을 표시하는 방법이 발달되어 한 낱말의 소리를 바꾸거나 씨끝을 바꾸는 방법을 쓰지만 법칙을 표시하는 부분과 뜻을 표시하는 부분이 녹아 붙어서 갈라낼 수 없이 되었다. 그러나 첨가어(우랄알타이말)는 법칙을 표시하는 말이 풍부하게 발달되어, 일정한 꼴에 일정한 직능을 가지는 독립성을 띠고 있으며 뜻을 보이는 말과 완전히 분리되어 있다. 첨가어 가운데서도 한국말에서는 굴절어에서의 격변화나 어미변화라 할 만한 것이 전부 토(虛辭)로 분리 독립하여 있다. 그리하여 한국말에는 허사가 말의 총수의 반 이상을 차지하고 있다. 따라서 한국말은 가장 분석적인 말이라 할 수 있다." 김윤경,「말은 종합적에서 분석적으로 발전한다」.

49) 그에 따르면, 한국어는 계통적으로는 우랄 알타이어에, 형태적으로는 첨가어에 속한다. "계통적 분류란 세계의 언어를 구조와 어법들의 같고 다름으로 인하여 구별하여서 그 계통을 소급하면 동일 선조에게서 났다 하는 것이 발견될만한 종족들의 말을 일괄하여 한 어족이라고 보는 것이다. 그리하여 아주 계통이 다른 것은 또 다른 그 따위를 모아 한 어족이라 보는 것이다. 이 분류법은 같은 한 계통에 속한 것을 한 어족으로 뭉뚱그리는 일이 주안이다." 김윤경,『朝鮮文字及語學史』제4판(동국문화사, 1954), 2쪽. "형태적 분류란 세계의 언어를 그 구조상으로 보아서 분류하는 것이다. 즉 어법상의 관계를 보아서 분류하는 것이다." 같은 책, 19쪽.

첨가적인 성질을 가진 것이다. 첨가적 성질이란 것은 낱말이 크게 實
辭와 虛辭라는 두 부분으로 나뉘어 문장을 구성하는 데 실사에 허사
를 덧붙여 이루는 것을 말한다.50) 실사는 의미를 보이는 성분이며 허
사는 말의 법칙을 보이는 성분이다. 그러니까 첨가어라고 하는 것은
실사 뿐 아니라 허사까지도 독립된 낱말로 보고, 실사에 허사가 첨가
됨으로써 문장이 짜여진다고 보는 것이다. 첨가어 가운데서도 가장 분
석적인 말이 한국말이다. 한국말에서는 의미를 나타내지 않고 어법적
기능만을 표시하는 허사가 풍부하게 발달되어 있어 말의 총 수량의 반
이상을 차지하고 있다. 한국말이 실사에 허사가 첨가되는 첨가어의 특
질을 지니는 한, 그 어법체계 또한 첨가어의 특질에 맞는 것, 즉 허사
를 독립된 낱말로 인정하는 것이어야 한다고 김윤경은 주장한다.

　이 주장은 주시경 이후에 갈라져 나온 다른 어법체계들을 겨냥한 것
이다. 주시경 이후의 학맥은 이른바 3대 어법체계로 나타난다. 첫째,
주시경으로부터 김윤경에게로 이어지는 분석주의 체계를 들 수 있
다.51) 이 체계에서는 말을 가능한 한 최소 단위에 이르기까지 분석하

---

50) 김윤경은 주로 '으뜸씨'와 '붙음씨'라는 용어를 사용하는데, 이것은 각각 생
　　각씨, 즉 실사(實辭)와 토씨, 즉 허사(虛辭)를 가리킨 것이다. '으뜸씨'와
　　'붙음씨'라는 용어는 으뜸되는 것에 따라붙는다는 첨가어적 특징을 보다 분
　　명하게 보여주는 용어이긴 하지만, 여기서는 편의상 실사와 허사로 쓰기로
　　한다.

51) 분석주의적 체계는 주시경으로부터 김두봉 김윤경에게 계승되었다. 분석주
　　의적 체계는 '언어는 종합적인 데에서 분석적인 방향으로 발전한다.'는 언

여 그 분석의 결과들이 실질적인 의미를 갖는 것이건 그렇지 않은 것이건 간에 모두 낱말의 자격을 가진 것으로 인정한다. 즉 실사와 허사를 갈라서 각각 하나의 낱말로 보는 것이니, 체언(體言)과 용언(用言)에 따라붙는 허사를 각각 조사와 접미사라는 독립적인 낱말로 간주한다. 이에 따르면 허사 자체가 이미 실사와는 구별되는 하나의 낱말이기 때문에, 실사의 한 부분으로서 어미의 활용이나 변화라는 것은 있을 수 없다. 둘째, 주시경의 분석주의로부터 종합주의 쪽으로 지향하는 준종합주의 체계를 들 수 있다.52) 이 체계는 낱말에 대한 분석을 인정하면서도 낱말을 한 덩어리로, 즉 종합적으로 보아야 하는 필요성에 대해 강조한다. 그래서 이 체계에서는 체언과 여기에 붙는 허사는 분리하지만, 용언에서 실질적인 뜻을 가지는 부분(語幹)과 형식적인 부분(語尾)은 가르지 않고 합하여 하나의 낱말로 본다. 즉 체언에 따라붙는 허사는 조사라는 하나의 낱말로 인정하지만, 용언의 어미는 굴절 활용되는 것으로 보아 독립적인 낱말로 간주하지 않는 것이다. 이 체계는 조사를 체언에 첨가되는 하나의 낱말로 보는 점에서는 분석주의에 따르면서, 용언 전체를 하나의 단위로 보고 그 하나의 단위 속에서 어미에 해당하는 부분이 활용하는 것으로 보는 점에서는 종합주의에 따르고 있는 것이다. 셋째, 철저한 종합적인 언어관 밑에서 종합적 체

어관과 한국말을 우랄알타이어계의 첨가어로 보는 관점에 바탕하고 있다.

52) 준종합주의적 체계는 현대국어학을 확립한 최현배로부터 정인승, 이희승에게 계승되었다.

계를 이루려는 종합주의 체계를 들 수 있다.[53] 종합주의적 체계에서는 실사와 허사를 가르지 않고 모두 합하여 한 낱말로 처리한다. 즉 한 낱말에 또 다른 종류의 낱말이 첨가되어 낱말부가 형성되는 것이 아니라, 한 덩어리의 낱말부가 수행하는 기능에 따라 그 어미가 변화하는 것으로 보는 것이다. 따라서 이 체계에서는 체언과 용언의 어미가 격변화하고 활용하는 것으로 보아 어떤 허사도 독립적인 낱말로 인정되지 않는다.

주시경의 분석주의적 언어관을 계승하고 있는 김윤경의 입장에서 볼 때, 준종합주의적 체계나 종합주의적 체계는 첨가어로서 한국말의 특징에 맞지 않는 체계들이다. 준종합주의적 체계는 첨가어의 본질에 맞게 명사와 조사를 갈라서 각각 낱말의 자격을 인정하면서도, 서술어에 있어서는 굴절어처럼 실사와 허사를 합하여 한 낱말로 보아 뜻을 나타내는 부분을 어간이라 하고 어법적 기능을 표시하는 부분을 어미라 한 것이다. 그러므로 이 체계는 첨가어 체계와 굴절어 체계를 섞어 놓은 절충식 체계이다. 종합주의적 체계는 굴절어에 맞는 체계를 첨가어인 한국말에 전적으로 채용한 것이다. 더군다나 고립어나 굴절어와 같이 허사의 발달이 극히 빈약한 말에서도 일정한 형태에 일정한 직능을 가지고 독립성을 보이는 허사(고립어의 어조사(語助辭)와 굴절어의 (前置詞))는 독립된 낱말로 인정했는데, 이 체계는 전혀 허사를 독립적인

---

53) 종합주의적 체계는 정열모로부터 이숭녕 등에게 계승되었다.

낱말로 인정하지 않는다. 그러나 김윤경에 따르면, 한국말은 굴절어의 격변화나 어미변화라 할 만한 것까지 전부 조사나 접미사와 같은 허사로 분화되어 있으니, 이를 부인하는 것은 옳지 않으며 일부만 인정하고 일부는 부인하는 것 또한 옳지 않다. 굴절어의 특질을 가진 말에는 굴절어의 문법이 맞을 것이요, 첨가어의 특질을 가진 말에는 첨가어의 문법이 맞을 것이니, 첨가어의 특질을 가진 말에 굴절어의 문법을 전적으로 또는 일부라도 적용함은 부당하다는 것이다.54) 이로써 김윤경은 준종합주의적 체계나 종합주의적 체계의 부당함을 지적하고, 그의 분석주의적 체계가 첨가어로서 한국말의 특질에 맞는 어법체계임을 밝힐 수 있었다.

한국말의 어법체계를 구성하는 것은 근현대 국어학의 중심 문제였다. 그런데 어째서 이 문제에 관해 그토록 의논이 분분했을까? 다양한 어법체계가 나타나게 된 것은 물론 기본적인 언어관의 차이를 반영하는 것이긴 하지만, 실질적인 뜻을 나타내지 않고 다만 어법적 기능만을 표시하는 말들이 유달리 발달되어 있는 한국말의 특수성이 그런 차이를 더욱 쟁점화 시켰던 것으로 보인다. 단적으로 말하자면, 한국말에 무수히 많은 어법적 기능어들을 어떻게 처리하는가에 따라 어법체계들의 차이가 나타나는 것이다. 한국말에서는 실질적 의미를 나타내는 말들을 열거하는 것만으로는 그 낱낱의 실사들이 어떤 관계로 얽히는지

---

54) 김윤경, 「말은 종합적에서 분석적으로 발전한다」.

를 알 수 없다. 어법적 기능을 표시하는 말들이 첨가되어야만 비로소 실사들의 자격과 기능이 결정되고 전체 문장의 의미가 드러나게 된다.

이 점은 어법적 기능을 표시하는 말들이 거의 분화되지 않은 고립어나 굴절어와 구별되는 첨가어로서 한국말의 한 특징이다. 고립어의 경우에는 극히 일부를 제외하고는 어법적 기능을 표시하는 말이 거의 없다. 고립어의 문장은 대부분 실질적 개념어들로 구성되는데 그 개념들의 어떤 부분에도 어법적 기능은 표시되어 있지 않다. 그래서 각 개념의 자격과 기능을 파악하기 위해서는 다른 낱말들과의 관계나 실제 상황에 의뢰함으로써 도움을 받도록 되어 있다. 굴절어의 경우에도 일부를 제외하고는 어법적 기능을 표시하는 말이 분화되어 있지 않다. 다만 고립어와는 달리 낱말의 끝부분에 변형을 가함으로써 어법적 기능을 표시하는 방법이 고안되어 있기는 하지만, 어법적 기능을 표시하는 부분이 실질적 의미를 표시하는 부분과 녹아 붙어서 갈라낼 수 없게 되어 있다. 굴절어에서는 주어진 낱말의 자격과 기능을 파악하기 위해서는 낱말의 끝 부분에 표시되어 있는 변화형태에 주목해야 한다. 문장 안에서 서로 관련되는 성분들은 그 변화형태에 있어서 형식적인 일치 내지 호응관계를 지킨다. 그러나 실사의 끝 부분의 형태변화가 표시되어 있지 않은 경우에는 여전히 낱말의 위치로부터 그 말의 어법적 기능을 짐작하도록 되어 있다. 이에 비해 첨가어인 한국말에서는 어법적 기능을 표시하는 말이 무수히 많으며 실질적 의미를 나타내는 말들과 분리되어 있다. 한국말에서 어법적 기능을 표시하는 허사는 그 말이 실사와 합쳐지지 않는, 분리 유동하는 존재가 된다. 허사들은 각각 일정한 형태와 직능을 가지는 독립적인 낱말이다. 한국말에서는 실사는 실질적 의미를 나타낼 뿐 그것 자체만으로는 아직 그 자격과 기능이 정해져 있지 않지만, 일단 실사에 허사가 첨가되고 나면 그 말은 어느 위치에 놓이든지 간에 허사에 의해 표시된 일정한 자격과 기능을 갖게 된다. 한국말에서는 한 낱말의 어법적 기능이 전적으로 허사에 의해 표시되기 때문에, 고립어나 굴절어에 비해 어순이 자유로울 수 있게 된다. 다만 한국말에서는 서술어가 문장 맨 나중에 놓이는 술어후치(述語後置)의 원칙이 지켜질 따름이다.

술어후치는 한국말의 또 하나의 중요한 특징이다. 여러 낱말들이 모여서 이루어지는 한 문장에서 서술어가 맨 나중에 놓인다는 것은 곧 하나의 문장을 마무리하는 역할이 서술어에 주어짐을 뜻한다. 즉 한 사태에 대한 최종적 판단이 문장 말미에 놓이는 서술부에서 이루어진다는 것이다. 한 사태에 대한 긍정이나 부정도 서술어와 함께 문장 말미에서 표시되는데, 그럼으로써 가장 기본적인 논리적 판단까지도 맨 나중으로 연기된다. 뿐만 아니라 서술어에는 여러 가지 어법적 기능을 표시하는 허사들이 첨부된다. 술어가 후치됨으로써 결국 최후로 연기되는 것은 술어에 첨부되는 허사들이다. 서술어에 첨부되는 여러 가지 허사 가운데서도 가장 최후에 놓이는 것이 바로 종결접미사이다. 서술어 다음에 아무리 많은 허사들이 첨부될지라도 맨 끝에 종결접미사가 첨부되지 않으면 문장이 마무리되지 않으며, 따라서 여러 가지 어법적 기능들이 완전히 확정되지 않는다. 종결접미사와 같은 허사는 그 형태가 매우 다양하게 분화되어 있을 뿐 아니라 구문론적, 의미론적, 화용론적 기능들이 집약되어 있는 어법적 기능 부담성이 큰 허사이다.55)

---

55) 종결접미사에는 여러 특성들이 응결되어 있다. 종결접미사에는 실로 다양한 맺음의 방식들이 있으며, 그것들은 여러 형태로 구별되어 있다. 그리고 그 형태들은 각기 고유한 기능을 담당하고 있다. 즉 종결접미사는 구문론적, 의미론적, 화용론적 특성을 두루 지니는 대단히 복합적인 기능어이다. 첫째 종결접미사는 나름의 구문론적 특성을 지닌다. 문장의 맨 끝에 오는 종결접미사의 문법적 기능은 서술부의 범위 안에서만 일어나는 것이 아니라 문장의 다른 성분에까지도 영향을 미친다. 그것이 비록 형태적인 측면에서 보면 서술부의 끝에 놓일지라도, 기능적인 측면에서 보면 단지 서술어에만 관계하는 것이 아니라 문장 전체에 관계한다는 것이다. 종결접미사는 서술어를 끝맺어 주는 기능뿐만 아니라 문장 전체를 끝맺어 주는 기능을 한다. 그래서 한국말은 끝까지 들어봐야 그 틀이 잡히게 된다. 둘째, 서술어에 종결접미사를 첨가할 때 화자는 그가 표현하고자 하는 의미에 따라 상응하는 접미사를 선택하게 되는데, 이는 곧 접미사마다 각기 독특한 의미론적 특징을 가지고 있음을 뜻하는 것이다. 물론 종결접미사는 구체적이고 실질적인 의미를 지시하는 것이 아니라 어법적 기능을 표시하는 말이므로, 여기서 말하는 의미론적 특징이란 한 낱말의 구체적이고 실질적인 의미내용을 뜻하는 것이 아니라 문장 전반의 성격과 관련된 추상적인 의미를 뜻한다. 이를테면, (1) "철수가 밥을 먹었어?" (2) "철수가 밥을 먹었나?" (3) "철수가 밥을 먹었을까?" (4) "철수가 밥을 먹었지?" 등의 문장에서처럼 명제내용은 모두 같으나 종결접미사만 다른 경우를 살펴보자. 이 문장들은 모두 의문문이긴 하지만, 의미에 있어서 미묘한 차이를 보인다. 즉 철수가 밥을 먹은 사태에 대해 단순히 묻는 것인지, 화자의 의혹을 표시하는 것인지, 추정을 표시하는 것인지, 그 추정을 청자로부터 확인하기 위한 것인지의 미묘한 갈림이 성립하는 것이다. 이렇듯 한국말에서는 실사로 표현되는 실질

이런 종결접미사를 위시하여 서술부의 허사들의 기능을 파악하지 않고서는 전체 문장을 이해했다고 할 수 없을 만큼, 서술부의 허사들은 문장 구성에 있어 결정적인 역할을 담당하고 있다. 따라서 한국말에서는 문장 전체의 의미를 이해하려면 문장의 끝마무리가 어떻게 이루어지는가를 살펴보는 것이 무엇보다도 중요하다. 한국말은 끝까지 들어보아야 전체 문장의 틀이 잡히고 그 의미가 떠오르게 되는 것이다. 이렇게 볼 때, 문장 구성에 결정적 역할을 하는 허사가 서술어와 함께 문장 최후에 놓인다는 것은 한국말의 가장 중요한 특징이다.

근현대 국어학이 밝히는 바에 따르면, 한국말은 어법적 기능을 표시하는 허사가 각별히 분화되어 있기 때문에 비교적 어순이 자유롭지만, 술어가 후치되며 특히 술어에 첨부되는 허사가 최후에 놓이는 특징을 지닌다. 어법적 기능을 표시하는 허사가 각별히 분화되어 있다는 것은, 허사가 실사의 한 변화형태로서가 아니라 자체가 분리 유동하는 독립

적 의미내용 못지않게 종결접미사에 의해 드러나는 미묘한 차이가 문장 전체를 이해하는 데 중요한 비중을 차지한다. 셋째, 종결접미사는 문장으로 표현되지 않은, 그러나 발화와 관련된 여러 요소들과도 관련을 맺고 있다. 다시 말해서, 종결접미사는 문장을 발화하는 데 관련되는 화자에 관한 것, 청자에 관한 것, 화자와 청자의 사회적 관계, 청자에 대한 화자의 태도, 말이 행해지는 장면 등 화용론적 특성을 나타내는 기능을 담당하고 있는 것이다. 여러 가지 화용론적 기능 가운데서도 서법(서술형 의문형 명령형 청유형 등)을 표시하는 기능과 청자높임(아주높임 예사높임 예사낮춤 아주낮춤 등)을 나타내는 기능이 특히 발달되어 있다. 그래서 한국말을 들을 때에는 말의 구문이나 의미 못지않게 끝맺는 말에 실려 있는 화법적 어감을 잘 새겨들어야 그 말을 제대로 이해할 수 있게 된다.

적 낱말로서 실사에 첨부되어 어법적 기능을 표시함을 뜻한다. 또한 서술어가 후치되며 서술어에 첨부되어 어법적 기능을 표시하는 허사가 문장 최후에 놓인다는 것은 문장 전체의 구조와 의미가 마지막에 드러나게 되어 있음을 뜻한다.

그러나 이런 특징들이 근현대 국어학에서 처음으로 인식된 것은 아니다. 그것은 비록 직접 표현되지는 못했지만 오래 전부터 인식되어 왔던 내용들이며, 그러던 것이 현대에 이르러 하나의 어법체계로 드러나게 된 것이다. 차자표기 시대로부터 훈민정음 시대를 거쳐 한글 시대에 이르기까지 한국말의 특징은 실로 다양한 맥락을 통해 자각되었지만, 그 내용들은 결국 같은 것이다. 한자와의 비교를 통해 한국 어법의 고유한 특징을 인식하고 그러한 실정에 맞추어 고안된 차자표기법에는 이미 근현대 국어학의 통찰들이 잉태되어 있다. 차자표기법에서는 한국말의 어순에 따라 서술어가 뒤에 놓이며, 어법적 기능만을 표시하는 낱말들이 실질적 의미를 나타내는 낱말 뒤에 첨가되도록 되어 있다.

어차피 한자를 이용해서 한국말을 표기하는 것인데 어째서 굳이 한국말의 어순에 따라 표기했을까? 고유의 문자가 없기 때문에 비록 낱말들은 한자를 빌릴지라도, 그 낱말들을 엮어 문장을 구성하는 데 있어서는 한문이 아닌 한국말 문장의 특징을 구현해야 한다고 생각했기 때문이다. 한문과 한국말의 문장을 비교할 때 가장 먼저 인식된 차이는 어순의 차이였다. 다양한 차자표기법들 가운데 초기의 방법에 해당하는 것이 서기체 표기, 즉 다른 특징들은 미루어 둔 채 단지 어순만을 한국말처럼 표기하는 것이었다는 사실이 그러한 정황을 입증해주고 있다. 한문과 한국말의 어순을 비교하면서 가장 큰 차이로 인식된 것은 술어의 위치였을 것이다. 한자를 빌려 쓰되 한국말의 어순대로 표기한다는 것은 이것을 바로잡기 위한 것이었다고 볼 수 있다. 한국말의 어순에 따라 술어가 나중에 놓이도록 표기해야 한국말의 판단의 양식이 제대로 드러난다고 하는 생각이 차자표기법에는 전제되어 있었던 것이다. 이 점은 훈민정음 시대에 이르러 김만중에 의해 한국말의 어법적 특징이 논의되면서 선체후용의 원칙으로 규명되었다. 나아가 김만중은 어법상의 특징이 문화와 사상의 특징과 밀접한 연관이 있다는 통찰을 보여주었다. 이것은 술어가 후치되는 어순의 특징이 생각하는 방식의 특징과 연관되어 있음을 시사하는 것으로 해석될 수 있다. 이로부터 문장 최후에 놓이는 허사, 즉 종결접미사에 대한 논의가 문제시되는 현대 국어학의 경향을 이해할 수 있다. 종결접미사에 대한 논의는 문장에 결정적인 역할을 하는 여러 기능들이 문장 최후에 놓이는 허사에 집약되어 있음을 밝힌 것이다. 이처럼 한국말의 어순에서 술어가 후치된다는 사실은 차자표기 시대로부터 훈민정음 시대 그리고 현대 국어학에 이르기까지 한결같이 인식되어 온 특징이다.

허사의 문제도 마찬가지이다. 한자를 이용해서 한국말을 표기하는데 대체적인 뜻만 통하면 되었을 것을 어째서 군이 어법적 기능어들을 첨가하여 표기했을까? 이러한 표기법에는 이미 한국말의 낱말에 두 가지 종류가 있다는 생각이 전제되어 있었던 것이다. 즉 한국말에서는 실질적 의미를 나타내는 실사에 어법적 기능을 표시하는 허사가 첨부됨으로써 문장이 짜여진다는 생각이 전제되어 있었다. 이두 구결 향찰 등의 차자표기법은 실질적 의미를 나타내는 실사들만으로는 문장 내에서 낱말의 자격과 기능이 정해지지 않아 문장이 이루어질 수 없으므로 허사를 첨부함으로써 낱말의 자격과 기능을 부여하고 문맥을 분명하게 한 것이다. 한자를 빌려서 한국말의 문장을 표기하려 할 때, 실사에 대해서는 대응하는 한자를 쉽게 얻을 수 있었지만, 허사에 대해서는 대응하는 한자를 구하기 어려웠을 것이다. 한자에는 허사가 따로 분화되어 있지 않기 때문이다. 여기서 허사가 각별히 분화되어 있다는 사실이 한문과 비교되는 한국말의 특징으로 인식될 수 있었다. 뿐만 아니라 한국의 선조들은 이 허사를 문장 구성에 필수적인 요소로 생각했다. 그렇지 않고서는, 대응하는 한자를 찾을 수 없음에도 불구하고 어떤 식으로든 허사를 표기하려는 방법이 강구될 수 없었을 것이다. 더군다나 실사에 대해서는 한자의 훈을 빌려서 석독을 하고 허사에 대해서는 한자의 음만 빌려서 음독을 하는 향찰 표기법이 고안될 수 있었다는 사실은, 문장 내에서 실사와 허사의 직능이 뚜렷하게 구별되어야 한다는 인식이 전제되지 않고서는 가능할 수 없는 일이다. 한국말에서는 실사에 허사가 첨부됨으로써 문장이 구성된다고 하는 점은 이미 차자표기법에서 단적으로 천명되고 있다. 또한 차자표기법에서는 체언에 첨부되는 허사(조사)와 용언에 첨부되는 허사(접미사)가 모두 따로 표기되고 있으니, 이것은 양자가 모두 분화된 허사로 인식되고 있었다는 징표이다. 이에 비추어 본다면, 한국말의 어법체계를 구성하면서 근현대 국어학에서 논란이 되었던 문제는 오히려 명쾌하게 답변될 수 있을 것이다. 차자표기법에서 드러나는 어법인식은 철저히 분석적이다. 차자표기 시대의 어법인식에 비추어 볼 때, 일체의 허사를 독립적인 낱말로 간주하지 않는 종합주의체계나 체언에 첨부되는 허사만 낱말로 인정하고 용언에 첨부되는 허사는 낱말로 인정하지 않는 준종합주의체계는 오히려 한국말의 어법을 분명하게 인식하지 못한 소산으로 평가될 수 있다.

따라서 근현대 국어학에서 제시된 한국말의 어법체계는 한 시대의 우연한 창작이라기보다는, 차자표기 시대로부터 훈민정음 시대를 거치면서 오랜 세월 동안 자각되었던 내용들이 체계화된 것으로 볼 수 있다. 차자표기 시대, 훈민정음 시대, 한글 시대는 문자의 역사를 보여주는 단면들이다. 문자의 역사는 이처럼 변화와 굴곡을 겪었지만 어느 시대에나 말에 대한 인식은 한결같았다. 다만 한국말의 고유한 특징이 인식된 계기와 그 표출방식이 달랐을 뿐이다. 술어후치의 어순과 어법적 기능을 표시하는 허사의 분화는 어느 시대에나 인식되어 온 한결같은 특징들이다.

(5) 어법과 그 세계관의 문제

국어학의 연구는 한국말의 고유한 특징들이 무엇인지를 밝히는 데 국한되므로, 그러한 특징들이 무엇을 의미하는지에 대해서는 더 이상 문제 삼지 않는다. 그러나 민족언어학이나 세계관이론의 논지처럼 한 민족의 언어가 그 민족의 세계관을 반영한다면, 한국말의 특징을 논하는 문제는 단지 국어학의 문제일 수만은 없다. 문화에 대한 진단을 내리는 것이 철학자의 몫이듯이, 문화의 결정체라 할 수 있는 언어의 특징을 살펴봄으로써 그것이 반영하는 세계이해의 모형을 읽어내는 작업 역시 철학적 해석을 기다리고 있다. 한국어법은 어법적 기능을 표시하는 허사가 분화되어 있고 술어후치의 어순으로 문장이 구성됨에 따라 결국 문장에서 서술부의 허사가 최후로 연기(延期)되는 특징을 지닌다. 한국말에서 어법적 기능을 표시하는 허사가 실질적 의미를 나타내는 실사로부터 분리 유동하는 성격을 지닌다는 사실은 무엇을 의미하는가? 또 한국말에서 서술어와 그에 따라 붙는 허사가 맨 나중에 놓인다는 사실은 무엇을 의미하는가? 이런 특징들로 대변되는 판단의 양식은 어떤 것인가? 한국사람 고유의 세계인식과 체험의 양식은 무엇이며, 그것을 어떻게 자리매길 것인가?

한국말에는 다른 어떤 말들보다도 어법적 기능을 표시하는 허사가 발달되어 있다. 이토록 허사가 각별히 발달되어 있다는 사실은 일차적으로는 한국말의 섬세한 논리적 운용력을 보여주는 것이라 할 수 있다. 한국말에서는 다른 어떤 말에서보다 허사에 큰 비중이 주어진다. 한국 사람에게 있어서 말을 한다는 것은 곧 허사를 쓸 줄 안다는 것을 뜻한다. 사태에 대한 판단 또는 문장은 단순히 개념들의 집합으로 이루어지는 것이 아니다. 그 궁극적 의미는 개념들이 어떤 관계로 구성되느냐에 달려 있는데, 그 관계를 표시하는 것이 허사이다. 한국 사람들은 차자표기 시대부터 허사를 따로 첨가해서 표기하는 법을 고안해 낼 정도로 허사의 중요성을 늘 의식하고 있었다. 사태에 대한 판단을 구성하는 데 있어서는 낱낱의 개념들보다는 그것들의 짜임이 관건이 됨을 파악하고 있었던 것이다. 그런데 판단을 구성하는 데 있어서 낱말들의 짜임이 중요하다는 것은 어느 말에 대해서든 적용될 수 있는 사실이다. 그러니 한국말에는 말의 짜임을 표시하는 허사가 각별히 발달되어 있다는 점을 지적하는 것만으로는 아직 충분한 설명이 될 수 없다. 중요한 것은 그 허사로써 낱말들이 짜여지는 방식이 과연 어떤 것인가 하는 점이다. 즉 한국말 허사의 운용에 반영되어 있는 논리적 특징이 과연 어떤 것인가 하는 점이다.

문제는 한국말에서는 어법적 기능을 표시하는 허사가 실사와는 합쳐지지 않는, 분리 유동하는 성격을 지닌다는 사실에 있다. 이 점은 어법적 기능이 거의 표시되지 않는 고립어나, 어법적 기능이 표시될지라도 그것이 실사에 녹아 붙어서 실사에 속박되어 있는 변화형태에 불과한 것으로 표시되는 굴절어와 다른 점이다. 어느 말에서든지 사태에 대한 판단을 구성하고 문장을 이해하는 데 있어서 개념들의 짜임이 중요한 비중을 차지하기는 마찬가지이지만, 그 짜임의 방식은 다를 수 있다. 말이 짜이는 방식의 차이는 한 낱말의 위상이 정해지는 방식의 차이이 기도 하다. 또한 한 낱말의 위상, 즉 문장 내에서의 그것의 어법적 기 능이 알려지는 방식은 어법적 기능이 표시되는 방식과도 밀접한 관계 를 지닌다. 그래서 어법적 기능이 표시되고 있는지, 그렇지 않은지, 또 표시되고 있다면 어떤 식으로 표시되고 있는지를 살펴보고 그 뜻을 되 새겨보면, 한 낱말의 어법적 기능, 즉 문장 내에서 그것의 위상이 파악 되는 방식의 차이를 알 수 있고, 따라서 말이 짜여지고 판단이 구성되 는 방식의 차이를 짐작할 수 있다. 한국말에서 허사가 분리 유동하는 성격을 지닌다는 사실은 곧 한국 사람이 말을 짜고 판단을 구성하는 방식의 한 단면을 시사하는 것으로 볼 수 있다. 다른 언어와 비교하여 이 점을 어떻게 말할 수 있을까?

희랍어와 같은 굴절어의 경우에는 대체로 어법적 기능이 표시되어 있되 그것이 실질적 의미를 나타내는 말에 녹아 붙어서 갈라낼 수 없 게 되어 있다. 즉 한 낱말의 어법적 기능은 그 낱말의 끝부분에 표시 되어 있는 변화형태로써 파악되는데, 어법적 기능을 표시하는 변화형 태가 실질적 의미를 나타내는 부분과 한 덩어리로 녹아 붙어서 갈라낼 수 없게끔 되어 있다는 것이다. 이는 곧 한 낱말에 표시되어 있는 어 법적 기능은 그 낱말이 지시하는 실질적 의미내용에 이미 내정되어 있 는 가능한 기능들 가운데 하나로 이해되고 있음을 뜻한다. 각 낱말들 에는 그 고유한 의미내용이 이미 정해져 있으며, 그것이 문장 안에서 어떤 자격과 기능을 담당하게 될 것인지는 이미 그 의미를 나타내는 낱말의 한 변화형태로써 정해져 있다. 실질적 의미를 나타내는 낱말의 꼬리에 일정한 변형을 가함으로써 문장 내에서 그 낱말의 쓰임을 규정하도록 되어 있는 이 체계에서는, 쓰임이란 어디까지나 정해진 의미의 한계를 벗어나지 않는 것으로 이해된다. 말하자면 한 낱말이 문장 안에서 하나의 문장성분으로 쓰일 때 그 낱말은 하나의 의미체로서 자신이 고유하게 가지고 있는 가능한 기능들 가운데 하나를 문장 안에서 실현하고 있는 것이라고 할 수 있다. 문장 안에서 특정 기능을 담당하도록 표시된 낱말형태는 그 낱말 자체의 가능한 변형들 가운데 한 실례가 되는 셈이다. 결국 어법적 기능이 낱말의 형태변화로써 표시된다는 것은 문장 내에서 낱말의 기능이 고유한 의미체로서 낱말 자체가 품고 있는 가능태의 한 실현으로 이해됨을 뜻한다. 이런 언어체계에서는 실질적 의미를 나타내는 부분은 하나의 낱말로 인정되지만, 어법적 기능을 표시하는 부분은 하나의 낱말로 인정되지 않는다. 그것들은 다만 낱말의 변형 가능한 부분일 뿐이다. 어법적 기능은 일정한 의미를 지닌 낱말의 형태변화로써 표시됨으로써 그 낱말의 의미로부터 분리될 수 없도록 묶여 있다. 그럼으로써 결국 의미와 기능이 함께 표시되는 하나의 낱말이 되는 것이다.

문장을 구성하는 한 낱말이 독립성을 지닌다는 것은 그것이 고유한 의미와 기능을 가짐을 뜻한다. 또 이것은 낱말의 고유한 의미와 기능이 다른 것에 의존하지 않고 자체 내에 갖추어져 있음을 뜻한다. 한 낱말 자체 내에 이미 그 의미와 함께 그 어법적 기능이 표시되어 있으니, 굳이 다른 낱말들과의 관계에 의뢰할 필요가 없다. 낱말의 기능을 알기 위해 부득이 다른 낱말들과의 관계, 즉 위치를 고려해야 하는 일은 낱말에 어법적 기능을 표시하는 변화형태가 주어져 있지 않은 일부 경우에만 국한된다. 굴절어에서는 대체로 낱말의 형태에 이미 의미와 기능이 결정되어 있다고 말할 수 있다. 서구철학의 본질 개념이나 실체 개념은 이렇듯 한 낱말이 자체 내에 고유한 의미와 기능을 지닌다고 보는 언어관으로부터 가능할 수 있었을 것이다.

뿐만 아니라 굴절어의 문장에서는 성분들 사이에 형태상의 일치 내지 호응관계가 성립한다. 한 문장 안에서 같은 어법적 기능을 수행하거나 긴밀한 의미 연관을 지니는 낱말들은 그 변화형태에 있어서 일치 내지 호응관계를 보이도록 표시된다. 이를테면 성·수·격의 일치나 시제의 일치가 지켜지는 것이다. 따라서 한 낱말의 어법적 기능을 알기 위해서 그 낱말에 표시되어 있는 변화형태를 살펴야 하듯이, 한 문장에서 낱말과 낱말의 관계, 즉 말의 짜임을 알기 위해서는 낱말들 간의 형태상의 일치 내지 호응의 관계를 살피는 것이 무엇보다도 중요하다. 문장성분들 사이의 관계가 문장 자체 내에 이미 표시되어 있으므로, 한 문장을 이해하기 위해서 문장 바깥에 놓인 실제 상황에 의뢰할 필요가 없다. 그러니 실제 상황과 무관하게 작동되는 순수한 형식 체계를 구성할 수 있었을 것이다. 문장 전체의 의미는 요소들의 형식적인 결합관계에 따라 기계적으로 결정된다. 즉 일정한 의미체들의 형식적 결합으로써 판단이 구성되는 것이다. 굴절어의 체계는 요소들의 독립성과 요소들 간의 형식적 일치관계가 보장되는 체계이다. 전체를 일정한 의미를 지닌 독립적 요소들로 분해해내고 그것들의 형식적 결합관계를 통해 다시 전체의 진리치를 환산해내는 유의 사고방식은 이런 언어체계의 특징으로부터 성립될 수 있었을 것이다.

그런데 문장성분들이 모여 하나의 문장이 구성될 때 굴절어에서는 대체로 주어 술어 목적어의 어순에 따라 성분들이 배치된다. 어순을 살펴보면 어디에 비중을 두고 말이 전개되는지를 알 수 있으니, 여기서 판단의 양식이 단적으로 드러난다. 굴절어에서는 문장의 어순상 맨먼저 등장하는 주어에 문장 전체의 무게중심이 놓인다고 할 수 있다. 이것은 철학적 사유의 중심이 실체에 놓이는 것과 맥을 같이 한다. 일단 주어가 주어지면 주어의 모양이 후속하는 성분들의 모양에 영향을 미친다. 주어의 인칭과 수에 따라 무엇보다도 술어의 모양이 결정되고 다른 관련성분들의 모양도 결정된다. 주어가 술어에 대하여 그리고 나머지 관련성분들에 대하여 일치관계를 요구하기 때문이다. 판단의 가장 기본적인 형식은 주어에 대한 술어의 일치관계에 있다. 이러한 어법은 주어진 실체에 대하여 그것이 지닌 속성을 기술한다는 발상과 통해 있다. 판단이란 결국 주어에 대한 술어매김이다. 주어가 주어지면 그에 따라 술어가 도출되는 방식으로 판단이 이루어지므로, 주어의 모양을 분석하면 그로부터 술어의 모양을 추측할 수 있게 된다. 주어진 전건에 대한 분석으로부터 후건이 도출되는 일방적 연역 논리의 가능성은 이렇듯 주어가 술어에 대해 일치관계를 요구하는 언어구조에 이미 배태되어 있는 것이다.

또한 굴절어에서 문장은 오로지 성분들의 내적 결합을 통해 구성되므로 완성된 문장은 자체로 의미가 드러나게끔 되어 있다. 즉 문장 바깥의 실제 상황은 문장성분에 포함되지 않으므로, 실제 상황에 의뢰하지 않고 문장 자체만으로 문장의 의미가 드러나게 되는 것이다. 서구인들은 문장의 자체완결성을 추구한다. 그리고 이 자체 완결적인 문장이 사태를 반영한다고 본다. 그들에게 실제 사태가 문제시되는 것은 언어가 실제 사태를 반영한다고 하는 대응관계를 주장할 때이다. 이때에도 문장이 낱말들 외에 실제 사태를 부분으로 포함하지 않는다는 원칙, 즉 문장의 자체완결성은 여전히 지켜진다. 실제 사태는 문장이 지시하는 대상이지 문장을 구성하는 부분이 아니다. 이로써 서구인들은 문장 자체의 완결성을 견지하면서도 문장이 사태를 반영한다는 생각을 전개할 수 있었다. 한 문장은 그 자체로 하나의 완전한 그림이다. 그 그림은 하나의 사태를 그린 것으로 볼 수 있다. 따라서 그림 자체를 이해하기 위해서 사태를 돌아볼 필요는 없지만, 그림을 보면 사태를 알 수 있다.

고대한어와 같은 고립어의 경우에 문장은 실질적인 의미를 나타내는 낱말들로 구성될 뿐 각 낱말들의 어법적 기능이 거의 표시되어 있지 않다. 한 낱말에 그것의 어법적 기능이 표시되어 있지 않기 때문에, 그 낱말을 아무리 분석해도 그것이 문장 안에서 어떤 기능을 하는지를 알 수 없다. 똑같은 형태의 낱말이 문맥에 따라 명사로 쓰이기고 하고 동사로 쓰이기도 하므로 낱말의 품사를 미리부터 정할 수 없으며, 그것이 문장 안에서 어떤 의미로 쓰였는지를 알 수 없다. 한 낱말의 의미와 기능은 자체 내에 정해져 있지 않다. 낱말 자체에 대한 분석은 문장을 이해하는 데 아무 도움도 되지 않는다.

한 낱말의 의미와 기능을 파악하기 위해서는 그 밖의 것에 의뢰할 수밖에 없다. 한 낱말이 의존해 있는 그 밖의 것이란 문장 내의 다른 낱말들일 수도 있고, 문장 바깥의 실제 상황일 수도 있다. 즉 한 낱말의 의미와 기능을 알려면 문장 안에서의 위치, 즉 다른 낱말들과의 관계를 살펴보거나, 그것이 여의치 않을 때에는 어경(語境), 즉 실제 상황에 비추어보아야 한다. 고립어의 문장을 구성하는 낱말들 사이에는 각 낱말의 의미와 기능이 다른 낱말들과의 관계를 통해 정해지는 상보적 정합관계가 성립한다. 그러므로 한 문장의 의미를 파악하기 위해서는 성분들을 서로에 대해 비추어 봐야 한다. 그러나 주어진 문장성분들을 모두 동원하여 그 관계를 추적해도 문장 전체의 의미가 드러나지 않을 수가 있다. 이 경우에는 각 성분들을 그 문장이 지시하는 실제 상황에 비추어 봄으로써 전체 문장의 의미가 드러나게 된다. 고립어의 문장은 그것을 구성하는 각각의 낱말들 뿐 아니라 실제 상황까지를 문장의 부분으로 포함하고 있기 때문이다. 따라서 고립어의 문장에서 한 부분과 나머지 부분들 내지 전체 사이에 성립하는 정합관계는 실제적 정합관계라 할 수 있다. 고립어의 문장을 이해하기 위해서는 이 실제적 정합관계를 살피는 것이 무엇보다도 중요하다.

고립어에서는 낱말 자체에 어법적 기능이 표시되어 있지 않아 그것이 어떤 의미로 쓰인지를 알 수 없기 때문에, 오히려 다른 요인들에 대한 고려가 요구되는 것이라고 볼 수 있다. 또는 한 낱말은 언제나 그 밖의 것들과의 관련을 통해 작용하며 그 관련을 밝히는 과정 가운데서 의미와 기능이 드러난다는 관념이 당연시되고 있기 때문에, 낱말 자체 내에 미리부터 어법적 기능이 표시되지 않는 것인지도 모른다. 어쨌든 한 문장성분의 의미와 쓰임은 그 밖의 것, 즉 다른 성분들이나 실제 상황과의 관계를 떠나서는 생각될 수 없다. 이러한 사정은 어느 성분에 대해서나 마찬가지이다. 고립어에서는 어떤 성분도 그 자체로 독립적일 수 없다. 각각의 성분들은 다른 성분이나 실제 상황에 비추어 자신의 의미와 기능을 지정 받게 되어 있다. 이런 언어체계에서는 어떤 부분도 나머지 부분들이나 전체로부터 독립적일 수가 없다. 관계를 떠나서는 아무 것도 성립하지 않으므로, 자체 독립적인 실체와 그 본질적 속성을 상정하는 것은 생각할 수 없는 일이다. 또한 이런 언어체계에서는 한 성분에 의해 다른 성분이 일방적으로 결정되지도 않거니와 성분들 사이에 내적 일치관계가 성립하지도 않는다. 한 문장이 낱말들 뿐 아니라 실제 상황까지 부분으로 포함한다는 사실로부터 알 수 있듯이, 실제 상황과의 관련을 떠난 형식체계나 연역논리는 아무런 소용이 되지 않는다. 실제 상황과 결부된 전체는 부분들의 정합관계로써 이루어지므로, 각각의 부분은 서로 다른 위치에서 전체를 형성하고 반영하는 창이라고 할 수 있다. 즉 각각의 부분은 어떤 식으로든 전체에 통해 있다. 여기서 추구할 수 있는 것은 부분과 전체간의 정합관계를 타고 흐르는 정체(整體)에 대한 인식이다.

문장성분들이 모여 하나의 문장이 구성될 때 굴절어와 마찬가지로 고립어에서도 대체로 주어 술어 목적어의 어순에 따라 성분들이 배치된다. 그러나 굴절어와는 달리 고립어에서는 문장의 무게 중심이 주어에 놓인다고 볼 수 없다. 굴절어에서는 주어가 문장의 필수조건이지만, 고립어에서는 주어가 쓰이지 않는 문장이 얼마든지 가능하기 때문이다. 또한 굴절어에서는 주어가 다른 성분들에 대하여 일치관계를 요구함으로써 다른 성분들의 모양을 결정하지만, 고립어에서는 주어에 의해 다른 성분들이 일방적으로 결정되지 않기 때문이다. 독립적인 성분을 상정할 수 없는 고립어에서는 성분들끼리 서로 이루어주고 반영하는 상호관계로써 하나의 문장이 구성된다. 문장의 의미는 각 성분들이 그 밖의 것에 대해 맺는 관계를 추적하는 과정에서 점차적으로 드러나게 되어 있다. 대체로 주어 술어 목적어의 어순으로 배치되는 고립어의 문장에서 부분들의 의미로부터 전체의 의미를 형성해가는 과정은 점진적으로 일어난다. 굴절어와 마찬가지로 고립어에서도 술어와 함께 긍정 부정에 대한 표현이 문장 도중에 주어지므로, 문장이 진행되는 동안 갑작스런 반전이 일어나지는 않기 때문이다.

고립어에서는 한 문장이 주어진다고 해서 곧 그것이 구현하고자 하는 의미가 드러난다고 할 수 없다. 문장성분인 낱말들의 관계를 아무리 추적해도 전체 문장의 의미를 알 수 없는 경우가 있기 때문이다. 이것은 곧 문장 자체가 이미 하나의 완성된 의미를 구현할 수 없도록 짜여져 있음을 뜻한다. 문장이 짜여질 때 이미 문장 바깥의 실제 상황에 비추어 성분들의 배치와 생략이 이루어지므로, 문장 자체만으로 의미가 드러나지 않는 것은 당연한 일이다. 굴절어의 문장은 구문론적 완전성을 지향하지만, 고립어의 문장은 구문론적으로 완전한 구도를 지향하지 않는다. 굴절어의 문장은 자체 완결적인 데 비해, 고립어의 문장은 그렇지 않다. 고립어에서는 문장 바깥의 실제상황까지 문장의 부분으로 포함시키기 때문에, 문장 자체만으로는 의미가 드러나지 않고 실제 상황에 의뢰해야 비로소 의미가 드러나게 되는 것이다. 물론 실제상황과의 관련 속에서 파악된 문장이라면, 사태를 반영할 수 있다. 그러나 문장 자체가 자체완결적이지 않기 때문에, 언어 자체가 사태를 그대로 반영한다고는 생각하기 힘든 것이다. 언어 자체에 독립적 지위를 부여하지 않는 태도는 고립어의 언어관습에서는 자연스러운 것이다.

굴절어나 고립어와는 달리 첨가어인 한국말의 경우에는 실질적 의미를 나타내는 실사에 어법적 기능을 표시하는 허사가 첨가됨으로써 문장이 구성된다. 실사 자체에는 어떤 자격이나 기능이 정해져 있지 않다. 그러나 실사에 허사가 첨가되고 나면, 실사의 위치와는 상관없이 일단은 허사에 의해 표시된 자격과 기능을 갖게 된다. 물론 문장 안에서 실사는 허사 없이는 쓰일 수 없고, 허사는 실사 없이는 쓰일 수 없다. 그러나 '첨가'라는 말이 시사하듯이, 실사와 허사는 하나의 낱말이 아니다. 허사는 실사가 지시하는 의미의 가능한 변형들 가운데 하나가 아니라, 이미 그 자체가 일정한 형태와 기능을 지니는 하나의 독립된 낱말이다. 허사가 실사와 합쳐져 있지 않고 실사로부터 分化되어 있다는 것은 곧 실사와 허사 사이에는 어떤 필연적 관계도 없음을 뜻한다. 실사는 실질적 의미내용만을 지시할 뿐, 그것이 문장 안에서 어떤 자격과 기능으로 쓰일지는 전혀 결정되어 있지 않다. 허사 역시 어법적 기능만 표시할 뿐, 그것이 어떤 실사에 따라 붙을지가 결정되어 있지 않다. 한 낱말의 어법적 기능은 실질적 의미에 함축되어 있지 않으며, 실질적 의미에는 그 기능이 미리부터 내정되어 있지 않다. 그러니 의미를 보고 그 기능을 알 수 없고, 기능을 보고 그 의미를 알 수 없다. 의미와 기능은 별개의 문제이다.

허사가 실사로부터 분화되어 있다는 사실은 실사의 위상을 단적으로 보여준다. 실사는 낱낱의 의미를 나타낼 뿐이므로, 실사 자체만으로는 사태에 대한 판단을 구성할 수 없다. 즉 실사는 허사에 의해 그 자격과 기능이 부여되지 않는 한, 판단을 구성하는 데 아무 역할도 할 수 없다. 굴절어나 고립어와는 달리 한국말의 실사들에는 그것의 자격과 기능에 대한 어떤 자체 표식이나 상호간의 암시의 관계가 성립하지 않기 때문이다. 따라서 실사 자체로부터는 어떤 추론도 전개할 수 없다. 실사에는 전건과 후건의 연역적 관계에 대한 추론이나, 부분과 전체의 정합관계에 대한 추론의 실마리가 주어져 있지 않다. 실사 자체를 아무리 분석한다고 해도, 또는 다른 실사들이나 실제 상황과의 관계를 고려한다고 해도, 주어진 한 실사의 위상에 대한 답변을 찾을 수 없다. 낱낱의 실사들은 자체적으로도 또 다른 실사들과의 관계를 통해서도 어떻게 자리매겨질 것인지가 결정되지 않는 임시의 조각들일 뿐이다. 실사의 위상은 판단이 구성되는 과정에서 허사에 의해 어떻게 부려지는가에 달려 있다. 즉 실사는 자신의 자리를 전적으로 허사에 의해 위임받도록 되어 있다.

이렇듯 의미를 나타내는 한 낱말의 문장 내에서의 위상이 아무런 의미도 나타내지 않는 허사에 달려 있다는 것은 첨가어로서 한국말이 갖는 특징이다. 다른 언어에서는 실사의 위상이 정해지는 방식이 이와 같지 않다. 한 낱말의 위상이 자체 내에 표시되어 있는 굴절어에서는 주어진 낱말이 자신의 위상을 자체적으로 결정하도록 되어 있다. 반면 한 낱말의 위상이 자체 내에 표시되어 있지 않은 고립어에서는 주어진 낱말의 위상이 그 밖의 것과의 관계를 통해 결정된다. 즉 문장 내의 다른 낱말들이나 문장 바깥의 실제 상황과의 관계를 통해 결정된다. 한 낱말의 위상이 다른 낱말들과의 관계를 통해 결정된다는 것은 한 의미체의 위상이 그와 동등한 문장성분인 다른 의미체들과의 관계를 통해 밝혀짐을 뜻한다. 또 한 낱말의 위상이 실제 상황과의 관계를 통해 결정된다는 것은 비록 문장 바깥의 상황을 문장의 부분으로 인정한 것이긴 하지만, 역시 표현되지 않은 의미체들과의 관계를 통해 밝혀짐을 뜻한다. 그러나 한국말에서는 실사의 위상이 자체적으로 결정되지 않을 뿐 아니라 다른 의미체—그것이 문장 안에 표현되어 있건 그렇지 않건 간에—들과의 관계를 통해 결정되지도 않는다. 한 의미체의 위상은 문장 내에 표시되어 있되 전혀 다른 종류의 요소, 즉 아무런 의미도 지니지 않는 제삼자라 할 수 있는 허사에 의해 결정된다. 낱말의 위상은 의미체들의 자체실현이나 상호관계로써 결정되는 것이 아니라, 아무런 의미도 갖지 않는 허사에 전적으로 의존해 있다. 언뜻 보기에 실사에 허사가 첨부되는 한국말의 문장에서 실사는 실질적 의미를 담지하는 필수적인 성분으로 보이고 허사는 아무런 의미도 담지하지 않으므로 군더더기처럼 보일 수 있다. 또는 실사는 문장을 구성하는 데 중심을 이루는 성분으로 보이고, 허사는 중심어에 따라붙는 부수적인 말쯤으로밖에 보이지 않는다. 그러나 허사는 문장 구성에 있어 필수적일 뿐만 아니라 결정적인 역할을 담당한다. 주인으로 보이는 실사의 위상을 결정하는 것은 바로 종속적이고 부수적으로 보이는 허사이기 때문이다.

낱말의 위상이 그 낱말의 변화형태에 의해 자체적으로 결정되는 굴절어나 다른 낱말들이나 실제 상황과의 관계를 통해 결정되는 고립어와는 달리, 한국말에서는 낱말의 위상이 허사에 의해 결정된다. 성분들 간에 형태상의 일치관계가 성립되는 굴절어에서는 내적 일관성의 원리에 따라 판단이 구성되고, 실제 상황까지 문장의 부분으로 포함하는 고립어에서는 실제적 정합성의 원리에 따라 판단이 구성된다. 허사가 판단 구성에 결정적 역할을 하게 되는 한국말에서는 어떤 방식으로 판단이 구성되는가?

판단이 구성되는 방식을 알기 위해서는 판단을 구성하는 성분들이 어떤 관계에 놓이는지, 전체 판단의 비중이 어디에 주어지는지를 알아야 하는데, 이 점은 어순의 문제와도 밀접한 관련이 있다. 말의 순서를 어떻게 잡는가와 관련하여 나타나는 특징들에는 말을 부리는 사람에게서 판단이 어떻게 이루어지는지가 반영되어 있다. 한국말에서는 허사로써 말의 기능이 표시되기 때문에 비교적 어순이 자유롭지만 한 가지 특별한 원칙이 있다면, 술어후치의 원칙, 즉 서술어가 문장 최후에 놓인다는 점을 들 수 있다. 한국말의 어순이 시사하는 판단의 양식은 무엇인가?

한국말의 문장에서는 주어를 위시한 다른 성분들의 위치가 자유로울 뿐 아니라, 생략될 수도 있다. 특히 문장 내에 주어가 없을 수 있다는 사실은 굴절어와 다른 점이다. 굴절어에서 주어는 문장의 필수적인 성분이며 가장 중요한 성분으로서 대체로 문장 서두에 놓인다. 굴절어에서는 주어가 생략되는 법이 없다. 특정 주어를 내세울 수 없을 경우에는 어떤 구문론적 장치(비인칭 주어 구문, 가주어 구문, 일반 주어 구문, 희랍어나 라틴어와 같은 고전어에서 주어가 표면에 등장하지 않을 때조차 술어의 형태변화로써 주어의 인칭과 수를 표시하는 방식 등)에 의해서든 주어에 해당하는 표현들이 항상 등장한다. 대체로 문장 서두에 놓이는 굴절어의 주어는 문장에서 가장 중요한 역할을 담당한다. 서두에 놓인 주어의 형태에 따라 술어를 위시하여 후속하는 관련 성분들의 형태가 일방적으로 결정된다. 문장에서 가장 큰 영향력을 발휘하는 것은 문장 서두에 놓이는 주어이다. 이런 언어체계에서 판단이란 주어에 대한 술어매김을 의미한다. 그러나 고대 한어와 같은 고립어나 한국말에서 주어는 문장의 필수적인 성분도 가장 중요한 성분도 아니다. 이들 언어에서는 주어가 없는 문장이 빈번하게 나타난다. 주어가 없는 문장은 특정 주어가 생략된 것일 수도 있고 딱히 결정된 주어를 갖지 않는 문장일 수도 있다. 또한 주어가 있는 문장이라 할지라도 주어가 나머지 성분에 대하여 일방적으로 영향력을 행사하지는 않는다. 한어의 문장에서 중요한 것은 주어가 아니라 문장을 구성하는 부분들의 상호 정합관계이다. 한국말의 문장에서 중요한 비중을 차지하는 것은 오히려 문장 말미에 놓이는 술어이다.

서술어가 문장 말미에 놓인다는 것은 인도유럽어나 한어와는 구별되는 한국말의 특징이다. 서술어가 문장 도중에 놓이는 다른 말들에서는 문장의 기본 구도가 비교적 쉽게 드러난다. 그러나 서술어가 문장 말미에 놓이는 한국말에서는 문장을 구성하는 성분들이 전부 열거된 뒤에 마지막으로 서술어가 등장함으로써, 문장의 기본 구도가 문장의 마지막 단계에 가서야 비로소 드러나게 되어 있다. 어순, 즉 문장의 진행 방식의 차이는 문장의 구성방식 내지 문장의 의미가 파악되는 방식의 차이를 반영한다. 서술어가 문장 도중에 놓이는 다른 말들에서는 문장의 기본 구도가 비교적 일찍 드러나므로, 그 기본 구도에 그 밖의 성분들이 점차적으로 보완되는 비교적 안정된 방식으로 문장이 진행된다. 즉 말의 대체적인 기본 줄기가 먼저 들어오고 그것에 곁가지가 쳐지고 살이 붙는 방식으로 문장이 구성된다. 그러나 서술어가 문장 마지막에 놓이는 한국말에서는 문장의 기본 구도가 마지막에 가서야 드러나므로, 서술어를 제외한 나머지 성분들은 마지막으로 나타날 서술어와의 관계가 유보된 채 아직 주어지지 않은 서술어를 향하여 국부적인 결합관계만을 형성할 뿐이다. 그것들은 궁극적으로 어떻게 자리 매겨질지 모르는 언제나 유동적인 상태에 있을 수밖에 없다. 술어로써 문장이 마감되어야 마침내 나머지 성분들의 위상도 궁극적으로 확정될 수 있다. 물론 문장성분들의 위상은 그때그때 첨부되는 허사에 의해 잠정적으로 자리 매겨지지만, 마지막으로 놓이는 서술부에서 문장의 기본 구도가 드러나므로, 기왕에 자리 매겨진 성분들의 위상이 마지막 단계에서 술어와의 관계를 통해 확정 또는 조정되는 절차를 겪게 되는 것이다.

서술어가 문장 말미에 놓이게 되면 일단 술어가 주어져 있지 않으니 문장의 기본 구도가 얼른 파악되지 않는다고 할 수 있지만, 마지막 순간까지 드러나지 않는 것은 술어 자체만은 아니다. 술어의 의미내용은 오히려 부차적인 것일 수 있다. 무엇보다도 중요한 것은 긍정과 부정의 판단이 술어와 더불어 연기되고 있다는 사실이다. 판단의 가장 기본적인 형식이라 할 수 있는 긍정과 부정의 논리적 판정이 문장 최후에 가서야 비로소 이루어지는 것이다. 뿐만 아니라 서술부에서 드러나게 되어 있는 문장의 서법(서술형, 의문형, 명령형, 청유형 등)까지도 마지막에 표현된다. 흔히 굴절어에서 말하는 태와 법 그리고 시제 등에 관한 표식들 그리고 한국말의 고유한 특징이라 할 수 있는 높임말 체계 등이 모두 서술어와 함께 문장 뒤로 밀리게 된다. 이것들은 모두 서술어에 따라 붙는 허사로 표현된다. 결국 뒤로 밀리는 것은 서술어에 첨부되어 다양한 어법적 기능들을 표시하는 허사들이다. 문장 최후에 놓이는 서술부의 허사들에는 판단의 기본 구조와 성격을 좌우하는 온갖 기능들이 집약되어 있다. 따라서 서술부의 허사가 최후로 연기됨으로써 어떤 일이 일어나는지를 살펴보면, 허사의 연기로써 대변되는 판단의 양식이 어떤 것인지를 알 수 있다.

　서술부의 허사 가운데서도 가장 나중에 놓이는 허사는 종결접미사이다. 종결접미사는 무엇보다도 한 문장이 종료됨을 알리는 기능을 수행한다. 한국말에서는 문장성분을 모두 갖추었다 할지라도 그것이 하나의 문장으로 성립되려면 반드시 문장을 끝맺어 주는 종결접미사가 서술어의 끝에 놓여야 한다. 종결접미사가 놓이기 전까지는 어떤 판단도 완료되었다고 볼 수 없다. 이 종결접미사는 형태적으로는 서술어의 끝에 놓이지만, 기능적으로는 서술어에만 관계하는 것이 아니라 문장 전체에 관계한다. 서술어에 첨부되는 종결접미사는 서술어와 함께 문장 전체를 끝맺어 주는 기능을 한다. 종결접미사에 의해 문장 전체가 마감되면, 문장의 구조와 성격이 완전히 드러나게 된다. 문장의 구조가 드러난다는 것은 곧 문장 성분들의 관계에 대한 온전한 그림이 그려짐을 뜻하는데, 그럼으로써 서술어가 놓이기 전까지는 불투명했던 문장성분들의 위상이 마침내 분명해진다. 결국 판단의 마지막 단계인 서술부에 이르러 기왕의 문장성분들의 위상이 궁극적으로 결정되는 것이다.

가령 '철수가 밥을 먹었다고 생각하지 않는다.'라는 문장에서 맨 나중에 놓이는 것은 '생각하지 않는다'라는 서술부이다. 이 서술부는 '생각하' '지' '않' '는' '다'라는 말들의 결합으로 이루어져 있다. 즉 '생각하다'라는 의미내용에 부정문, 현재시제, 평서문종결 등을 표시하는 허사들이 따라 붙어 있다. 여기서 종결접미사 '…다'는 '생각하지 않는다'라는 서술부와 함께 '철수가 밥을 먹었다고 생각하지 않는다.'라는 문장 전체를 마무리하고 있다. 일단 종결접미사로써 한 문장이 종결되면, 하나 이상의 허사를 포함하는 서술부에 의해 문장의 성격과 기본 구조가 드러나게 된다. 즉 그 문장이 긍정문인지 부정문인지, 어떤 시제인지, 평서문인지 의문문인지 등의 문제가 결정되고, 문장의 기본적인 틀이 주어지게 되는 것이다. 그런데 마찬가지 명제내용을 다른 언어로 표현할 경우에는 사정이 다르다. 문장의 성격과 구조를 보여주는 여러 가지 표현들도 그렇거니와, 무엇보다도 긍정과 부정이 서술어와 함께 미리부터 주어지기 때문에 문장을 끝까지 보지 않고도 그 대체적 윤곽을 그릴 수 있게 되어 있다. 즉 '생각하지 않는다'라는 서술어가 먼저 소개되고 그에 관련된 것으로서 '철수가 밥을 먹는다'는 내용이 설명된다. 그러나 한국말에서 '철수가 밥을 먹었다'는 내용은 문장의 말미에 놓이는 '생각하지 않는다'라는 서술어를 통해 판가름되게끔 되어 있다. 판단의 기본 모형이 문장 말미에 가서야 주어지는 것이다.

이렇듯 문장 말미에 놓이는 서술어에 의해 사태에 대한 판단 내지 전체 문장의 틀이 주어짐으로써 비로소 앞선 문장성분들의 위상이 가려지게 된다. 위의 문장에서 '철수가 밥을 먹었다고'까지만 본다면, 그것은 문장의 일부일 뿐 아직 판단이 완료된 것이 아니다. 따라서 이 절이 어떤 성격의 것인지는 문장이 더 진행되고 완료되어야 알 수 있다. 즉 이 절 뒤에 '생각하지 않는다'라는 서술어가 놓임으로써 비로소 이 절이 전체문장에서 목적절의 위상을 지님을 알 수 있다. 이 점은 절을 구성하는 각각의 성분에 대해서도 마찬가지이다. 문장을 처음부터 읽기 시작할 때 '철수가' '밥을' '먹었다' 등의 말은 일단은 주어 목적어 서술어로 읽히지만, 그것이 '철수가 밥을 먹었다'는 목적절 내에서만 성립되는 제한된 기능일 뿐이라는 사실은 문장 말미에 가서야 알려진다. 그러니까 단순히 '철수가'라는 말만 보고서 '철수'가 전체 문장의 주어라고 생각해서는 안 된다. 그것이 문장 서두에 놓였다는 사실은 아무런 단서도 되지 않는다. 어순이 일정치 않을 뿐만 아니라 주어까지도 포함한 문장 성분의 생략이 자유롭게 일어나기 때문이다. 또한 '철수'에 '…가'라는 주격조사가 따라 붙었다는 사실도 결코 '철수'가 전체 문장의 주어일 것이라는 생각을 정당화시켜 주지 못한다. 한 문장 안에서 같은 허사가 여러 차례에 걸쳐 나타날 수 있으며, 각각의 허사들은 그때그때 실사의 어법적 기능을 표시하긴 하지만 서술부의 허사에 의해 문장의 최종 구조가 드러나기 전까지는 어떤 기능도 확정될 수 없기 때문이다. 각각의 허사들은 임시의 기능을 표시할 뿐이다. 선행하는 허사에 의해 부여된 임시의 기능은 후속하는 허사들의 변화하는 관계를 타고 언제든 조정될 수 있으며, 최후로 연기되는 허사에 의해서 궁극적으로 확정된다. 따라서 '철수가' '밥을' '먹었다' 등의 말을 각각 주어 목적어 서술어로 보는 것은 문장 전체의 관점에서 볼 때에는 임시적이고 국면적인 파악에 불과한 것이다. 물론 이 점은 다른 언어에도 해당되는 바이지만, 어순의 차이로 말미암아 문장이 구성되고 판단이 진행되는 양식의 차이를 말할 수 있으니, 이런 사정들이 다른 언어에서와는 달리 문장 말미에 가서야 드러난다고 하는 것은 한국말의 고유한 특징이라 하겠다.

문장성분이나 절의 성격도 그렇거니와, 판단의 가장 기본적인 형식이라 할 수 있는 긍정 부정조차도 한국말에서는 아무런 예고 없이 문장 말미에 가서 갑자기 주어진다. 그러니 부정판단의 경우에는 기왕에 이해한 내용으로부터 급반전이 일어날 수밖에 없다. 만일 위의 문장을 '철수가 밥을 먹었다'까지만 본다면 철수가 밥을 먹었다는 쪽으로 판단이 기울어지게 되지만, 문장을 끝까지 읽어보면 상황은 급반전하여 반대 방향으로 판단이 기울어지게 된다. 순식간에 문장 전체의 무게중심이 이동하는 것이다. 이렇듯 마지막 순간에 급반전이 일어날 수 있는 말에서는 문장의 의미에 대한 중간 점검과 최종 점검이 전혀 다른 것으로 나타날 수 있다. 그러니 문장의 구성이 안정된 궤도를 그리면서 진행된다고 할 수 없다. 따라서 판단이 진행되는 동안 각 성분들에 대하여 완성될 전체와의 안정된 관계를 보증할 수도 없다. 각 성분들이 어떤 모양으로 전체에 맥을 대고 있는지, 어떤 식으로 전체에 기여하고 어떤 식으로 전체를 반영하는지를 전혀 장담할 수 없기 때문이다. 각 성분들은 마지막 순간까지 어떻게 될지 모르는, 마지막 순간에 갑자기 반전될 수도 있는 미결정의 상태에서 유동할 따름이다. 그러니 한국말은 끝까지 듣지 않으면, 하나도 듣지 못한 것이 될 수 있다. 이러한 판단의 진행은 사태 전반에 대하여 긍정 부정의 판단이 먼저 이루어지고 그것을 보충하는 성분들이 점진적으로 구성되어 나가는, 그래서 비교적 안정된 흐름을 타고 판단이 구성되는 다른 말들에 비해 보다 역동적이다.

이 역동적인 판단의 양식은 형식적 일관성이나 실제적 정합성을 추구하는 논리로는 해명될 수 없다. 한국말에서는 선행하는 성분으로부터 후속하는 성분을 결정하거나 주어진 부분으로부터 완성될 전체의 모양을 기대하는 것이 허용되지 않는 방식으로 문장이 짜여지기 때문에, 일방적 결정이나 상호 조정의 논리가 통하지 않는 것이다. 문장의 무게중심이 문장 선두에 등장하는 주어에 놓이는 굴절어에서는, 선행하는 성분에 의해 후속하는 성분이 결정되는 일방적 진행을 보여준다. 즉 선행하는 성분과 후속하는 성분 사이에는 형식적 일관성이 유지된다. 따라서 굴절어에서는 후속하는 성분을 고려하지 않고도 얼마든지 선행하는 성분의 위상을 확정할 수 있다. 또한 문장의 무게중심이 문장 바깥의 사태에 놓이는 고립어에서는, 성분들 사이에 또는 성분들과 문장 바깥의 사태 사이에 상호 정합관계가 성립한다. 따라서 고립어에서는 선행하는 성분의 위상을 정하기 위해서 후속하는 성분에 대한 고려가 요구되긴 하지만, 선행하는 성분 역시 후속하는 성분을 어느 정도 암시하고 기약할 수 있다. 그러나 문장의 무게중심이 문장 말미에 등장하는 술어에 놓이는 한국말에서는, 선행하는 성분이 후속하는 성분에 의해 조정 지양되는 역전이 일어난다. 따라서 한국말에서는 선행하는 성분이 후속하는 성분을 전혀 기약할 수 없을 뿐더러, 선행하는 성분들의 위상은 전적으로 후속하는 성분에 맡겨진다.

술어(述語)의 후치(後置), 보다 정확하게는 허사(虛辭)의 연기(延期)로 대변되는 한국말에서 사태에 대한 판단은 최후의 순간까지 보류 연기된다. 문장의 기본 구도가 문장이 완료되는 최후의 순간에 가서야 드러나게 되어 있으므로, 누구도 끝까지 가보지 않고서는 전체의 모습을 미리 알 수 없다. 한 성분의 위상을 조회할 수 있는 결정적 계기가 마지막 순간에 가서야 주어지므로, 판단이 진행되는 동안에는 누구도 과정 중에 놓인 성분의 위상에 대해서 장담할 수 없다. 판단이 진행되는 동안 펼쳐지는 성분들의 이합집산(離合集散)은 아직 그 전모가 드러나지 않은 미지의 사태를 향하여 치루어지는 임시의 곡예일 뿐이다. 그 임시의 궤도가 어떤 전체의 모양을 구성하는 부분이 될지는 차후의 진행과정을 통과해가면서 문장 최후로 연기되는 허사에 의해 판정받게 되어 있다. 말이 진행되는 과정에서 각 성분들의 위상은 기왕에 드러난 것보다는 아직 드러나지 않은 차후의 진행에 달려 있다. 성분들은 기왕의 중심을 이탈하여 아직 드러나지 않은 미지의 중심을 향해 이동해간다. 한국말의 어순에서는 문장의 무게중심이 최후의 술어를 향해 쏠려 있기에, 말이 진행되는 과정에서 형성된 어떤 기왕의 중심도 언제나 다음으로 미루어지면서 마지막 판정을 기다려야 하는 임시의 부분으로서의 운명을 벗어날 수 없다. 한국말에서는 사태에 대한 판단이 최후로 연기되는 허사에 맡겨짐으로써 마지막 순간까지 기약할 수 없는 사태의 추이를 쫓고 있기 때문이다.

언어마다 문장이 구성되는 방식 또는 문장이 이해되는 방식에는 차이가 있다. 서구사람들은 문장성분들 자체만으로 문장을 구성한다. 그들의 문장은 성분들 사이의 내적 일치관계에 따라 구성된다. 따라서 하나의 완성된 문장은 그것 자체로 하나의 완결된 의미를 구현한다. 문장은 그 자체로써 구성되고 이해된다. 중국 사람들은 문장성분들 외에 실제 사태까지 문맥에 포함시킨다. 그들의 문장은 실제 사태에 비추어 정합관계를 이루면서 성분들이 배치 또는 생략되는 방식으로 구성된다. 따라서 문장 자체만으로는 하나의 완성된 의미를 구현할 수 없고 문장의 의미를 이해하기 위해서는 실제 사태에 의뢰해야 한다. 문장은 실제 사태에 비추어 구성되고 이해된다. 한국 사람들은 문장성분들 자체만으로 문장을 구성한다. 그러나 그들의 문장은 최후까지 드러나지 않은 사태를 바라보며 성분들이 주변화 되는 방식으로 구성된다. 따라서 하나의 완성된 문장은 자체로 의미를 구현하긴 하지만, 하나의 완성된 의미에 도달하기까지 그들은 아직 드러나지 않은 사태를 향한 숱한 대결과 조정의 과정을 거치게 된다. 문장은 드러나지 않은 사태에 비추어 구성되고 이해된다.

서구사람들이 문장 자체의 내적 질서로써 문장을 구성하고, 중국 사람들이 실제 사태에 비추어 문장을 구성하는 데 비해, 한국 사람들은 최후까지 드러나지 않은 사태를 바라보며 문장을 구성한다. 문장을 구성하는 어법의 차이는 판단양식의 차이뿐만 아니라 그렇게 말을 짠 사람들의 체험의 양식과 세계이해의 차이를 대변하고 있다. 어째서 한국 사람들은 최후의 순간까지 드러나지 않은 사태를 바라보며 판단을 구성하는가? 어째서 최후의 순간까지 판단을 보류하는가? 세상에 벌어지는 일들을 장담할 수 없기 때문이다. 세상에 드러난 어떤 사태도 그것 자체로써 성립하거나 그대로 머물 수 있는 것은 없다. 드러난 사태는 그 전모를 알 수 없는, 피상적이고 임시적인 부분일 뿐이다. 세상의 어떤 존재도 주어진 사태가 어디로부터 연원하는지 또 어디로 귀의하게 될 것인지를 추정할 수 있는 자리에 있지 않다. 그러니 드러난 사태를 그것 자체로써 확정지을 수도 없거니와, 아직 드러나지 않은 사태 또는 그것을 포함하는 전체와의 관계를 확신할 수도 없다. 미래는 부딪쳐 봐야 아는 것, 아니 그것조차 다시 어디로 밀려갈지 모르는 그런 것이다. 최후의 순간까지 판단을 보류하도록 짜여진 한국 사람의 어법에는 주어진 것의 임시성과 피상성에 대한 자각 내지는 미지의 사태에 대한 개방과 수용의 태도가 반영되어 있다. 이 점은 구전시가에서 나타나는 개방구도와 풍류정신과 일맥상통하는 점이기도 하다.

5) 맺음말

이 글은 철학사의 기록을 갖지 않은 한국 사람의 이야기를 통해 기존의 철학사를 다시 보려는 관심에서 출발하였다. 보편의 진리를 잡았다는 주장으로 가득한 철학사의 기록에서 간과되고 있는 것은 무엇인가? 철학으로 계발되지 않은 사람들의 세계이해는 어떤 것인가? 이런 의문은 최근에는 철학사를 지어낸 사람들에게도 제기되어 그들의 시선을 기존의 철학사 바깥의 세계로 향하게 했다. 기존의 철학사 바깥에서 철학을 바라보기 위한 단서로 잡힌 것이 말의 세계, 즉 구전문화와 어법의 문제이다. 그러나 문자기록을 갖기 전부터 구전되던 말의 어법과 그 말로 이루어낸 문화에 반영되어 있는 세계관을 추적하는 작업은 기존 철학사에 이미 익숙해진 사람들에게는 어쩌면 먼 과거나 먼 곳의 이야기일 수 있다. 그들이 자신들의 시각에 붙들려 있는 한, 그들의 분석은 피상적인 것일 수밖에 없다. 철학사 바깥의 세계에 사는 사람들의 시각을 통과해야 하는 이유가 여기에 있다. 기존의 철학사를 지어낸 사람들의 시각으로부터 철학사를 갖지 않은 사람들의 이야기를 풀어나가는 데에는 한계가 있다고 보기 때문이다. 또한 철학사를 갖지 않은 사람들의 세계관을 지난 시대의 낯선 유물로서가 아니라 현재의 이 마음 가운데서 바라보고자 하기 때문이다. 이 글에서는 한국말과 구전시가의 특징을 분석함으로써 철학사에 등록되지 않은 세계관의 한 유형을 드러내려 했다.

한국말과 구전시가는 문자기록의 역사와는 무관하게 여러 사람들의 입을 통해 구전되면서 생명력을 유지해 온 문화유산이다. 이 점에서 그것들은 어떤 기록된 사상사도 갖지 않은 한국 사람의 정체성을 파악할 수 있는 적절한 계기들이라 할 수 있다. 이 글에서는 그 첫 번째 계기로서 한국 구전시가의 특징을 살펴보았다. 구전시가는 기록문학의 발전되지 않은 형태가 아니라 기록문학의 진정한 기원이며 원형이다. 구전시가의 생명은 문자기록에 의존하지 않고 여러 사람들의 입을 통해 오랜 세월 동안 전승되었다는 데 있다. 전승이란 오랜 세월 동안 전해져 온 것을 받아들여 그것을 주어진 현장에 맞추어 쓰고 다시 다음 세대에게 전달하는 것인데, 그러한 전승과정을 겪는 시가에는 자연히 오래도록 보존 수용되는 측면과 그때그때 변화 운용되는 측면이 생기게 된다. 구비전승되는 시가는 보존과 변화의 역학적 구성물이며, 시가 작품은 곧 전승 과정의 한 단면인 셈이다. 전승 과정에서 나타날 수 있는 여러 특징들은 작품을 구성하는 데 그대로 반영되고 있다. 구전시가는 전승과정에서 시대적 요구에 따라 새롭게 변화 운용되므로, 변화와 운용의 구심점인 구전의 현장이 중시된다. 현장성이 중시된다는 것은 구전의 현장에서 운용의 묘를 살리는 것이 중시된다는 것이며 해석과 재구성의 자유 내지 즉흥적 연출이 허용된다는 것이다. 즉흥적 연출이란 일정한 틀에 얽매이지 않고 그때그때 주어지는 특수한 상황에서 임기응변하는 것을 말한다. 이것은 한 순간의 느낌을 극대화시키는 효과를 낼 수 있는데, 때로는 아무런 전조 없이 비약이나 급반전으로 나타나기도 한다. 이렇듯 현장과 함께 호흡하면서 기왕의 내용이 수정 삭제되거나 새로운 내용이 첨가되는 과정이 계속되므로, 구전시가는 하나의 완결된 작품으로 머물러 있을 수 없는 적층적 구조물이다. 언제나 새로운 관점에서 재구성될 수 있으며 심지어는 상충되는 관점이 공존할 수도 있기에, 구전시가에서는 일관적 정합적 구성을 기대할 수도 없다. 구전시가는 일관성 정합성 완결성을 추구하기보다는 특수한 계기들이 일으키는 일탈과 균열에 개방되어 있는 미완의 구도로 되어 있다. 구전시가에서는 질서가 실현되는 측면보다는 질서가 깨지는 측면이 보다 중대한 관심사였던 것으로 보인다. 또한 구전시가에서 특수성과 구체성이 중시되는 까닭은 그것이 유기적 통일 내지 정합적 정체에 기여하는 한 계기라기보다는 오히려 그것을 깨는 비연속적 비정합적 균열의 징표라는 데 있다고 말할 수 있다.

이상은 주로 전승의 성격으로부터 구전시가의 특징을 논한 것이다. 구전시가의 형식과 내용에 대한 구체적 분석은 한국 구전시가의 전형이라 할 수 있는 민요를 통해 이루어졌는데, 거기서 구전시가의 개방구도와 풍류정신을 논할 수 있었다. 민요가 오랜 세월동안 누구에게나 널리 불려질 수 있었던 것은 그것의 독특한 짜임 때문이었다고 할 수 있다. 민요는 의미내용을 전달하는 가사와 별 뜻 없이 흥을 돋우는 후렴으로 짜여진다. 가사는 노래 부르는 시대나 사람 또는 상황에 따라 다양하게 변화할 수 있는 데 반해, 후렴은 언제나 일정하게 보존된다. 민요는 대체로 선창자가 가사를 메기면 나머지 사람들이 후렴으로 받는 방식으로 불려지는데, 가사와 후렴을 주거니 받거니 하면서 노래는 무한정 계속될 수 있다. 이렇게 불려지는 노래에서는 후렴을 축으로 하여 선행하는 가사들이 끊임없이 후속하는 가사들에게 밀려난다. 가사가 임시로 맺히는 상이라면, 후렴은 그 임시의 상들을 받아들임으로써 떠나보내는 또는 떠나보냄으로써 받아들이는 역할을 한다. 후렴은 언제나 아직 다하지 않은 피안을 향해 열려 있다. 민요의 후렴은 아직 완결되지 않은 세계에 대한 개방과 수용의 틀을 대변하는 것이라고 볼 수 있다. 이런 개방구도에서는 가사들 사이의 일관성이나 정합성이 유지될 수 없거니와 그럴 필요도 없다. 그것들은 어디서 와서 어디로 갈지 모르는 임시의 단편들일 뿐이기 때문이다. 임시의 단편들의 연관이나 근원에 대해서는 언제나 유보될 수밖에 없다. 이렇듯 궁극의 이치나 도리에 대한 판단을 유보하고 특수한 순간의 감흥을 중시하는 데에 민요를 위시한 한국 구전시가들이 추구해 온 풍류정신이 있다. 민요를 위시한 구전시가의 가치가 인식된 것은 민족문학론에서였다. 민족문학론은 한문으로 기록된 문학을 숭배하는 경향을 비판하고 모국어로 된 시가라야 진정한 민족적 정서를 표현할 수 있다고 주장함으로써 한국 시가의 정체성을 찾고자 했는데, 특히 문학작품을 글이 아닌 말이라고 봄으로써 구전 민요의 가치를 입증할 수 있었다. 구전시가의 가치는 그것이 한국말로 된 작품이며 한국 사람의 진솔한 생각을 그대로 표현한다는 데에 있다.

민족문학론에는 한 민족의 언어적 특징과 사상 문화적 특징의 연관성을 주장하는 민족언어학의 입장이 전제되어 있다. 여기서 한국 구전 시가에서 나타나는 특징과 세계관이 한국 어법의 특징과 어떤 관련이 있는가의 문제가 제기되었고, 그에 따라 한국 사람의 세계관을 발굴하기 위한 두 번째 계기로서 한국 어법의 특징들을 살펴보았다. 한국 사람은 고유의 말은 갖고 있으면서도 그것을 표기할 고유의 문자를 갖지 못하여 외래문자를 빌려 씀으로써 오랜 세월 동안 말과 글이 부합되지 않는 언어생활을 하게 되었다. 그러나 외래문자와 한국말이 서로 부합되지 않는다는 사실은 역으로 외래문자와의 비교를 통해 한국말의 고유한 특징들을 인식하게 하는 계기가 되었다. 한국말의 특징은 여러 맥락에서 인식되었는데, 이 점은 대체로 세 시기, 즉 고유 문자가 없어서 한자를 빌려 차자표기를 하던 시기, 훈민정음이 창제되어 차츰 쓰이기 시작하던 시기, 한글이 완전히 정착된 시기로 나누어 살펴볼 수 있었다. 차자표기 시대에는 한국말과 부합되기 어려운 한자를 빌려 쓰되 가급적이면 한국말의 실정에 맞는 차자표기법들을 고안하게 되었는데, 그 과정에서 한자와의 비교를 통해 한국말의 특징들이 자각되었으며 그러한 자각은 직접 논의되지는 못했지만 차자표기법에 반영되었다. 훈민정음 시대에는 한국말을 그대로 표기해줄 고유 문자로서 훈민정음이 창제되었는데, 그것을 보급하는 과정에서 한국말의 특징을 직접 논하게 되었다. 한글이 완전히 정착한 한글 시대에는 세계의 언어학의 추세에 호응하면서 세계의 여러 말들과의 비교를 통해 한국말의 특징을 인식하고 그러한 특징에 부합하는 어법체계를 구성하고자 했다. 이토록 역사상 한국말의 고유성이 자각된 계기들은 달랐지만 각 시기마다 인식된 특징들은 한결같았기에, 그것들을 묶어서 논할 수 있었다.

차자표기 시대로부터 현대에 이르기까지 공통적으로 인식된 한국말의 특징으로는 어법적 기능을 표시하는 낱말들이 분화되어 있으며 술어후치의 어순으로 문장이 짜여진다는 점을 들 수 있다. 즉 한국말은 문장을 구성함에 있어서 실질적 의미를 나타내는 실사에 첨가되어 어법적 기능을 표시하는 허사가 각별히 분화되어 있으며, 술어가 후치됨에 따라 서술어에 첨부되는 허사가 최후에 놓이는 특징을 지닌다. 허사가 각별히 분화되어 있다는 것은 실사와 허사가 별개의 낱말이며 실사의 위상이 그에 첨부되는 허사에 달려있음을 말하는 것이다. 즉 실질적 의미를 나타내는 실사 자체에는 그것이 문장 안에서 어떤 자격과 기능을 담당할지가 결정되어 있지 않고, 오히려 아무런 의미도 지시하지 않으면서 실사에 부수적으로 첨부되는 허사가 실사의 위상을 자리매기는 역할을 함을 뜻한다. 서술어와 그에 첨부되는 허사가 문장 마지막에 놓인다는 것은 문장의 기본 구도가 마지막 순간에 가서야 드러남을 뜻한다. 긍정 부정의 논리적 판정이 마지막 순간에 가서 이루어지고, 문장 전체의 구도에 관여하는 그 밖의 여러 어법적 기능들이 마지막에 표현되기 때문이다. 이렇듯 문장 전체의 구도를 좌우하는 허사가 최후에 놓인다는 것은 최후의 순간까지 미결의 사태를 그리며 판단이 유보됨을 뜻한다. 주어진 성분의 위상이 그에 부수하는 허사, 특히 문장 최후에 놓이는 허사에 달려 있음으로써 최후의 순간까지 판단을 유보하도록 짜여진 한국 사람의 어법에는 주어진 것의 임시성과 피상성에 대한 자각 내지는 미지의 사태에 대한 개방과 수용의 태도가 반영되어 있다.

한국말의 특징과 그에 반영되어 있는 세계관은 한국 구전시가에서 살펴본 것과 일맥상통한다. 무엇보다도 한국말과 구전시가가 비슷한 짜임으로 이루어진다는 점을 들 수 있다. 한국말의 문장은 실사와 허사의 두 축으로 짜여지며, 구전민요는 가사와 후렴의 두 축으로 짜여진다. 물론 노래는 여러 문장들의 엮음으로 이루어지므로, 한 문장이 실사와 허사로 구성된다는 사실과 여러 문장으로 이루어진 한 노래가 가사와 후렴으로 구성된다는 사실은 직접 비교되기 어려운 점이 있다. 그러나 한 문장에서 실사와 허사의 기능과 한 노래에서 가사와 후렴의 기능에는 함께 논할 수 있는 공통점이 있다. 한 문장에서 실사가 의미내용을 전달하고 허사는 그것의 쓰임을 자리매기는 역할을 하듯이, 한 노래에서 가사는 노래 부르는 사람이 표현하고자 하는 의미내용을 전달하고 후렴은 노래의 흥을 돋우는 기능을 한다. 한 문장에서 실사의 쓰임을 지배하고 실사의 위상을 자리매기는 것이 실사에 부수적으로 첨부되는 것처럼 보이는 허사이듯이, 한 노래에서 가사를 자유롭게 배치하고 그것을 쓸모있게 만드는 것은 가사에 부수적으로 첨부되는 것처럼 보이는 후렴이다. 한 문장이나 노래 안에서 실사나 가사는 중심부를 형성하는 데 비해 허사나 후렴은 실사나 가사에 부수하는 것처럼 보인다. 그러나 실사나 가사가 담지하고 있는 낱낱의 의미내용들은 임시로 주어지는 단편적인 상일 뿐이다. 전체 문장이나 노래에서 이 단편적인 요소들을 엮어 하나의 짜임새 있는 문장이나 노래가 되게 하는 것은 허사나 후렴이다. 실사나 가사가 임시의 요소들이라면, 허사나 후렴은 그것들을 수용하고 운용하는 틀이다. 한국말이나 한국 구전시가에서는 한 문장을 문장으로, 또는 한 노래를 노래로 만드는 역할이 문장이나 노래의 중심부를 형성하는 실사나 가사보다는 오히려 부수적으로 보이는 허사나 후렴에 주어진다. 따라서 말이나 시가의 짜임을 이해하기 위해서는 허사나 후렴의 기능을 알아야 한다.

한국말의 문장에서 서술어에 첨부되는 허사가 최후에 놓임으로써 마지막 순간까지 미완의 사태를 향하여 판단이 유보되고 따라서 마지막 순간에 급반전이 일어날 수 있는 것과 마찬가지로, 노래의 후렴도 비슷한 역할을 수행한다. 노래 부르는 이는 그때그때 마음을 실은 가사를 지어 부른다. 그 한 절의 가사마다 뒤따르는 것이 별 뜻 없이 흥을 돋우기 위해 부르는 후렴이다. 후렴은 기왕의 가사들을 거두어들이고 새로운 가사를 유도하는 역할을 한다. 어느 가사나 받아넘길 수 있는 후렴이 있음으로써 노래는 무한정하게 계속될 수 있다. 끝내 완결될 수 없는 구도로 짜여진 이런 노래에서는 어떤 가사도 미완결의 지대를 떠도는 임시의 감흥 그 이상의 의미를 지닐 수 없다. 후렴이 있다는 사실은 곧 한국 구전시가가 아직 다하지 않은 영역에 대한 개방과 수용의 틀을 갖추고 있음을 뜻한다. 또한 별 뜻 없이 흥을 돋우기 위해 불리는 후렴이 어느 가사든지 수용할 수 있도록 열려 있다는 사실은 가사들 사이에 일관성이나 정합성이 유지되어야 한다는 부담 없이 서로 엇갈릴 수도 있는 순간의 서정들을 자유로이 표출할 수 있게 한다. 어떻게 전개될지를 장담할 수 없는 다가올 사태에 대하여 주어진 사태의 임시성을 자각하고 최후의 순간까지 판단을 유보하도록 말이 짜여진다는 것과 궁극의 이치에 대해서는 유보하고 순간의 풍류를 즐길 수 있도록 미완의 개방구도로 노래가 짜여진다는 것은 한 가지 일이다.

이 점은 단지 판단의 양식에 국한된 특징이거나 후렴을 지니는 시가에 국한된 특징만은 아니다. 그것이 말이든 노래이든 간에 한국 사람이 이야기를 엮어가는 방식에서 나타나는 특징을 말한 것이다. 위에서 논의된 한국말의 어법적 특징은 주로 하나의 판단이 구성되는 방식에 관한 것이다. 그렇다면 판단과 판단 사이의 관계, 즉 추론의 방식에 대해서는 어떻게 설명할 수 있을까? 추론의 양식은 판단의 양식에 대한 분석으로부터 미루어 짐작할 수 있다. 한 문장을 구성함에 있어서 최후의 순간까지 기약할 수 없는 사태의 추이를 바라보며 판단이 유보된다는 사실은 곧 하나의 사태에 대한 판단이 완료된다 하더라도 각각의 판단들의 관계 또한 그렇게 기약할 수 없는, 반전이 허용되는 방식으로 짜여질 수 있음을 시사한다. 여러 문장들의 엮임으로 이루어지는 시가작품에서 나타나는 특징들이 이 점을 확인시켜 주고 있다. 후렴을 지닌 민요의 경우도 그렇지만, 다른 구전시가들도 마찬가지이다. 이 점은 특히 하나의 이야기 구조를 지니는 서사시가(敍事詩歌)의 경우에 잘 나타나는데, 서사구조를 지니는 어떤 작품도 하나의 작품으로서의 완결성을 지향하지 않는다. 작품의 완결된 형태가 그대로 답습되는 것이 아니라 작품 자체가 끊임없이 재구성되도록 되어 있다. 이것은 물론 보존과 변화의 역학이 지배하는 구비전승(口碑傳承)되는 작품이라는 사실로부터 기인하는 특성이기도 하지만, 한국의 구전시가에서는 특히 하나의 이야기를 엮어나가는 데 정합성을 구성의 기준으로 삼지 않는다. 이야기를 구성함에 있어서 일관성이나 정합성을 구현하려는 시도는 오히려 순간의 흥이나 멋을 놓치게 할 수 있다고 보기 때문이다. 순간의 감흥은 기왕의 구성에 균열을 일으키는 힘이기도 하다. 철학사를 지어낸 사람들이 세상을 통관하려는 기획 하에 완정(完整)한 철학 체계를 구성하며 그들이 지어낸 문학 역시 이야기의 유기적 조직을 중시하는 데 비해, 한국 사람의 의식은 통일적인 세계의 구성 또는 이야기의 유기적 구성을 별로 중시하지 않는다. 한국 사람은 끊임없이 일어날 수밖에 없는 균열을 제거 조정하기보다는 차라리 그것을 그대로 받아들이고 겪는 과정을 중시한다. 이런 유의 순간에 충실함은 순간에 집착함과는 구별된다. 한 순간을 그것 자체로서 인식하거나 또는 전체를 반영하는 부분으로 인식하는 것이 아니라, 전모를 알 수 없는 전체 가운데서의 위상이 정해지지 않은 한 계기로서, 기왕의 구성을 깨뜨리고 스스로 또한 흩어져 갈 임시의 계기로서 인식하는 것이다. 한국 사람은 추론을 전개하거나 이야기를 구성하면서 일관적 연역논리나 정합적 대대논리로는 설명할 수 없는 균열의 논리 내지 균열의 미학을 추구한다.

이로부터 미루어볼 때, 말을 짜는 원리의 연장선상에서 노래가 짜여진 것이라고 말할 수 있다. 즉 어법의 연장선상에서 그 언어로 구성된 세계로서 시가의 어법이 짜여진 것이라고 할 수 있다. 이러한 이치는 철학에 있어서도 마찬가지일 것이다. 철학적 세계 역시 어법의 연장선상에서 구성된 것이라 할 수 있다. 한 언어의 어법에는 언어사용자의 판단양식과 세계이해의 방식이 반영되어 있듯이, 그 언어로써 이루어진 문학이나 철학 역시 하나의 마음과 기질로부터 형성된 세계관의 반영일 수밖에 없다. 시도 노래도 철학도 결국 특수한 어법의 소산일 뿐이다. 보편의 진리를 잡았다거나 보편의 감성에 호소한다고 하는 기존의 어떤 철학이나 예술양식에도 동의하거나 공감하기 어려운 사정이 여기에 있다.

그동안 한국은 다른 문화를 추종할 뿐 자체적으로 고유한 문화적 전통을 이루지 못한 것으로 평가되어 왔다. 그러나 한국말과 구전시가에 대한 탐구는 한국 사람에게도 다른 민족들의 문화와는 구별되는 고유한 문화적 전통이 있음을 일깨워주고 있다. 따라서 한국 문화에는 고유한 전통이 없다거나 한국이 수용해 왔던 다른 문화와의 차별성이 드러나지 않는다는 생각은 이제 고쳐져야 한다. 보다 심각한 문제는 한국 문화의 정체성이 밝혀진다 해도 한국 사람의 이야기는 단지 남의 장단에 변죽을 울리는 정도의 이야기로 치부되는 데 있다. 이를테면 한국에는 사상의 전통은 없고 기껏해야 가무(歌舞)의 전통이 특이한 양상을 보일 뿐이라고 평가된다는 것이다. 그러나 한국 사람의 이야기가 기존의 철학사에 필적할만한 보편적 사상을 제시하고 있다기보다는 하나의 특수한 문화전통을 환기시키는 것으로 그칠 뿐이라고 생각하는 데에는 문제가 있다. 이런 생각은 아마도 철학이란 보편의 진리를 추구하는 것이지 문화적 특수성에 대한 탐구가 아니라는 전제로부터 비롯되었을 것이다. 이에 답하기 위해서는, 어째서 한국에는 기존 철학사에 필적할만한 사상은 없고 가무의 전통만 있을 뿐인지에 대해 다시 생각해 보아야 한다. 즉 한국 사람의 이야기에는 어째서 기존의 철학사에 등장하는 보편이나 전체에 대한 언급이 없는지, 그런 한국 사람의 이야기가 어떻게 하나의 세계관이자 철학으로 형상화될 수 있는지에 대한 해명이 이루어져야 한다. 그럼으로써 한국 사람이 기존의 철학사에 대해 무엇을 말할 수 있는지의 문제가 매듭지어져야 할 것이다.

한국에는 실로 다양한 외래 사상들이 수입 시험되었다. 옛날에는 중국으로부터 요즘에는 서양으로부터 갖가지 사상들이 유입되어 나름의 영향력을 발휘하였다. 그래서 마치 한국에는 고유한 사상이 부재하는 것처럼 보인다. 여러 사상들이 유입되고 공존한다는 사실은 한국 사람의 주체의식을 더욱 의심하게 한다. 고유한 사상이 없으니 수동적으로 외래 사상을 추종하고 어느 사상에나 이리저리 끌려 다니는 것처럼 보이는 것이다. 그러나 역사적으로 여러 가지 사상들이 수입되고 또 그것들이 공존하기도 한다는 사실은 오히려 그 어느 사상도 한국 사람의 마음을 완전히 붙들어 둘 수 없음을 시사한다. 그러니 한국에는 고유의 사상이 부재한다고 단정하기 이전에, 그토록 다양한 외래 사상들을 옮아 다닌 한국 사람의 마음이 어떤 것인지를 생각해볼 필요가 있다. 끊임없이 외래 사상들을 수용하지만 그 어느 것도 끝내 잡을 수 없는 한국 사람의 마음과 기질은 어쩌면 외래 사상들처럼 그렇게 쉽게 정형화되지 않는 것일 수 있다. 외래 사상에 대한 태도에서 보이듯이, 한국 사람의 마음은 언제나 아직 다하지 않은 미지의 세계를 향해 열려 있기 때문이다. 미지의 세계가 어떤 모습인지, 기왕에 주어진 것과 어떤 관계에 놓이는지 그 비밀이 풀리지 않는 한, 궁극의 이치를 논하거나 완결된 전체의 모양을 그릴 수 없다. 주어진 것에 대한 어떤 설명도 다시금 다가올 사태에 의해 고쳐질 잠정적이고 인위적인 조작일 수밖에 없기 때문이다. 보편이나 전체를 논하는 철학이 없다는 것은 곧 보편이나 전체를 인간이 한정할 수 있는 것으로 여기지 않는 것이다. 다가올 사태는 인간의 예상이나 준비와는 다를 수 있음을 알기 때문이다. 그러니 기존의 어떤 철학적 주장도 한국 사람에게는 겉도는 말일 수밖에 없다.

언제나 다하지 않은 미지의 세계를 향해 열려 있는 한국 사람의 마음에는, 궁극의 이치나 전체의 구도를 인식하는 것보다도 특수한 순간을 포착하는 것이 중요하다. 그는 다가오는 매 순간의 사태를 조립하거나 여과하지 않고 직접 받아들인다. 주어진 어떤 것도 그 근원을 추적하거나 귀의처를 예정할 수 없는 임시적이고 피상적인 것일 수밖에 없음을 인식할 때, 순간의 서정은 더욱 살아난다. 한국 사람이 이치를 추구하고 사상을 확립하기보다는 노래와 춤으로써 그때그때 서정을 표출하는 것도 이러한 인식이 체질화되었을 때 나타나는 한 경향인지도 모른다. 온 마을의 남녀노소가 한 데 어울려 며칠 동안 밤낮을 가리지 않고 노래하고 춤추고 술을 마시며 즐겼다는 사실이 중국 사가의 눈에도 특징으로 잡혔을 만큼, 한국 사람에게는 어느 민족보다도 가무를 즐기는 성향이 뚜렷하다.56) 한국 사람에게는 백 마디 말보다도 노래 한 자리나 춤 한 사위 또는 술 한 잔이 더욱 설득력을 지닌다. 궁극의 이치나 전체의 구도를 잡을 수 없는 세상의 일들에 대해 한국 사람은 풍류로써 응대하는 것이다. 부딪쳐오는 사태를 이치나 도리로써 여과하지 않고 직접 대면할 때, 그 체감(體感)의 정도와 깊이는 자기가 감당할 수 있는 선을 넘을 수도 있다. 여기서 신 또는 한(恨)이라는 정제되지 않은 감정이 생길 수 있다. 신이나 한과 같은 감정은 자기가 주인이 되는 유의 감정이 아니다. 일상의 숱한 대응 또는 대결의 한 극점에서 자기가 양도(讓渡)될 때 생기는 감정이다. 한국 사람이 가무

---

56) 이것은 『三國志』 위지(魏志) 동이전(東夷傳)에서 고구려(高句麗)의 동맹(東盟)이나 부여(夫餘)의 영고(迎鼓), 예(濊)의 무천(舞天)이나 마한(馬韓)의 소도(蘇塗)에 관해 설명한 내용이다. 부여의 영고에 대해서는 "以殷正月祭天 國中大會 連日飲食歌舞 名曰迎鼓"라 하였고 예의 무천에 대해서는 "常用十月節祭天 晝夜飲酒歌舞 名之謂舞天"라 하였다. 이것은 물론 중국 사가의 시각에서 이루어진 기술이다. 그러나 이런 기술은 한국의 역사서에서도 등장한다. 비록 위서로 의심받고 있긴 하지만 한국 상고사에 관한 기록을 담고 있는 『三聖記』, 『檀君世紀』, 『太白日史』, 『北夫餘記』, 『檀奇古史』 등에서도 비슷한 내용이 기술되고 있다.

등의 풍류에서 구하는 것은 통일과 조화의 감정이 아니라 균열 자체가 주는 해방감이다.

이렇듯 궁극의 이치에 대해 유보하고 다가오는 순간의 사태에 역동적으로 대응하는 한국 사람의 마음 가운데에는, 주어진 사태에 대한 어떤 설명도 아직 다하지 않은 사태에 대하여 아무 것도 아니라는 인식과 그러기에 주어진 특수한 계기들 어느 것에나 반응할 수밖에 없다는 인식이 공존한다. 미완의 구도를 향해 펼쳐지는 특수자들의 이합집산이 한국인에게서처럼 자유로운 경우는 드물다. 아무 것도 잡고 있지 않기에 무엇이든 잡을 수 있는, 무엇인가 잡는 듯하지만 언제라도 놓을 수 있는 거기에 한국 사람의 길들여지지 않는 마음이 있다. 어디에도 정박할 수 없는 그의 마음은 언제나 다가올 다음의 사태를 향해 미결의 지대를 맴돌 따름이다.

기존의 철학들은 다가오는 사태가 일으킬 균열의 파장을 조정하기 위한 논리와 세계관을 모색해왔다. 서양 사람은 무모순의 연역논리로써 처음부터 균열을 봉쇄하려 했고, 중국 사람은 모순상반의 대대논리로써 균열을 전체의 조화에 기여하는 한 계기로 희석시키고자 했다. 그러나 한국 사람은 어떤 논리학이나 존재론도 제시한 바 없다. 그는 균열을 조정 극복할 수 있다고 생각하지 않는다. 그가 바라보는 세상에는 걷잡을 수 없는 균열의 리듬이 끊임없이 일고 있다. 그의 마음은 언제나 아직 다하지 않은 사태의 추이를 쫓고 있기 때문이다. 한국 사람의 의식에서 나타나는 미완의 개방구도 내지 균열의 불가피성은 이미 그 자체가 연역논리나 대대논리와는 구별되는 논리의 한 전형이요 세계관의 한 양식이다. 한국 사람이 생각할 수 있는 철학은 보편의 진리를 세우는 데 있지 않다. 오히려 보편의 진리를 잡았다고 주장하는 철학들이야말로 참으로 세상을 받아들일 줄 모르는 사람들의 피상적인 세계이해의 산물일 것이다. 최후의 순간까지 판단을 유보하고 임시의 풍류를 즐기는 한국 사람의 시각에서 볼 때, 세상의 것은 끝내 그 특수한 바탕을 떠날 수 없다.

참고문헌

고영근,『국어학 연구사』, 학연사, 1992.

김동욱 외,『한국의 전통 사상과 문학』, 서울대출판부, 1982.

김만중,『서포만필』, 홍인표 역주, 일지사, 1987,

김석득,『우리말 연구사』, 정음문화사, 1992.

김윤경,『朝鮮文字及語學史』제4판, 동국문화사, 1954.

김윤경, "말은 종합적에서 분석적으로 발전한다."

김윤식, 김현 공저,『한국 문학사』, 민음사, 1973.

김종진 외,『국어 연구의 발자취』, 서울대학교출판부, 1985.

김희보 편저,『한국의 옛시』, 종로서적, 1986.

남풍현,『차자표기법연구』, 단대출판부, 1981.

민속학회,『한국 민속학의 이해』, 문학아카데미, 1994.

박종국,『국어학사』, 문지사, 1994.

박종홍 외,『한국의 명저』, 현암사, 1986.

백대웅,『인간과 음악』, 어울림, 1993.

북한 어학 자료 총서,『언어학 론문집』, 과학백과사전 출판사, 1985.

성경린,『세종 시대의 음악』, 세종대왕기념사업회, 1985.

이기문,『국어사 개설』, 탑출판사, 1972.

임기중 편저,『우리의 옛 노래』, 현암사, 1993.

임동권,『한국민요연구』, 반도출판사, 1980.

임동권,『한국민요사』, 집문당, 1986.

임재해 편,『한국의 민속 예술』, 문학과 지성사, 1988.

장덕순 외,『구비문학개설』, 일조각, 1993.

장사훈,『한국 전통음악의 이해』, 서울대학교 출판부, 1981.

장사훈,『최신 국악 총론』, 세광음악출판사, 1985.

정병욱,『한국 고전 시가론』, 신구문화사, 1993.

조동일,『한국문학통사』, 제3판, 지식산업사, 1994.

조동일,『구비 문학의 세계』, 새문사, 1980.

조동일,『탈춤의 역사와 원리』, 기린원, 1988.
천이두,『한의 구조 연구』, 문학과 지성사, 1993.
최현무 엮음,『한국 문학과 기호학』, 문학과 비평사, 1988.
최현배,『외솔 최현배 박사 고희 기념 논문집』, 1968.
한길,『국어 종결어미 연구』, 강원대출판부, 1991.

2. 한국의 가족주의 문화

1)

옛날에는 예(禮)와 도(道)의 이념을, 지금은 법(法)과 정의(正義)의 이념을 표방하고 있으면서도 예나 지금이나 그로써 길들여지지 않는 우리는 실은 전혀 다른 세상을 살고 있다. 중국이나 서양에서 들여온 제도와 이념이 우리 사회에서 성공적으로 실현되지 못하는 것은 아마도 우리의 마음의 바탕에서 보다 원초적인 기제가 작동하기 때문일 것이다. 공식적으로 표방하는 상부구조로서의 외적 원리와 엄청난 괴리를 일으키며 우리의 실제 행태를 지배하는 하부구조로서의 내부 원리에 대해 우리는 그 한계와 가능성을 검토해 볼 필요가 있다.

도대체 우리의 마음 바탕에 있는 것이 어떻게 작동하기에 우리 사회에서 외래 이념의 실현을 방해하는 것인가? 일찍이 공적(公的) 체제 구성의 논리를 확립한 중국이나 서양과는 달리 특수한 연(緣), 즉 혈연(血緣), 지연(地緣), 학연(學緣)을 따라 이합집산(離合集散)할 뿐, 그 연(緣)을 벗어나는 타자에 대해서는 대응할 수 있는 공공의 규칙을 갖고 있지 않은 우리의 삶의 행태는 가족주의적 행태의 연장선상에서 이해될 수 있을 것이다.

사회이론가들은 가족주의가 공적 체제를 실현하는 데 장애가 되며 따라서 지양되어야 한다고 진단한다. 그러나 과연 그런가? 그렇게 진단하는 것은 이미 기존의 이념을 잣대로 삼아 가족주의의 부정적 폐단을 확인하는 것에 지나지 않는다. 그러한 진단으로부터는 결국 진정한 공동체를 이루기 위해서는 우리에게 뿌리깊이 체질화되어 있는 습속을 극복해야 한다는 식의 무비판적이고 비현실적인 처방밖에는 바라볼 수 없을 것이다. 그러나 우리가 가족주의적 행태로부터 벗어날 수 없는 것이 현실이라면, 그것을 바탕으로 해서 무엇을 건설적으로 할 수 있는지에 대해서도 생각해 볼 수 있지 않을까? 가족주의적 행태가 반영하고 있는 존재이해와 윤리의 차이에 대한 철학적 분석과 성찰이 필요한 이유가 여기에 있다.

2)

가족주의적 행태는 개체를 자리매기고 책임의 소재를 정하는 데 있어서 기존의 철학과는 다른 입장을 시사하고 있다. 가족주의의 관점에서 보면 개인은 행위의 목적도 주체도 아니다. 개인의 행위는 가족의 안녕에 기여할 수 있어야 한다. 가족주의에서 가장 경계하는 것은 가족에 앞서 자기 개인을 생각하는 이기주의일 것이다. 개인적으로 튀는 행위는 용납되지 않는다. 우리가 월드컵에서 보여준 대동(大同)의 질서는 개인이 자율적 주체로 행세하는 사회에서는 기대할 수 없는 것이다. 그것은 개체로서의 자기를 넘겨주고 가족과 같은 자연적 연대에 합류될 때 나타나는 일체감과 같은 것으로서 역시 가족주의의 연장선상에서 이해될 수 있는 것이다. 가족주의에서 개체는 행위의 주체도 책임의 주체도 아니다. 개인의 행위가 단지 개인의 행위로서가 아니라 일가의 흥망과 맞물려 있는 것으로 이해되는 가족주의에서는 책임도 연대로 지게 되어 있다. 연좌제나 단체기합과 같은 것은 우리에게 그렇게 먼 이야기가 아니다.

3)

우리가 위기 상황에 처해서 어떤 결단을 내릴 때 자기를 희생해서라도 후손을 남기려고 하는 것도 자기 개체를 중심으로 생각하지 않는 가족주의의 발로로 볼 수 있다. 그리고 보면 우리가 벗어나지 못하고 있는 가족주의의 행태라는 것은 문명권에 들어서기 훨씬 전부터 생명의 역사와 함께 해온 생물학적 현상이라고 볼 수 있다. 그러니 가족주의의 바탕에 있는 생명의 실상을 보면서 개체를 어떻게 자리매기며 책임의 소재를 어떻게 매겨야 되는지에 대해 보다 근본적인 반성을 거쳐야 할 필요가 있다.

생물학적 관점에서 보면 개체라는 것은 조정하고 반성해야 하는 주체가 아니다. 생물학자들은 어떻게 개체를 넘어서는 차원에서 집단의 가치가 실현되는지를 이야기하고 그 원리를 이용해서 도덕과 종교가 어떻게 이루어져 왔는지를 설명한다. 그에 따르면 생명활동은 개체를 위한 것이 아니라 혈연으로 맺어진 집단이나 유전자들의 생존을 위한 활동으로 이해될 수 있다. 개체는 영원히 존속하려는 생명의 임시의 운반체로서 자신의 행위와 존재의 궁극적 근거를 자기 안에 갖고 있지 않다.

그러나 개체가 이처럼 무한정한 세계에 빠져 있고 자체성을 결여하고 있다고 해서, 개체가 현대의 술어논리학자들이 이해하듯 몰개성의 수동적 변항에 불과한 것은 아니다. 우리는 개체로서 태어나고 개체의 차원에서 고민과 결단의 활동을 하면서 살다가 개체로서 죽어간다. 이처럼 개체성이라는 것은 생명이 불가피하게 뒤집어쓸 수밖에 없는 멍에이기도 하다. 더구나 세상의 어떤 개체든지 다른 모든 것과 구별되는 개성을 지닌다. 개체가 지니는 개성 내지 독특한 관점이라는 것은 라이프니츠의 통찰대로 그것을 구성하는 무수한 성질들의 조합 외에 다른 것이 아니다. 개체는 조합의 산물이며 그 조합의 특수성이 개체를 규정하는 것이다.

가족주의적 행태를 생물학적 현상의 한 가지로 본다면, 사회의 차원에서 개인들이 모이고 헤어지는 것은 개체 내부에서 이루어지는 분절과 연합이라는 생물학적 작용의 연장선상에서 이해될 수 있다. 가족주의적 행태를 보이는 사람들의 모순해법은 자타간의 경직된 모순 관계를 설정해서가 아니라 분열과 연대로써 이루어진다.

4)

사람들은 분절(分節)과 연대(聯隊)를 통해서 최적(最適)의 모임을 지향한다. 더구나 지금은 디지털(digital) 혁명으로 너나 할 것 없이 전세계가 그물로 묶여져 있기 때문에 세계를 상대로 해서 어떤 행동도 취할 수 있으며 어떤 조직도 만들 수 있다. 네트워크(network) 시대의 성원들은 오늘도 새로운 조합을 향하여 문을 두드리고 신호를 기다리고 있다. 그들은 국가의 통제를 받는 것이 아니라 네트워크 상에서 자유롭게 이동하면서 최적의 조합 가능성을 타진하는 것이다. 그러한 경향을 보는 사람들은 다가올 새 천 년의 시대를 새로운 유목민의 시대로 규정한다. 지난날 유목민들이 보여준 분절과 연대야말로 네트워크 시대에 가장 살릴 수 있는 패턴일 수 있다는 것이다. 그리하여 성곽을 쌓고 사는 사람은 반드시 망할 것이며 끊임없이 이동하는 사람만이 살아남을 것이라는 옛 유목민의 깨들음은, 20세기를 지나면서 네트워크 상에서 끊임없이 분절과 연대를 거듭하면서 탐색하는 사람만이 최적의 조합을 실현할 수 있으리라는 새 시대의 비전으로 메아리칠 것이다.

그렇다면 디지털 시대에는 사회를 어떻게 통제해야 되며 책임의 소재를 어떻게 매길 수 있을 것인가 하는 문제는 오늘의 모든 인류가 부딪치고 있는 문제인 셈이다. 무수한 분절 연합이 교차하는 그물망 가운데서 더 이상 책임의 소재를 한 개인에게 고정시킬 수 없다. 한 개체의 활동과 그 실현태는 다른 모든 개체의 활동과 그 실현태에 대해 표현과 실현, 능동과 수동, 대립(對立)과 연합(聯合)의 관계에 놓이며, 우리의 능력으로는 동시다발적으로 복잡하게 얽혀 있는 그 관계를 일목요연하게 파악할 수 없기 때문이다. 그러나 일정 국면이나 시점 또는 관점에 국한해서라면 한 사건에 연루된 성원들 사이의 능동과 수동의 관계를 이야기할 수 있듯이, 그때그때 문제가 되는 사안에 대한 책임 소재 또한 그 사건에 연루된 개인들의 연대 방식에서 찾을 수 있지 않을까? 물론 그런 국면적인 진단은 시점과 관점에 따라 달라질 수 있을 것이다.

1. 음악어법, 어법, 세계관

1) 음악에는 국경이 없을까?

민족마다 언어가 다르듯 음악도 다르다. 어법에 따라 음악어법이 이루어지기 때문이다. 이것은 단순히 악곡의 강세가 언어의 강세에 따른다는 사실을 두고 하는 말이 아니다. 오히려 음악어법의 특징이 어법의 특징과 맞물려서 같은 세계관을 반영한다는 것을 뜻한다. 물론 음악의 특징을 가지고 직접 미의식과 세계관을 논할 수도 있겠다. 그러나 여기서는 어법을 중간 고리로 삼아서 이야기를 풀어 보려고 한다. 음악이 이루어지는 방법인 음악어법을 말이 이루어지는 방법인 어법과 비교하면서 그 방법적 측면을 부각시켜서 해석하는 것이 보다 객관적이고 논리적인 접근을 가능케 해줄 것이라고 보기 때문이다.

가령 한국 사람들이 무슨 생각으로 사는지 궁금하다면 판소리를 들어보라고 권할 만하다. 한국 사람들의 생각을 대변하는 학문으로서의 철학은 없지만, 그 예술에는 그들 고유의 미의식과 세계관이 투영되어 있기 때문이다. 악보도 없이 제멋대로 부르는 것처럼 보이는 판소리는 정말이지 제멋대로 부를 것을 지향한다. 이 글은 그 '제멋대로'의 함축을 음미해 봄으로써 한국 사람들의 논리와 세계관을 재구성해 볼 것이다.

2) 판소리에는 왜 악보가 없는가?

판소리는 악보 없이 구전심수된다. 그런 음악 문화에서 빚어지는 판소리의 특징들을 한국 어법의 특징들과 연관해서 보면 다음과 같은 미의식과 세계관을 나타내는 것으로 해석될 수 있다.

첫째, 판소리는 완성된 형태가 없다. 판소리는 사람에 따라 또 같은 사람이라도 하더라도 때에 따라 '더늠'을 통해 언제든 새로운 부분들을 첨가해서 판을 짬으로써 변형을 초래할 수 있는 미완의 개방 구도를 지니기 때문에, 딱히 완결된 형태로 고정시켜 놓을 만한 것이 없다. 사설의 원본이나 소리의 악보가 따로 존재하지 않는 판소리에는 언제나 일부분으로 머물 수밖에 없는 이런저런 사설의 이본들과 소리의 유파들이 있을 따름이다. 다양한 이본들과 유파들을 종합해서 통일하는 것은 또 하나의 이본을 만드는 것에 지나지 않는다.

미완결의 개방 구도를 지니는 판소리의 특징은 어법의 특징과 무관하지 않다. 소리꾼이 소리판을 마무리하기 전까지는 어떤 변수가 개입될지 모른다. 한국말도 마찬가지다. 사태의 긍정과 부정을 표시하는 종결사를 포함하여 사태의 역동적 구성에 관여하며 문법적 관계를 표시하는 온갖 허사들이 달라붙는 술어가 문장의 맨 마지막에 나오는 한국말은 끝까지 들어 보기 전까지는 전체의 모양을 확정할 수 없다. 갈수록 어떤 급작스런 반전이 일어날지 모르기 때문이다. 이처럼 판소리도 한국말도 아직 완성되지 않은 전체의 모양을 향해 각 부분들을 부단히 재배치해 가는 역동성을 보여준다. 여기서 각 부분은 아직 완성되지 않은 전체를 향해 그때그때 엮이는 마디들 가운데서 각자의 유동적 위치를 가늠할 수밖에 없다. 이런 식으로 음악과 언어를 구사하는 데에는 밑도 끝도 없는 세상에서 그 전모가 잡히지 않는 전체의 잠정적인 부분으로밖에는 자기를 확인할 길이 없는 한국 사람들의 세계관이 투영되어 있다. 이것은 부분들 간의 긴밀한 유기적 연관성을 보증해 주는 전체 세계 가운데서 자기의 위치를 확인하는 서양이나 중국과 같은 문명권 사람들의 세계관과는 전혀 다른 것이다.

둘째, 판소리는 즉흥성을 띤다. 딱히 고정된 원본이 없기 때문에 개인이 그때그때 재량껏 소리를 짜나가는 자유가 허용되며, 따라서 원칙이나 격보다는 독창성과 즉흥성이 각광받는다. 판에 박은 듯이 늘 똑같이 부르는 소리는 '사진소리'로 폄하된다. 변화를 주지 않고 단순한 목으로 일관할 때에는 '외목을 쓴다' 하여 꺼려하고, 가락이 반복될 때에는 '가락이 겹친다' 하여 피한다. 소리꾼은 자기의 의장뿐만 아니라 청중이 모인 현장의 분위기까지 고려해서 즉흥적으로 소리를 짜나가야 한다. 이런 소리꾼에게 맞춰서 적절히 대응해야 하는 고수에게도 고도의 순발력이 요구된다. 서양 음악에서처럼 반주자가 악보대로 반주를 하고 나서 성악가가 노래를 하는 것이 아니라, 사전에 합의된 악보나 약속 없이 그때그때 소리꾼이 내는 소리에 따라 반주를 맞추어 나가야 하기 때문이다. 심지어는 현장에 모인 청중조차 그 역할이 다르다. 서양의 공연장에서처럼 청중이 수동적인 감상자로 머무는 것이 아니라, 무대와 객석이라는 격조감을 초월하여 '추임새'로써 그때그때 소리에 대한 자신의 반응을 전달하고 교환하면서 소리판을 형성해 나가는 데 일조하게 되기 때문이다. 이런 판소리의 즉흥성은 그것의 미완결성에서 비롯되는 특징이다. 소리의 완성된 전체 모양이 따로 정해져 있지 않기 때문에, 소리꾼들은 그때그때 독창성과 즉흥성을 재량껏 발휘해서 특수한 부분 내지 순간에 포착되는 미세한 상황과 정서를 최대한 극적으로 표출하는 것을 목표로 한다.

이런 판소리의 지향은 한국말의 지향과도 통한다. 한국말은 사태의 미세한 특징을 포착해 내는 데 유달리 뛰어나다. 의성어와 의태어가 풍부하고 감각어가 헤아릴 수 없을 정도로 분화되어 있는 한국말은 사태의 특수성을 가능한 한 살려서 표현해 낼 것을 지향한다. 판소리와 한국말에서 보이는 이런 특징에는 사태를 일반화시켜서 보기를 원하는 문명권 사람들의 경향과는 달리 특정 순간, 특정 국면의 미세하고 고유한 특징을 특화하는 데서 만족을 얻는 한국 사람들의 미의식과 세계 인식의 방법이 투영되어 있다.

셋째, 판소리는 비정합성과 분절성을 보여준다. 판소리는 통일적 관점을 지닌 개인에 의해 일시에 창작되는 것이 아니라 여러 사람의 더늠이 새로운 부분으로 추가되고 누적되는 과정을 통해 형성되기 때문에, 다채로운 수사와 에피소드가 끼어들어 전체의 유기적 정합성을 잃고 부분들끼리 모순이 생기는 수가 있다. 그러나 이런 비정합성은 별로 문제되지 않는다. 판소리에서는 전체의 정합성을 위해서 부분이 봉사하는 것이 아니라, 마치 부분을 위해 임의의 전체가 임시로 필요한 것처럼 보인다. 어차피 완결된 전체라는 것은 없기 때문이다. 그러니 부분들끼리의 비정합성에 초점이 가지 않는 것이다. 판소리는 모순에 관대하다. 여러 사람의 여러 관점들을 대변해야 하기 때문에, 소리꾼은 상충되는 여러 관점들을 뒤섞어서 보여준다. 그는 각 부분들의 긴밀한 고리를 형성하여 유기적 통일성을 보여주려고 애쓰지 않는다. 모순이 공존하는 현실을 굳이 어떤 인위적인 관점에서 통일시키려 하지 않는다. 다만 초점을 이동시키거나 부분들을 재배열함으로써 모순을 방치해 두거나 임시로 모순을 피해갈 뿐이다. 그리고 그럼으로써 모순을 버텨낸다. 물론 모순은 보다 첨예한 대립각을 세우며 또 다른 양상으로 등장할 수도 있다. 그러나 모순을 극복하는 안정적 해법이 주어지거나 모순이 완전히 해소되지는 않는다. 모순을 지양하지 않고 방치해 두면서도 버텨낼 수 있는 힘은 판소리가 지니는 분절성에서 온다. 판소리에서는 개작이 부분적으로 이루어지고 각 부분을 따로 떼어내서 부르기도 할 만큼 '부분의 독자성'이 강조된다. 판소리에서 각 부분은 언제나 같은 자리에 같은 모양으로 고정되어 있는 것이 아니다. 각 부분은 언제든 따로 떨어져 나와서 다른 부분들과 새로운 조합을 형성할 수 있는 분절성을 지닌다. 늘 새로운 조합을 향해 열려 있기 때문에, 거기서는 모순이 심각하게 문제시되지 않을 수 있고, 그럼으로써 새로운 모순을 잉태할 수도 있다.

판소리가 보여주는 분절성은 첨가어로서 한국말이 지니는 특징과도 맞물려 있다. 한국말에서는 내용을 나타내는 실사 못지않게 문법적 기능을 나타내는 허사가 무수히 분화되어 있다. 실사에 허사가 하나씩 보태질 때마다 사태의 형상이 다른 각도에서 그려지고 그것을 바라보며 판단하는 이의 초점도 수시로 이동하게 된다. 문장이 끝날 때까지 사태의 전지적 시점이 주어지지 않기 때문에 마디가 이어질 때마다 새로운 조합의 가능성을 읽어나가게끔 되어 있다. 이런 역동적인 문장구성법은 판소리의 분절성이 일으키는 효과와 다르지 않다. 분절성은 다름 아닌 한국 사람들의 모순 해법이다. 판소리와 한국말에는 전모를 드러냄이 없이 사태의 꺾이고 꺾이는 추이를 바라보며 그때그때 잠정적으로 새로운 조합을 만들어냄으로써 모순을 버텨내는 한국 사람들의 삶의 전략이 표출되고 있는 것이다. 분절연합은 전체의 정합성을 지향하며 통일적인 도시체제를 구축한 문명권 사람들이 고안해낸 무모순논리나 대대논리와 같은 모순해법들과는 사뭇 다른 것이다.

3) 판소리를 오선보에 옮길 때 빠져나가는 것은 무엇인가?

판소리를 오선보에 옮기면 판소리의 맛이 다 달아난다. 음악의 체계 면에서 판소리가 지니는 고유한 특징들이 거기 담기지 않기 때문이다. 그 음악 체계상의 특징들을 한국 어법의 특징들과 연관해서 보면 다음 과 같은 미의식과 세계관을 나타내는 것으로 해석될 수 있다.

첫째, 판소리는 거친 '음색'으로 펼치는 '성음놀음'이다. 판소리에서 가장 특징적인 점은 무엇보다도 그것의 거친 음색에 있다. 사람이 어떤 음을 낼 때 대개는 그것을 하나의 기본음으로 추려서 듣지만 사실 거기에는 기본음 위에 얹히는 여러 '배음'들이 동시에 섞여 있다. 음은 결국 음들의 조합이다. 16배음 가운데 몇 개의 배음까지 들을 수 있는 지는 사람에 따라 다르며, 음을 낼 때 어떤 배음효과를 선호하는지도 사람의 취향에 따라 다르다. 음색의 차이는 음의 복합적인 구조를 형성하고 있는 배음들을 추려내는 방식의 차이에서 나타난다. 그리고 그 방식은 발성법을 통해 조절된다. 서양에서는 가능한 한 배음을 가지쳐 내고 순일한 음을 큰 음량으로 얻기 위해서 성대의 마찰을 최소화하고 공명을 많이 내는 발성법을 쓴다. 그렇게 해서 얻어지는 것이 맑고 고운 소리이다. 서양의 발성법은 맑고 고운 음색을 얻기 위한 것이고, 그 것은 서양 사람들이 지향하는 미의식이 반영된 결과라고 볼 수 있다. 이와는 대조적으로 한국 사람들은 어느 정도 배음이 섞여 나오는 거칠고 탁한 음색에서 미감을 느낀다. 배음이 섞여서 나는 거친 음색을 얻기 위해서 한국 사람들은 성대를 비벼서 소리를 내는 발성법을 쓴다. 서양 사람들이 지향하는 맑고 고운 음색이 구체적인 음이 지니는 복합 구조로부터 가능한 한 단순한 음을 추상해냄으로써 얻어지는 데 비해, 한국 사람들이 추구하는 거친 음색은 구체적인 음의 복합 구조에 내재하는 배음들을 적절히 조합해냄으로써 얻어진다. 판소리의 음색이 거칠고 텁텁하게 느껴지는 것은 서양의 성악곡에서는 들리지 않는 미세한 배음들을 동원해서 음의 복합 층위를 표현하기 때문이다. 이 거친 성음을 가지고 늘 똑같이 외목을 쓰는 것이 아니라, 다채로운 성음의 변화를 통해 성음놀음을 하는 데에서 판소리가 추구하는 최고의 경지가 구현된다.

　판소리가 인위적으로 곱고 맑은 소리를 만들어내지 않고 정제되지 않은 거친 음색으로 보여주려고 하는 것은 음의 복합성이다. 이것은 한국말의 표현이 지니는 특징과도 무관하지 않다. 한국말은 복합어가 무수히 많을 뿐 아니라 복합어의 형성이 아주 자유롭게 이루어진다. 심지어는 상반된 의미를 지니는 낱말들끼리 결합해서 복합어를 형성하기도 한다. 그렇다고 해서 (가령 '높낮이'라는 말이 '높이'를 의미하듯이) 복합어가 꼭 어떤 추상 개념이나 일반 개념을 표상하는 것은 아니다. (가령 '시원섭섭하다'라는 말에서처럼) 복합어는 말 그대로 여러 특징들을 병렬적으로 보여주고 그런 병렬적 조합으로 인해 어우러지는 또 다른 묘한 느낌을 전하기도 한다. 사태가 구체적인 복합성을 지니는 데 비해, 음이나 말은 어차피 그 감도가 떨어질 수밖에 없다. 그러나 한국 사람들은 주어진 사태로부터 대표적인 하나의 특징만을 추상해내서 나머지 특징들을 그것으로 수렴, 포섭시키는 방법보다는 여러 복합적인 특징들을 동시에 포착해서 표현해내기를 원한다. 이것은 한국 사람들의 음악이나 말의 표현이 보다 생생한 현실에 밀착해서 이루어짐을 뜻한다.

둘째, 판소리 선율에는 미세하고 복잡한 장식음들이 따라붙는다. 이를테면 한 음을 낼 때 그냥 평이하게 내는 것이 아니라 그 음에 미세하고 복잡한 장식음들이 달라붙어서 음을 '떨고 꺾고 끌어내리는' 등 기교를 부린다는 것이다. 이것을 가능한 한 세밀하게 구사하는 것을 '시김새'가 좋다고 한다. 반면에 떨고 꺾고 끌어내리는 시김새 없이 그저 기본 선율만 가지고 연주를 하면 밋밋하여 멋이 없다고 한다. 기악곡에서도 마찬가지다. 음을 미세하게 흔들고 떠는 '농현'을 가장 중요한 연주기법으로 꼽는다. 한국 음악에서는 얼마나 미세한 떨림과 변화를 포착해서 아로새겨 내는가에 따라 연주자의 기량을 가늠한다.

판소리 선율에 미세한 수식음들이 많다는 사실은 한국말에 수식어, 즉 형용사가 유난히 많고 미세하게 분화되어 있다는 사실과 무관하지 않다. 이 역시 미세한 특징을 살려내기 위해 다채로운 표현을 즐기는 한국 사람들의 미의식과 세계인식의 방법을 반영한다.

셋째, 판소리는 마디들이 모여서 엮이는 '모임(집합)'의 원리로 장단이 구성된다. 판소리와 같은 한국 음악에는 서양 음악을 비롯한 여타의 음악에서는 거의 발견되지 않는 특이한 장단, 즉 시가가 다른 박들이 혼합된 형태인 엇모리장단과 같은 것이 있다. 이런 장단은 서양 음악의 리듬 구성법으로는 설명할 수가 없다. 따라서 판소리와 같은 한국 음악에 이런 장단이 존재한다는 사실은 판소리의 장단이 구성되는 원리가 서양의 그것과는 다르다는 것을 암시한다. 이와 같은 리듬 구성 원리의 차이는 각각의 기보체계의 차이를 근거로 해서 밝힐 수 있다. 서양의 악보는 음표체계로 되어 있다. 온음표를 가정하고 그것을 계속 반씩 나누는 이분법의 원리로 보다 짧은 시가의 음을 지시하는 음표들을 얻는다. 그러나 서양의 음표체계가 지시하는 대로 연주한 것을 실제 음악에 견주어 보면 실제 음악의 시가와 어긋나는 모순을 보이기 때문에, 음표체계는 실제 음악을 그대로 반영하지 못하는 기보체계라고 할 수 있다. 반면에 한국의 정간보에서는 井間(칸살)이 둘씩, 셋씩 모여서 짧은 大綱, 긴 대강을 이룬다. 이를테면 한 소절이나 박의 시가가 꼭 같아야 된다는 법이 없다. 한 소절이나 박은 그것을 형성하는 낮은 층위의 마디들이 몇 개가 모이느냐에 따라 짧아질 수도 있고 길어질 수도 있다. 이런 기보체계의 차이는 박이 구성되는 원리의 차이를 보여준다. 서양의 음표체계가 균등 분할의 원리에 의해 리듬이 구성되는 것을 보여주는 데 반해, 한국의 정간보는 집합의 원리에 의해 서로 다른 시가를 갖는 박이 구성되는 것을 보여준다. 세종이 정간보를 창안한 이유가 여기에 있다. 정간보는 한국 음악의 장단이 집합의 원리에 의해 구성된다는 것을 보여준다. 훈민정음이 製字 원리를 설명하고 있는 것처럼 記譜 원칙을 명시하고 있지는 않지만, 음의 시간량을 그대로 공간량으로 옮겨 그리는 정간보는 마디들이 모여서 서로 다른 시가의 박이 구성되는 모양을 시각적으로 형상화하고 있다.

모임의 원리에 의해 장단이 구성된다는 것은 판소리가 지니는 분절성의 또 다른 표현이다. 마디들이 모이는 수에 따라 서로 다른 시가를 갖는 박이 만들어진다고 하는 것은, 전체 소절에서 마디들이 똑같이 나뉘어서 고정 시가를 배정받는 것이 아니라 마디들이 모일 수 있는 반경을 유동적으로 열어 놓는 것이기 때문이다. 마디들이 모일 때 둘씩, 셋씩 섞여서 모일 수도 있으며, 심지어는 일정한 규칙 없이 자유롭게 모일 수도 있다. 말하자면 모임의 자유가 허용된다. 판소리의 장단 구성에 나타나는 이런 분절연합의 특징은 한국말의 어법에서 보이는 특징과 병행하는 것이기도 하지만, 혈연, 지연, 학연 등 그때그때 요구되는 맥락에 따라 자유롭게 이합집산을 연출하는 한국 사람들의 삶의 양태가 투영된 것이기도 하다. 이것은 세상을 통분하거나 관통할 수 있다고 여긴 문명권 사람들이 펼친 것과는 다른 생존전략이다.

4) 음악어법은 어법과 어떻게 닮아 있는가?

음악어법과 어법은 궤를 같이 한다. 음악과 말은 국면은 다르지만 모두 한 사람의 느낌과 생각에서 나온 것이어서 그 기본적인 방법 내지 바탕을 공유하기 때문이다. 한국 사람이 구사하는 음악어법이나 어법에는 한국 사람 고유의 세계관이 반영되어 있다. 그러나 단지 언어나 음악뿐이겠는가? 이 글은 주로 음악을 소재로 해서 한국 사람이 못다 표현한 철학을 재구성해 보려고 한 것이지만, 그것이 꼭 음악을 통해서 가능한 일만은 아닐 것이다. 한국 사람은 이렇다 할 철학체계를 따로 제시한 적은 없지만, 그들의 미적 감각을 느낄 수 있게 해주는 독창적인 예술을 수없이 보유하고 있다. 다만 아직 해석되지 않고 있을 뿐이다. 적절한 철학적 해석을 기다리고 있는 소재는 무궁무진하다. 한국의 춤사위도 그렇고, 도자기, 회화, 건축도 그렇다. 거기에는 모두 한국 사람의 예술적 기질과 삶의 스타일이 반영되어 있으며, 따라서 그로부터 한국 사람의 미의식과 세계관을 충분히 재구해 낼 수 있다. 이 일을 다음 과제로 남겨두기로 한다.

2. 어법(語法)과 세계관(世界觀)의 친연성(親緣性)

1) 중국에는 논리학이 없는가?

중국에는 논리학이 없다고들 한다. 증명의 규칙들을 형식화한 체계를 논리학으로 간주하는 서구 사람들의 기준에서 내려지는 평가이다. 그러나 논리라는 것이 삶과 세계이해의 기본 방법 아니던가? 그렇다면 위의 평가는 적절치 않다. 서구 사람 특유의 세계인식의 방법이 있듯이 중국 사람들에게도 나름의 세계인식의 방법이 있으며, 단지 그 방법적 특징에서 양자의 논리의 모양이 차이가 나는 것뿐이기 때문이다. 그러니 중국의 논리가 서구의 논리처럼 형식화될 수 없는 이유를 해명하는 데에서 역으로 중국의 고유한 논리의 특징이 드러날 수도 있는 것이다. 동서양의 서로 다른 세계관은 이제 그 논리의 차이를 통해서 비교가 이루어져야 한다. 동서 철학 모두 환경 또는 타자에 대처해서 생존의 길을 모색해야 하는 인류 공유의 문제에 대한 서로 다른 해법으로서 서로 다른 논리에 의존해 있기 때문이다.

2) 세계인식의 방법과 어법

동서양의 세계관과 논리의 차이가 철학자들의 독창적 발상에 의해
비로소 갈라진 것은 아니다. 철학보다 오래된 유물인 일상의 어법 가
운데서도 그 단서가 발견되기 때문이다. 철학자들이 제시한 세계관과
논리는 일상의 어법 가운데서 암묵적으로 작동하던 세계인식의 방법을
세련시킨 것에 지나지 않는다. 따라서 서구 철학과 중국 철학의 차이
는 그들의 서로 다른 어법에 잠재해 있는 세계인식의 모형으로부터 설
명될 수 있다.

3) 반구의 방법과 한어의 어법

중국 철학자들은 自他關係를 조정하기 위해 反求의 방법에 호소한다.
孔子의 求諸己(反求諸己身)는 자타의 대립을 和諧 呼應의 관계로 조정
하기 위한 해법으로 등장한 것이다. 그것은 서구 철학자들에게서처럼
자주 독립적인 주체의 발견을 의미하지 않는다. 오히려 자기를 제약하
고 조건지우는 환경 또는 타자에 整合關係로 연루된 부분으로서 자기
를 규정하고, 타자에게서 자기의 처신을 찾는 것이다. 타자가 자기에게
요구하는 바에 비추어 자기의 처신을 조정함으로써 타자의 기대에 부
응하고, 그럼으로써 타자 또한 자기의 기대에 부응하도록 유도하는 것

이다.("己欲立而立人 己欲達而達人") 공자가 해명하는 禮, 忠, 孝, 仁 , 德 등의 덕목들은 君臣, 父子 등의 人我關係를 和諧 呼應의 관계로 조정하기 위한 것으로서("禮之用 和爲貴" "君子無所爭") 모두 反求의 관계로써 이루어진다. 이렇듯 대립하는 타자와의 관계를 相依相成의 관계로 이해하는 반구의 방법은 『論語』『老子』『易』에 공통적으로 나타나는 중국 사람들의 세계인식의 기본 방법이다.

이런 세계인식의 틀은 이미 오래 전에 한어의 어법 형성과 함께 이루어진 것이다. 고립어인 한어에서 주어는 후속하는 다른 문장 성분의 형태에 어떤 제약도 가하지 않는다. 어떤 문장성분도 독립적으로 그 고유한 기능과 의미를 지닐 수 없고 선행하는 성분이 후속하는 성분의 형태를 결정하는 전제의 역할을 할 수도 없다. 문장을 구성하는 각 성분의 기능과 의미는 문장 안에서의 위치 곧 다른 성분과의 관계 그리고 그 문장이 지시하는 실제 상황과의 整合 反求 관계 가운데서 결정된다. 한어에서 서구의 문법이 요구하는 이른바 '주어'가 없는 문장이 자연스럽게 받아들여질 수 있는 것은 그것이 반구 관계에 있는 집체구조에 분리될 수 없게끔 연루되어 있기 때문이다. 성분으로서 참여하는 주어라고 하는 것은 그 全貌를 간직한 배후의 집체 구조에 얽혀있는 종속자에 지나지 않는다. 진술하려는 세계의 어떤 부분도 그 밖의 부분들을 결합한 집체구조에 연결되어 있어서 그 부분에 대한 이해에 시시로 轉移와 反轉이 일어날 수 있다. 그러므로 이런 집체 구조에서 어떤 부분을 분리 고정시켜 주어 또는 주제어로 대표하거나 전제 또는 추론의 확고한 출발점으로 삼기 어려운 점이 있다. 반구의 추론에서 그 귀결은 일방적으로 또는 연역적으로 결정되는 것이 아니다. 旣知에서 未知로의 길이 아니라 未知로써 旣知를, 旣知로써 未知를 집체 반구의 관계로 조정하며 엮어가는 쌍방향의 길의 중간단계에서 확인되는 어떤 성분의 의미와 기능도 끊임없는 반구 모색에 의해 다시금 조정될 수밖에 없는 운명을 지닌다. 부분과 집체의 반구관계는 갑골문으로부터 고대한어 그리고 현대한어에 이르기까지 한결같은 중국의 논리전통을 대변한다.

4) 연역 논리와 서구의 어법

중국 사람들의 세계인식의 방법을 한어의 어법에서 발견할 수 있듯이, 서구 사람들의 세계관과 논리도 서구의 어법에서 그 맹아를 발견할 수 있다.

굴절어인 서구의 언어에서 주어는 후속하는 술어 또는 그 밖의 문장 성분에 대하여 이른바 형태상의 일치관계를 요구한다. 이를테면 주어가 지닌 수와 인칭이 거기에 대응하는 술어의 모양을 지배한다. 서구 사람들은 주어로 말을 꺼내면서 술어가 갖추어야 할 모양을 결정해야 한다. 이런 어법은 주어가 술어에 대하여 일치관계를 요구하는 일방적 결정의 논리 진행을 지시하며, 旣知로써 未知를 규정하는 세계인식의 방법을 반영한다. 선행하는 전제의 절대적 지배를 받는 연역과 증명의 논리가 이런 어법에 예비되어 있다.

문장에서 가장 안정된 기능을 수행하며 다른 성분들의 준거가 되는 주어의 역할로부터 다양한 현상들의 배후에서 언제나 자기동일성을 유지하는 독립적 실체로서 주체의 개념이 서구 철학자들에게 싹텄을 것으로 보인다. 사물의 본질 또는 개념에 대한 一義的 定義를 추구하고 그렇게 정의된 旣知의 보편개념으로써 未知의 대상을 수렴시키는 서구 철학자들의 논리전략은 그들의 어법에 담겨 있는 세계인식의 방법으로부터 멀지 않은 것이다.

5) 논리의 차이는 생존전략(모순해법)의 차이

서구와 중국의 어법에 잠재해 있는 논리적 방법의 차이는 모순 대립하는 타자를 처리하는 그들의 생존해법의 차이를 반영한다.

수많은 해협과 산으로 가로막힌 영토에서 자립적 도시국가를 이루며 살았던 고대 희랍인들은 대립자와의 타협을 거부한 天賦의 競爭者로 불린다. 그들은 자신의 명예나 권리를 위하여 육체로써 승부하는 경기에 임했고 언어의 예술로서 詩를 경연했거나 논리로 담판 짓는 논쟁에 참여하였다. 특히 法 앞에서 자기의 주장을 정당화해야 하는 개인들이 爭議로써 보편의 正體를 확인하려는 데에서 모순배제 또는 배타의 원칙으로 일관하는 연역과 증명의 논리가 발전하는 知的 환경이 마련된 것으로 볼 수 있다. 연역과 증명의 논리는 모순 대립자를 제거하거나 동화하기 위한 자기중심의 전략으로 개발된 것이다.

반면 어떤 부족 집단도 그 밖의 다른 부족 집단을 일방적으로 제압할 수 있는 안전한 교두보를 확보할 수 없었던 중원의 광야에서 중국 사람들에게는 그들 사이에 쉼 없이 이루어진 공격과 방어의 형국에 대처하는 지혜와 전략이 요구될 수밖에 없었다. 대결의 관계에 결부된 어느 쪽도 상대를 임의로 선택할 수도 피할 수도 없는 숙명의 적수로 받아들여야 한다. 서로 적대적이면서도 거기서 이탈, 고립할 수 없게 만든 지리 전략적 조건에 놓인 광활한 대륙의 삶에서 集體整合의 체제와 矛盾反求의 논리는 불가결한 것이다. 집체와 분리된 자기란 생각할 수 없으며, 타자는 늘 염두에 두어야 하는 집체의 또 다른 성분이다. 중국 사회에서는 집체를 지탱해주는 禮의 체계에 호소함으로써 자타의 입지와 처신을 찾게 되어 있다. 여기서 자기를 양보하여 타자와의 조율을 꾀하는 반구의 배려가 자연스럽게 이루어지게 되었을 것이다. 반구의 논리는 모순 대립자와의 공존과 화해를 도모하기 위한 전략으로 개발된 것이다.

6) 인문주의적 모순해법으로서의 정체쟁의와 집체부쟁

서구와 중국의 철학은 서로 다른 생존전략으로서 서로 다른 논리를 발전시켜 왔다. 그러나 그것들은 모두 초월적인 신이나 상제에 의존하던 시대로부터 벗어나 인간 본위의 도시문명을 구축한 인문주의 시대에 기획된 모순해법이라는 점에서 공통점을 지닌다. 서구와 중국의 철학사는 성곽 안으로 집합하는 무리들(類) 사이에 얽히는 모순 대립 국면을 어떤 爭議의 논리로 또는 어떤 不爭의 논리로 해결할 것인지를 모색한 수많은 대안들의 계열로서 이루어졌던 것이다.

類들의 관계를 구성함에 있어 준거의 表를 正體爭議로 하느냐 또는 集體不爭으로 하느냐에 따라 각기 들어앉을 담화 세계의 다른 문장구성법과 논리적 추론 관계가 나타난다. 類들의 정체쟁의 또는 보편성향과 동일보존 및 모순배제의 정합관계에 굴절어계에서의 문장구성법과 논리적 추론관계가, 그리고 類들의 집체부쟁 성향과 상반상성, 反己和諧의 정합관계에 고립어계에서의 문장구성법과 논리적 추론관계가 자리 잡고 있다. 정체쟁의나 집체부쟁은 삼천 년 동안 각각의 도시 문명권 안에서 통치 체제가 지향하는 준거의 표로서 발전해 온 것으로 볼 수 있다.

여기서는 문장구성법과 논리적 추론관계가 群居체제의 형태에 따른다는 환경결정론이나, 그 역으로의 (군거체제의 형태가 문장구성법과 논리적 추론관계에 따른다는) 언어결정론을 주장하는 것이 아니다. 다만 논리형식과 군거사회체제 사이의 친화 또는 공변 관계에 대한 관찰을 보고할 뿐이다.

7) 제3의 모순해법은 없는가?

서구나 중국과는 다른 어법을 가진 사람들, 가령 한국 사람이나 일본 사람을 비롯하여 그 밖의 사람들이 세계를 이해하는 방식은 어떤 것인가? 한국어와 일본어는 수많은 한자어들이 침투해 있음에도 불구하고 어법상으로는 전혀 다른 특징을 보이기 때문에 다른 계열의 언어로 분류된다. 언어학에서는 언어를 대체로 세 부류로 가른다. 고대희랍어와 라틴어 그리고 영어와 같은 인도유럽어계의 굴절어, 한어와 같은 고립어, 한국어와 일본어와 같은 알타이어계의 첨가어가 그것이다. 굴절어와 고립어계의 언어를 사용하는 사람들이 그들의 어법에 내장되어 있던 세계관과 논리로써 문명을 주도해 온 반면, 첨가어계의 언어를 사용하는 사람들은 이렇다 할 철학을 제시한 바 없이 늘 문명사의 주변부에 놓여 왔다. 그렇다고 해서 그들 나름의 생존전략이나 세계인식의 방법이 없었다고 말할 수 있을까? 그렇지 않다. 그들도 인류가 부딪쳐 온 마찬가지 문제에 대한 나름의 해법이 있었기에 살아남을 수 있었을 것이다. 다만 그들 고유의 세계관을 객관화시켜 서술하는 철학사의 전통을 따로 갖고 있지 않을 따름이다. 이 점은 오히려 그들이 서구나 중국처럼 철학사의 전통을 고무했을 법한 도시문명의 이상에 지배, 종속되지 않음을 반증한다. 또한 그것은 그들이 목격한 세계와 개체의 모양이 서구나 중국의 그것처럼 전체로서 또는 그 자체로서 규정할 수 있는 성격의 것이 아니었기 때문인지도 모른다. 서구와 한어의 어법과는 확연히 구별되는 그들의 어법적 특징을 음미해 보면, 거기에 잠겨있을 그들 고유의 세계관을 짐작할 수 있다.

8) 한국어의 어법과 제3의 모순해법

이 점은 한국어를 사례로 살펴볼 수 있다. 한국어는 감각적이라고 평가될 만큼 사태의 세세한 특성을 살리는 묘사기능이 유달리 뛰어나다. 첨가어의 속성에서 기인하는 특징이다. 첨가어계 언어에서 여러 마디들이 이어지면서 구성되는 술어는 사태에 대해 보다 밀착되는 규정성을 첨가하고 변이시킴으로써 사태의 세부국면들을 여러 각도에서 特化하는 기능을 수행한다. 이것은 술어가 사태를 일반개념으로써 類化하는 기능을 하는 다른 언어들과는 대비되는 특징이다. 술어의 마디이음만 가지고서도 서술하려는 대상 또는 사태를 구성하고 가리키는 특화의 기능을 발휘할 수 있기 때문에 그럴 경우에 그 특화의 대상 또는 사태 자체를 가리키는 주어는 생략할 수도 있다. 사실 사람들이 주어로 내세우는 것은 궁극적으로 어떤 방법으로도 그 자체성을 확인할 수 있는 것이 아니므로 술어의 분절, 연합, 변이 같은 특화기능에 호소하는 것이다. 더구나 술어의 마디이음을 통해 지시되는 사태의 역동적 추이는 문장의 마지막으로 밀리는 술어를 끝맺는 '이다'와 '아니다'에 이르러 비로소 그 진위가 정해진다. 이렇듯 술어가 후치되는 한국어의 진술 구조는 서구의 문장이나 한어 문장이 품고 있는 논리전개의 형식과는 다른 것이다. 그것은 현실의 추세와 종말이 드러난 旣知의 사태에 있지 않고 이제 드러나게 될 그 밖의 未知의 어떤 것에 달려 있다는 세계인식을 반영한다. 한국인이 오랜 민족 이동의 경험에서 숙명적으로 겪어 왔을 존재양식 그리고 현실의 피상 주변성을 반영하는 논리와 세계관이 그 어법에 담겨 있는 것이다.

이런 어법을 구사하는 사람들의 마음 가운데는 爭議로써 확인해야 하는 보편의 正體나 不爭으로써 도모해야 하는 集體에 대한 이상이 설 땅이 없다. 그런 도시문명의 이상에 따라 모순 대립 국면들을 지양해서 재배치하는 것은 그들의 철학적 문제가 아니다. 그러니 矛盾排除니 反求和諧니 하는 어떤 모순해법도 그들에게는 호소력을 발휘하기 어렵다. 서구 철학이나 중국 철학이 제3의 주변자들에게도 호소할 만한 보편의 진리가 되려면 그 대부분이 깨어져 버려야 할 만큼 그것을 만들어 낸 민족의 특수한 삶의 형식과 어법에서 나온 것에 지나지 않기 때문이다.

한국 사람들을 비롯하여 문명사의 주변에 놓이는 사람들이 타자를 인식하고 처리하는 방식은 문명의 중심을 장악해 온 서구 사람들이나 중국 사람들의 그것과 사뭇 다르다. 그들에게 타자는 同化나 除去, 待對나 相成의 관계를 허용하지 않는 참으로 거부할 수 없는 그 밖의 객관적 실재로 다가온다. 서구나 중국 철학자들이 집단군거체제로서 도시의 삶 전체를 貫通하는 거시해법을 추구함으로써 인문주의를 창출한 것과는 달리, 그들은 세계의 근본적 피상성과 주변성에 대한 인식으로부터 그것이 빠져 들어갈 수밖에 없는 무한의 중심을 향해 각기 몸을 낮춰 미시해법을 수행함으로써 다른 모든 생명체들과 마찬가지로 자연 생태의 삶을 따른다. 血緣, 地緣, 學緣, 契緣 따위의 特殊한 緣을 따라 離合集散하는 삶의 행태를 보이는 그들은 끝내 잡히지 않는 미지의 중심을 향해 변화무상한 분절로써 대응하는 것이다.

도시의 삶의 질서를 모색하는 데에서 성립한 서구 철학이나 중국 철학은 무한으로 열리는 우주 생태계와의 관계를 끊고 수평적인 인문주의로 정착하여 거의 닫힌 체계를 지향한다. 여기에 서구와 중국 전통의 논리와 세계관이 끝없는 분절, 변이, 연합, 특화의 압력을 받으며 사는 오늘 인류의 무한개방 생태 앞에서 그대로 지키기 어려워진 이유가 있다. 이 방식은 도시문명전통 밖에 뿌리를 가진 사람들의 삶에 그리고 그 삶의 최소 마디인 유전 형질들의 분리와 조합, 적응과 도태 과정에도 나타나는 생명 본래의 공통점일 수 있다. 이런 자연 생태의 삶의 양식이 한국어나 일본어와 같은 첨가어계 언어의 어법 가운데 투영되어 있다.

3. 한국인의 미의식과 세계관
-판소리 음악어법에서-

1) 음악어법의 문제

한국 사람은 외래문화의 너울을 쓰고 자신의 정신과 생활을 관리해 왔으면서도 거기에 완전히 동화된 것처럼 보이지는 않는다. 외래문화와 차별화되는 고유한 문화의 흔적이 남아 있을 뿐만 아니라, 외래문화를 받아들이더라도 그것을 그대로 답습하기보다는 나름대로 굴절 변이시킨 형태로 받아들이기 때문이다. 외래문화의 간섭을 비교적 덜 받고 살아남은 고유의 문화가 한국적 특징을 직접 보여주는 사례들이라면, 외래문화가 한국사회에서 겪는 굴절과 변이 현상은 아직 낯선 문화에 잘 적응하지 못한 데에서 오는 일시적 부작용이라기보다는 오히려 외래문화를 자기화하는 과정에서 그렇게 굴절과 변이를 일으킬 수밖에 없게끔 하는 어떤 내적 요인으로서 한국적 특징을 가리키는 역참고자료들이다.

한국 사람이 사회나 정치 방면에서 보이는 독특한 행태들이나 예술 방면에서 보이는 특이한 양상들 그리고 다른 계열의 언어와 차별화되는 한국말의 특징들은 외래 사상의 틀로는 해명되지 않는 한국 사람의 의식구조와 삶의 양식을 엿볼 수 있는 단서들로서 철학적 해석을 기다리고 있다. 비록 체계적으로 서술된 철학 텍스트는 아니지만 그런 생생한 삶의 활동 가운데서 한국 사람이 세상과 부딪치면서 터득한 세계 이해와 대응의 방식을 읽어낼 수 있다면, 그것으로써 한국 사람의 세계관과 철학을 대변하는 데 손색이 없을 것이다.

특히 한국말은 다른 문화권과 차별화되는 특징을 가장 단적으로 보여주는 사례일 것이다. 언어에는 그 언어를 사용하는 사람의 사유방식과 세계관이 반영되어 있다.1) 언어적 특징은 다른 언어와 부딪칠 때 첨예하게 드러난다. 한국 사람은 고유의 말은 갖고 있으면서도 고유의 문자를 갖고 있지 않았던 특수한 상황에서 한국말의 특징을 자각하기

---

1) 언어와 세계관의 관계에 관한 문제는 19세기 독일의 훔볼트에 의해 제기되었다. 그는 언어가 민족의 세계관을 반영한다고 하는 세계관이론과, 언어는 그것을 사용하는 사람의 사유방식과 표현방식을 반영하고 조건지우는 고유한 구조를 갖고 있다고 하는 언어상대성이론을 제시했다. (김방한, 『언어학의 이해』, 서울 : 민음사, 1992, 331-333쪽) 20세기에 미국에서도 언어를 통해 세계관을 이해하려는 시도가 이루어지면서 보아스로부터 사피어와 워프에 의해 언어상대성이론이 제기되었다. 언어상대성이론에는 사고가 언어에 의해 결정된다고 하는 워프의 언어결정론처럼 강한 가설이 있는가 하면, 언어가 사고에 어떤 영향을 미친다고 하는 약한 가설이 있다. 대부분의 언어학자와 철학자들은 강한 가설에 대해서는 회의적이지만 약한 가설에 대해서는 동의하는 편이다. (같은 책, 357-360쪽) 한편 러셀을 비롯한 20세기 분석철학자들도 서구 형이상학이 그들의 언어 구조에 기인한 오류에 사로잡혀 있었다고 비판하면서 언어 구조가 세계관에 영향을 끼친다는 점을 보여주었다.

시작했다.

고유의 문자가 없어서 한자를 빌려 쓰던 삼국시대 이래로 한국 사람들은 한문을 그대로 쓰기도 했지만, 한편으로는 한자를 빌려서 쓰되 한국말의 특징을 살려서 표기할 수 있는 새로운 표기법을 강구해냈다. 고유명사 표기로부터, 서기체(誓記體) 표기, 이두(吏讀), 구결(口訣), 향찰(鄕札)에 이르기까지 다양한 차자표기법(借字表記法)이 개발되었던 것이다.2) 차자표기법을 보면, 한자를 한문의 어순대로 쓰는 것이 아니라 술어가 마지막에 놓이는 한국말의 어순대로 쓰고, 실질적 의미를 나타내는 실사(實辭)는 석독(釋讀)으로 표기하고 어법적 기능을 나타내는 허사(虛辭)는 음독(音讀)으로 표기하고 있다. 한자를 빌려 쓰더라도 한문의 틀을 그대로 받아들이는 것이 아니라 한국말의 어법에 맞도록 변형을 가해서 썼던 것이다. 이런 변형이 필요했던 것은 한문의 구문으로는 말하고자 하는 바를 제대로 표현할 수 없었기 때문이다. 외래 문자를 접하면서 느낀 불편함이 역으로 한국말의 특징을 자각하는 계기가 되었던 것이다. 한문도 아니고 한글도 아닌 한문의 변이형태라고 할 수 있는 차자표기법은 한국 어법의 고유한 특징에 대한 자각 없이는 고안될 수 없는 것이었다.

차자표기법이 개발되었어도 말과 글이 일치하지 않는 데에서 오는 불편함이 완전히 해소되지는 않았기 때문에, 결국에는 한국말을 온전

---

2) 이기문, 『국어사개설』, 서울 : 탑출판사, 1993, 44-53쪽.

하게 담아낼 수 있는 고유 문자의 필요성이 제기되었다. 세종은 한국 말이 중국말과 달라서 중국 문자와는 맞지 않으니 고유 문자를 만들어야 한다고 했다. 말의 차이에 근거를 두고 글의 필요성을 제기했던 것이다. 당시의 신료들이 문화의 보편주의를 빙자하여 사대모화에 치우쳐 있었던 것과는 달리, 세종은 언어의 차이를 통해 한국 문화를 차별화하는 주체의식을 보여주었다. 세종의 주체의식은 최만리 등 신료들의 거센 반발3)을 제압하고 마침내 고유의 문자를 갖는 숙원을 이루어냈다.

그런 주체적 자각이 언어 문제에서만 일어날 수 있는 일은 아닐 것이다. 어느 민족보다도 가무(歌舞)를 즐기는 성향이 뚜렷한 한국 사람에게 있어서 음악은 한국적 특징을 가늠해 볼 수 있는 또 하나의 강력

---

3) 당시 집현전 부제학 최만리 등이 올린 상소문의 내용은 다음과 같다. "우리 조정에서 조종(祖宗) 이래로 지성으로 중국을 섬기어 한결같이 중화의 제도를 준행하였는데, 이제 글을 같이하고 법도를 같이하는 동문동궤(同文同軌)의 때를 당하여 언문을 창작하신 것은 보고 듣기에 놀라움이 있습니다. …… 만일 언문을 제작하였다는 사실이 중국으로 흘러 들어가서 혹시라도 비난하는 일이 있게 되면 어찌 사대모화의 도리에 부끄러움이 없겠습니까? …… 역대 중국이 모두 우리나라는 기자가 남긴 풍속이 있다 하고 문물과 예악이 중화와 비슷하다 하였는데, 이제 따로 언문을 만듦은 중국을 버리고 스스로 이적(夷狄)과 같아지려는 것으로서, …… 어찌 문명의 큰 흠이 아니겠습니까? …… 낡음을 싫어하고 새로움을 좋아함은 예나 이제나 두루 있는 우환인데, 이번의 언문은 새롭고 기이한 한갓 기예에 지나지 않는 것으로서, 학문에 손해가 있고 정치에 이로움이 없으므로, 아무리 되풀이해서 생각해도 그 옳은 것을 볼 수 없습니다." (『世宗實錄』卷103, 26年 2月 20日 庚子條.)

한 단서다.4) 흔히들 음악은 만국공통어라고 한다. 나라마다 언어가 달라도 음악에는 국경이 없다는 것이다. 물론 음악에는 언어의 장벽을 넘어서 즐길 수 있는 점이 없지 않다. 그러나 한 나라의 노래를 다른 나라 말로 번역해서 부를 때 어색한 느낌이 드는 것도 사실이다. 원래 악곡의 강세와 번역된 가사의 강세가 서로 어긋나기 때문이다.5) 이것은 음악이라고 해서 국경이 없지 않음을 단적으로 보여준다. 음악의 특징은 언어의 특징과 궤를 같이 하며, 음악의 차이는 언어의 차이에서 비롯된다고 할 수 있다.6) 말이 구성되는 원리에 따라 음악이 구성되기 때문에,7) 말이 다르면 음악도 다를 수밖에 없는 것이다.

---

4) 『三國志』魏志 東夷傳에서는 부여의 영고(迎鼓)와 예의 무천(舞天)에 대해 설명하기를, "정월에 하늘에 제를 지내는 나라의 큰 모임을 열어 연일 먹고 마시며 노래하고 춤추는 것을 영고라 한다." 하였고, "시월이면 늘 하늘에 제를 지내고 주야로 술을 마시며 노래하고 춤추는 것을 무천이라 한다." 하였다.

5) 장사훈, 『최신국악총론』, 서울 : 세광음악출판사, 1985, 32쪽.

6) 이혜구는 서양 음악과 한국 음악의 차이가 서양 음악이 대부분 약박으로 시작하는 반면에 한국 음악은 강박으로 시작하는 데 있으며, 그 차이는 서양말과 한국말의 차이에서 비롯되는 것이라고 보았다. 즉 서양말의 명사 앞에는 관사나 전치사가 얹혀 있어서 명사를 강하게 발음하기 전에 먼저 그것들을 약하게 발음하기 때문에 음악이 약박에서 시작하게 되는 데 반해, 한국말에서는 관사나 전치사 없이 명사가 직접 나오기 때문에 음악도 강박으로 시작하게 된다는 것이다. (이혜구, "국악과 양악의 차이", 『한국음악서설』, 서울 : 서울대학교출판부, 1985, 425–429쪽) 장사훈은 성악곡뿐만 아니라 기악곡도 언어의 영향을 받는다고 보았다. (장사훈, 『최신국악총론』, 서울 : 세광음악출판사, 1985, 29쪽)

음악이 구성되는 원리가 말이 구성되는 원리에 따른다는 것을 음악학자들은 주로 악곡의 강세가 말의 강세에 맞춰서 작곡된다는 사실을 가지고 설명해 왔다. 그러나 그것이 단지 성악곡의 리듬 강세와 관련된 단편적이고 피상적 차이만을 가리키는 것은 아니며, 인과적 결정론을 함축하는 것도 아니다. 언어와 음악의 유비는 보다 심화될 수 있다. 음악이 이런저런 사회문화적 구조 가운데서 인간이 경험하는 바를 음들로 표현한 것인 한8), 음악의 구조는 그것을 만들어낸 행위를 떠나서 독자적으로 존재할 수 없다.9) 어법에 그 언어를 사용하는 사람의 세계관이 반영되어 있듯이, 음악어법에는 그것을 즐기는 사람의 미의식과 세계관이 반영되어 있다. 음악어법이 어법에 따른다고 하는 것은 언어와 음악에 반영되어 있는 세계관이 상통함을 함축한다.

한국 음악의 고유성은 일찍부터 자각되고 있었다. 가야국의 가실왕은 나라마다 언어가 다르면 음악도 다를 수밖에 없다10)고 했다. 고려 이후로 중국 음악인 당악(唐樂)과 아악(雅樂)이 유신들의 비호를 받았지만, 말이 다른 나라의 노래를 부르는 것은 스스로를 속이는 일이라고 보는 비판적 관점도 제기되었다.11) 세종은 중국계 아악을 각종 의

---

7) 장사훈, 『최신국악총론』, 서울 : 세광음악출판사, 1985, 23쪽.

8) 존 블래킹, 채현경 옮김, 『인간은 얼마나 음악적인가』, 서울 : 민음사, 1998, 47쪽.

9) 알란 메리엄, 이기우 옮김, 『음악 인류학』, 서울 : 한국문화사, 2001, 19쪽.

10) "왕이 말하기를 나라마다 말도 각각 다른데 성음(聲音)이 어떻게 한결같을 수 있겠는가라고 했다."(『三國史記』卷32, 加耶琴條)

식음악으로 채택하면서도 한편으로는 전통적인 향악(鄕樂)의 연주를
제도화하고 새로운 음악을 일으켜야겠다는 생각을 오래도록 품고 있었
다.12) 한국의 전통 음악을 살려야 한다는 세종의 주체적인 자각13)에
도 불구하고 박연을 비롯한 당시 유신들이 중국계 아악에 집착해서 좀
처럼 헤어 나오지 못하자,14) 더 이상 방관할 수 없었던 세종은 급기

---

11) "노래 부르는 악사는 그 가사의 뜻도 모르면서 악보의 고저만 외울 뿐이니,
   귀신과 사람을 속이는 일이다."(『高麗史』 卷70, 樂志 券24, 14ᵇ)

12) 성경린, 『세종시대의 음악』, 서울 : 세종대왕기념사업회, 1985, 180쪽.

13) 세종의 마음 가운데는 다음과 같은 물음들이 되풀이되고 있었다. "우리나라
   는 본래 향악을 익혀 왔는데, 종묘제향 때 당악을 먼저 연주하고 겨우 셋
   째 잔을 드릴 때에서야 향악을 연주하니, 조상들이 평소에 듣던 음악을 연
   주하는 것이 어떠한가?"(『世宗實錄』 卷30, 4ª, 同 7年 10月 庚辰條) "아악
   은 본래 우리나라 음악이 아니고 중국 음악이다. 중국 사람이라면 평소에
   익숙하게 들었을 것이니 제사에 연주하는 것이 마땅할 것이다. 우리나라
   사람들은 살아서는 향악을 듣고 죽어서는 아악을 듣게 되니 어떻게 된 일
   인가?"(「世宗實錄」 卷49, 31ᵇ~32ª, 同 12年 9月 己酉條) "박연이 중국계
   음악인 조회악(朝會樂)을 바로잡으려 하지만, 어려울 것이다. …… 우리 음
   악이 비록 진선(眞善)은 못되어도 중원에 비해 부끄러울 것이 없다. 또 중
   원의 음악이라고 해서 어찌 바르다고 하겠는가?"(『世宗實錄』 卷50, 28ᵇ,
   同 12年 12月 癸酉條)

14) 박연은 중국계 음악에 심취하여 향악에 지나치게 소홀하였다. 그는 향악을
   멀리하고 중국계 아악을 가까이하라는 뜻의 가훈을 남기기까지 했다. "가정
   에서 (조선의 음악) 삼현가무(三絃歌舞)를 가르치는 일은 실로 패가의 근
   원이 될 것이니 삼가 그러한 뜻을 갖지 마라. (중국계 아악기) 금(琴)과
   슬(瑟)은 정악(正樂)의 그릇으로 예로부터 군자가 그 곁에서 멀리하지 않
   고 이로써 성정을 길렀으니 조용히 스스로 무롱(撫弄)함이 옳을 것이다."

야 유신들이 하지 않는 일을 직접 결행하기까지 했다. 새로 음악을 작곡했을 뿐 아니라,15) 중국 음악과는 달리 음의 시가(時價)가 일정치 않은 한국 음악을 기보하기 위해서 음의 길이를 적을 수 있는 정간보(井間譜)라는 새로운 기보법(記譜法)을 창안해내고, 그 음악을 악보로 출간했던 것이다.16)

(『蘭溪遺藁』, 44ᵇ, 家訓十七則 附序) 중국 음악을 숭상하고 조선 음악에 무관심했던 박연의 의식은 한자의 우수성을 주장하며 세종의 한글 창제에 반대하는 상소를 올렸던 최만리의 의식과 다를 바가 없다.

15) 당시에 새로 창작한 음악은 여민락(與民樂) 치화평(致和平) 취풍형(醉豊亨) 보태평(保太平) 정대업(定大業) 창수곡(創守曲) 경근곡(敬勤曲) 등이었다. (장사훈, 『한국 전통음악의 이해』, 서울 : 서울대학교출판부, 1981, 30~31쪽) 이런 음악을 세종이 친히 창작했다는 것은 "임금이 승정원에 이르기를 지금 신악은 비록 아악에 쓰임을 얻지 못하나 그 형용과 공덕을 없앨 수 없다. 의정부와 관습도감이 함께 보고 그 가부를 말해 주면 내가 손익을 하리라."고 하고, "세종이 음악에 정통하여 신악절주(新樂節奏)는 모두 친히 지은 바로, 막대로 박자를 짚어 장단을 삼고 하루저녁 사이에 제정한 것"(『世宗實錄』, 卷 126, 8ᵇ~9ᵃ, 同 31年 12月 丁巳條)이라 한 데 근거한 것이다.

16) 한국 음악과 중국 음악은 그 구조에 있어서 전혀 달랐다. 중국의 시가(詩歌)가 대개 4구, 즉 우수의 구로 되어 있는 데 비해, 한국의 시가는 3구나 5구처럼 기수의 구로 되어 있었다. 따라서 그 시가에 붙인 음악의 구조도 달라질 수밖에 없었다. 4구로 되어 있는 중국 음악에서는 가사의 각 글자들의 시가(時價)가 동일한 데 비해, 3구나 5구로 되어 있는 한국 음악에서는 각 글자들의 시가가 달랐다. (이혜구, "한국 음악의 특성", 『한국음악논총』, 서울 : 수문당, 1976, 31~33쪽) 음의 길고 짧음을 나타낼 수 있는 정간보는 등시가(等時價)의 사음일구(四音一句)로 된 아악의 기보에는 별로 필요가 없는 것이며, 실제로 『세종실록』 아악보에서는 정간보를 사용하지 않았다. 그에 반하여 불규칙적인 시가를 가진 향악의 기보에 정간보는 반

한국 음악을 기보하기 위해 정간보를 만든 것은 한국말을 기록하기 위해 한글을 만든 것에 버금가는 세종의 업적이다. 세종은 말이 다르면 문자도 달라야 하듯이, 음악이 다르면 기보체계도 달라야 한다고 생각했다. 다른 나라의 문자와 기보체계로는 한국말과 한국 음악의 특징을 제대로 표현할 수 없기 때문이다. 한글과 정간보의 필요성은 다른 나라의 말이나 음악과 구별되는 한국말과 한국 음악의 특징에 대한 자각이 없이는 대두될 수 없는 것이었다.

문제는 그럼에도 불구하고 한국 문화의 고유한 특징에 대한 철학적 해석이 아직 이루어지지 않고 있다는 데 있다. 중국이나 서양의 경우에는 그들의 음악에 반영되어 있는 미의식과 세계관을 그들의 철학이 집약적으로 표현하고 있다. 그러나 독자적인 철학의 전통이 정립되어 있지 않은 한국의 경우에는 그 음악의 고유한 특징을 어떻게 설명할 것인가? 서양의 미학을 빌려서 분석할 것인가, 아니면 중국의 악론(樂論)이나 서론(書論) 또는 화론(畵論)에 기대어 설명할 것인가? 그렇게 하는 것은 남의 옷에 억지로 자기 몸을 맞추는 일이 될 것이다. 한국 음악의 특징을 살펴보고 그에 대한 철학적 해석이 필요한 까닭이 여기에 있다. 철학사가 없는 사람들의 세계관을 형상화해내는 이 작업은 여러 방면에서 드러나는 특징들을 서로 견주어보며 맞춰나가는 시험과정을 거쳐야 할 것이다. 그 작업의 일환으로 한국 음악의 특징을 통해

드시 필요한 것으로, 정대업, 보태평, 치화평, 취풍형 등의 신악이 바로 이 기보법에 의해 악보화되었다.

서 한국 사람의 미의식과 세계관을 살펴볼 수 있다.

한국 음악에 접근하는 데에는 두 가지 길이 있다. 하나는 외래음악이 한국에 들어왔을 때 연주기법 등이 변이되는 양상을 살펴봄으로써 한국적 특징을 논하는 것이고, 다른 하나는 한국 고유의 음악을 직접 분석하는 것이다. 전자의 연구는 외래음악과 갈라지는 분기점을 첨예하게 드러낼 수 있기는 하지만, 이미 외래음악의 틀에 맞춰 상당 부분이 굴절된 상태에서는 한국적 특징을 찾기가 쉽지 않을 수 있다. 후자의 연구는 민속음악이 급속히 사라져 가는 현실에서 절실한 필요성을 지니기는 하지만,17) 다른 음악과의 비교 없이 단독으로 이루어질 경우에는 객관성을 얻기 어려울 수 있다. 여기서는 일단 한국 고유의 음악을 소재로 하되 가능한 한 외래음악과 대비시키면서 그 특징을 살펴볼 것이다.

한국 음악의 특징을 대변해 줄 사례로 판소리를 꼽을 수 있다. 판소리는 음악적인 면에서나 문학적인 면에서나 이전의 음악유산과 문학유산을 두루 종합하고 있으며18) 다양한 청중을 상대로 시대의 문화변동

---

17) 알란 메리엄, 이기우 옮김, 『음악 인류학』, 서울 : 한국문화사, 2001, 22쪽.

18) 판소리는 문학적인 면에서 평시조, 양반가사, 양반소설 등과 함께 일상어 비속어 의성어 의태어 등으로 이루어진 표현 기교를 포함하고 있을 뿐 아니라, 음악적인 면에서도 무속음악, 불교음악, 민요를 따오거나 가곡이나 악장의 창법을 응용하기도 하고 시창(詩唱)이나 송서성(誦書聲)까지도 도입하는 등 선행하는 모든 음악 유산의 장점을 두루 취하고 있다. (정병욱, 『한국의 판소리』, 서울 : 집문당, 1993, 18-21쪽 참고)

에 적응해 왔다는[19] 점에서 한국 음악을 대표하기에 손색이 없을 뿐아니라, 다른 문화권의 음악과 차별화되는 특징들을 집약적으로 보여주고 있기 때문이다. 판소리는 성음이나 선율이나 장단과 같은 음악자체의 특징을 통해 해명되어야 마땅하지만, 그 독특한 전승과 연행의방식 또한 음악의 성격을 결정하는 중요한 요인이었음을 생각해 보면그러한 음악문화를 통해 음악의 특징이 해명되어야 하는 면도 있다. 따라서 판소리 음악문화의 특징과 음악체계의 특징을 함께 살펴보면서

---

19) 한국 음악 가운데 판소리만큼 음악문화의 변동이 심하고 주요 향수 집단의 변동으로 인해 변화를 많이 겪었던 부문도 드물다. 게다가 판소리는 공연을 할 때마다 명창이 얼마만큼 다르게 부르는 가변성을 지니고 있어서 문화변동에 따라 판소리 자체도 심하게 변동되어 왔다. 사회적 성격이 다른 여러 향수 집단이 차례로 바뀌어 가면서 판소리 공연장에서 공연자와 상호작용을 일으켜 판소리를 변화시켜 왔고, 판소리 공연장의 형태와 판소리 공연자의 성격까지 변화시켜 왔다. 주요 향수 집단이 광장(廣場)이나 전정(殿庭)의 평민대중이던 초기에는 질박하고 해학적이고 생동하는 서민적인 재담소리가 판소리 열두 마당을 형성하였다. 18세기 중기 이후에 향수 집단이 방중(房中)의 사대부, 중인, 토호집단으로 변동되면서 그들의 감정에 맞지 않는 재담소리는 도태되고 다섯 마당만이 그들의 취향에 맞게 발전되었는데, 사설에 한문구가 많이 삽입되고 음악의 조와 장단 그리고 '붙임새'와 '시김새'가 다양화되었으며 문학성과 음악성이 융합되는 '이면(裏面)의 논리'가 전개되었다. 조선말 이후 향수 집단이 협률사 극장 무대의 시민 대중으로 변동되면서 대중적인 사설과 곡조로 된 도막소리가 유행하였고 창극이 형성되었다. 지금은 향수 집단이 음악당 무대의 전통음악 감상 청중으로 변동되면서, 전판 공연과 정교한 음악성이 부흥되었다. (이보형, "판소리 공연문화의 변동이 판소리에 끼친 영향", 『한국학연구』 7, 고려대학교 한국학연구소, 1995, 318-319쪽)

그러한 특징들에 반영되어 있는 세계관에 대해 생각해 볼 수 있을 것이다.

2) 음악문화의 특징

판소리를 들으며 느끼는 경이감 가운데 하나는 혼자서 몇 시간씩이나 걸리는 긴 노래를 악보도 없이 부른다는 것이다. 전문가가 연주하는 음악에는 대부분 그 곡을 어떻게 연주해야 한다는 공통의 약속으로서 악보가 있기 마련이지만, 판소리는 악보 없이 구전심수(口傳心授)로 전해질 뿐이다. 판소리는 기록문화와 대비되는 구전문화의 토양에서 성립한 음악이다.

구비문학이 기록문학의 원초적 형태이듯이,[20] 악보 없이 전승되는 음악은 악보를 가진 음악의 원초적 형태이다. 원초적이라는 것이 곧 열등하다는 것을 의미하지는 않는다. 판소리를 보더라도 악보가 없다고 해서 음악의 수준이 떨어지기는커녕 오히려 악보가 없는 데에서 생명력을 얻기 때문이다. 만약 판소리를 악보로 옮겨 놓으면 판소리는 결국 고사하게 될 것이다. 사라져가는 판소리를 보존하기 위해서 시행된 문화재지정제도가 오히려 판에 박은 소리만 재생산해낼 뿐 변화와 창조의 계기를 잃어버리는 것을 보면 짐작할 수 있는 일이다. 기록 여

---

20) 조동일, 『구비문학의 세계』, 서울 : 새문사, 1980, 14쪽.

부를 가지고 우열을 논하는 것은 일찍이 구전문화에서 문자문화로 이
행해서21) 문명을 주도해 온 사람들의 자기정당화에 지나지 않는다.22)
구전문화라고 해서 나름의 사유방식23)이나 논리24)가 없는 것은 아니

---

21) 서양에서는 구술문화에서 문자문화로의 이행이 기원전 7세기 무렵에 이루
    어졌다. 호머의 두 서사시가 여러 세기에 걸쳐 형성되고 손이 가해져 온
    끝에 기원전 700~650년경에 새로운 희랍의 알파벳으로 적히게 됨으로써
    서양 최초의 기록문학이 성립되었다. (E. A. Havelock, *Preface to Plato*
    (Cambridge, Mass. : Belknap Press of Harvard University Press), 1963,
    115쪽)

22) 초기의 인류학자들은 그들이 원시인이라 부른 사람들의 사유방식을 탐구하
    면서, 그들의 사유는 문명인의 사유에 비해 뒤떨어진 것이거나 완전히 다
    른 것이라고 결론 내렸다. 말리노프스키는 원시인들의 사유방식이 전적으
    로 생활의 기본적인 욕구에 의해 결정되는 다소 조잡하고 뒤떨어진 것이라
    고 생각했다. 또 레비브륄은 원시인들의 사유는 전적으로 감정이나 신비적
    표현에 따라 결정되므로 문명인의 사유와는 기본적으로 다른 것이라고 보
    았다. 이런 견해들은 문명인의 관점에서 일방적으로 이루어진 평가가 아닐
    수 없다. 이 환상을 깬 것은 레비스트로스였다. 그는 우선 '원시' 또는 '미
    개'라는 말부터 '문자가 없는, 쓰기를 갖지 않은'이라는 말로 바꾸어야 한다
    고 제안했다. 나아가 그는 문자가 없는 사람들의 사고라고 해서 생활의 기
    본 욕구에 종속되는 것은 아니며 마찬가지로 세상을 이해하려는 욕구에 의
    해 움직인다는 점과, 그러기 위해서 마찬가지로 지적인 사고를 한다는 점을
    밝혔다. (레비스트로스, 이동호 옮김, 『신화를 찾아서』, 서울 : 동인, 1994,
    33-35쪽)

23) 월터 옹은 구전에 입각한 사유와 표현이 종속적이라기보다 첨가적이고, 분
    석적이라기보다 집합적이며, 장황하거나 상세하고, 보수적이거나 전통적이
    며, 인간의 생활세계에 밀착되어 있고, 논쟁적 어조가 강하며, 객관적 거리
    를 유지하기보다는 감정이입을 하고, 참여적이며, 항상적이며, 추상적이라

기 때문이다. 악보 없이 전승되고 연행되는 음악문화의 측면에서 판소리의 특징이 해명되어야 하는 까닭이 여기에 있다. 판소리 음악문화를 통해 드러나는 한국 음악의 특징은 기록문화의 사유방식과는 대비되는 구전문화의 사유방식을 대변하기 때문이다.

악보 없이 전승되는 음악에서는 부분적으로 개작이 이루어질 수 있다. 그러한 음악문화로 인해 판소리는 기보된 음악과는 다른 특징을 갖는다. 첫째, 판소리는 부분적 개작에 따른 변형이 이루어질 수 있고 따라서 완결판이 있을 수 없다. 둘째, 판소리는 부분적 개작에 의한 개성적 특화와 즉흥적 변주를 지향한다. 셋째, 판소리에서는 부분적 개작에 의한 특화와 변주를 위해 분절이 자유롭게 이루어질 수 있고 그에 따라 비정합성이 나타날 수도 있다.

(1) 가변성과 미완결성

판소리 같은 구전예술에서 전승은 일차적으로는 전승되는 내용이 보

기보다는 상황 의존적인 특징을 지닌다고 보았다. (W. J. Ong, *Orality and Literacy : The Technologizing of the Word*, London : Routledge, 1982, 37−57쪽 참고)

24) 레비스트로스는 쓰기를 갖지 않은 사람들의 사고 역시 쓰기를 가진 사람들과 마찬가지로 논리적이라고 했다. 그는 기록을 가진 문명의 사유가 추상의 논리에 의해 움직이는 데 비해, 기록을 갖지 않은 야생의 사유는 구체의 논리에 의해 움직인다는 점에서 다르다고 보았다. (레비스트로스, 안정남 옮김, 『야생의 사고』, 서울 : 한길사, 1996, 381−382쪽)

존되고 공유되는 것을 의미한다. 그러나 입에서 입으로 전하는 과정에서 전승 내용이 완벽하게 보존되리라는 보장은 없다. 변화의 가능성은 얼마든지 있다. 변화는 개인의 창작에 의해 일어날 수도 있고 시대적, 사회적 조건들로 인해 집단적으로 일어날 수도 있다. 만일 구전음악이 어떤 것도 보존하지 않고 전적으로 변화하기만 한다면 그것은 주어진 문화에 대한 전승이라고 할 수도 없겠지만, 한결같은 내용을 보존할 뿐 전혀 변화하지 않는다면 자생력을 잃어버리게 될 것이다. 따라서 전승은 반드시 변화를 내포한 보존을 의미한다.[25]

이러한 전승 방식은 작품에 그대로 반영된다. 판소리는 입에서 입으로 전해지기 때문에, 이야기나 곡조의 세세한 부분들이 반드시 어떠해야 한다는 규칙에 얽매이지 않는다. 물론 이야기의 뼈대가 되는 대체적인 줄거리와 소리의 기본적인 틀은 보존되지만, 거기에 살을 붙이거나 변형을 가하는 것이 얼마든지 가능하며 또 바람직한 일로도 여겨진다. 판소리는 전승 과정에서 여러 사람의 개입으로 인해 부분적으로 개작이 이루어지기 마련이다.

판소리는 사설이나 소리에 언제든 첨삭과 변형이 일어날 수 있기 때문에 완결된 전체로서 주어진다고 볼 수 없으며, 악보가 없으니 원전 연주라는 것도 성립하지 않는다. 판소리에는 완결판이 있을 수 없다. 문학적 측면에서 말하자면 단일한 원본 대신 다양한 이본들이 있을 뿐

---

25) 장덕순 외, 『구비문학개설』, 서울 : 일조각, 1993, 3쪽.

이며, 음악적 측면에서 말하자면 단일한 원형 대신 이런저런 갈래로 갈라져 나온 다양한 '바디(制, 流派)'들이 있을 뿐이다. 판소리는 소리를 어디서 받았는가 하는 소리의 바디에 따라 소리의 특징이 다르다. 소리꾼의 소리를 가리킬 때 그것이 어느 지역에서 전승된 소리인지, 또 구체적으로 어느 스승에게서 받은 소리인지 그 특수한 계보를 밝히는 것은 소리의 다양성이 존중되기 때문이다. 다양한 이본들을 종합한 교합본이 교합 작업을 행한 개인에 의해 재구성된 또 하나의 이본에 지나지 않듯이,26) 다양한 바디들의 장점을 두루 취해서 소리를 짠다고 해도 그것 역시 또 하나의 다른 바디로 취급될 뿐이다.

악보로 전하는 음악은 일정불변하며 완결된 형태로 존재한다. 누군가에 의해 작품이 구상되어 일단 악보로 기록되면, 그것 자체가 완성된 작품의 지위를 갖기 때문에 다른 사람이 임의로 고칠 수 없다. 그러나 악보가 없는 음악은 전승 과정에서 여러 사람에 의해 개작이 이루어질 수 있기 때문에 가변적일 수밖에 없으며 따라서 미완결적일 수밖에 없다. 악보로 기록된 음악과 악보 없이 전승되는 판소리가 다른 점은 그러한 가변성과 미완결성에 있다.

---

26) 김흥규, "판소리 연구사", 조동일, 김흥규 편, 『판소리의 이해』, 서울 : 창작과비평사, 1978, 342쪽.

(2) 개성적 특화와 즉흥적 변주

전승 받은 소리에 소리꾼 개인의 특장이라 할 만한 소리를 더 짜 넣어서 탁월한 예술성을 인정받은 것을 '더늠'이라고 한다. 훌륭한 더늠을 전하기 위해서는 전승받은 소리를 자신의 독특한 양식으로 소화하고 표현해내는 고도의 음악성이 필요하다. 소리꾼은 옛 명창들의 훌륭한 더늠과 함께 자신의 더늠을 포함시켜서 소리를 짬으로써 소리를 전승하고 창조해 나간다. 그런데 어떤 대목의 더늠은 전승되면서 길어지거나 짧아지기도 하고 장단이나 조가 바뀌기도 한다. 사설 내용을 고침으로써 음악이 변하기도 하고, 음악의 변화로 인해 사설이 가감되기도 하며, 청중과 어우러지는 공연장의 분위기에 따라 사설과 음악이 변하기도 한다. 이런 복합적인 요인들에 의해 더늠이 형성되고 변화하는 데에서 판소리를 구성하는 틀이 짜인다.[27]

개인의 더늠이 각광받는다는 사실은 누구나 똑같이 소리를 하는 것을 바람직하게 여기지 않음을 뜻한다. 소리꾼은 처음에는 스승에게 배운 대로 소리를 하지만 어느 경지에 들면 자기의 안목에 따라 소리를 다시 짜서 부르고 또 그것을 제자에게 가르치는 경우가 많다. 스승에게서 배운 소리를 판에 박은 것처럼 똑같이 부르는 것은 오히려 '사진소리'라 하여 배척된다.[28] 판소리에서는 소리를 자기 재량껏 특화해

---

27) 이보형, "판소리 음악 구성의 틀 : 무가와 대비하여", 『한국음악연구』 20, 한국국악학회, 1992, 23-24쪽.

낼29) 수 있는 독창성이 존중된다. 판소리는 부르는 사람에 따라 사설과 음악이 달라지기도 하지만, 같은 사람이 부르더라도 때에 따라 소리가 다를 수 있다. 판소리에서는 부를 때마다 달라지는 즉흥적인 소리가 주목받는다.30) 소리꾼의 역량은 개성적 특화와 즉흥적 변주 능력에 달려 있다.

개성 있는 연주는 모든 예술이 지향하는 바일 것이다. 그러나 개성이 허용되는 범위에는 음악문화에 따라 차이가 있다. 근대 서양 음악에서는 작곡자가 창작한 작품을 악보로 내놓으면, 연주자는 악보가 지시하는 대로 연주를 하게 되어 있다. 물론 연주자가 자기 방식으로 곡

---

28) 이혜구, "국악을 통해 본 한국의 멋", 『만당문채론』, 서울 : 서울대학교출판부, 1970, 427쪽.

29) 여기서 '특화'라는 말은 일반 규칙에 매이지 않는 개성적 연출이나 어떤 국면의 특수성을 포착하는 행위를 가리키는데, 이 개념은 서양철학이나 중국 철학의 방법을 유화(類化)의 방법으로 보고 그것과는 대조적으로 특화(特化)를 한국 사람의 논리이자 살아있는 모든 것들의 행태로 보는 철학(박동환, 『안티호모에렉투스』, 강릉 : 길, 2001, 123-126쪽 참고)에서 빌려온 것이다.

30) 조학진 명창은 언제나 똑같이 부르는 소리를 사진소리라 하여 배척하였다. (이혜구, "한국음악의 특성", 『한국음악논총』, 수문당, 1976, 53쪽) 또한 신학조 명창은 소리를 하다가 어느 지경에 이르러서 특조를 발하여 사람을 경탄케 하는 것이 전무후무하리만큼 남달랐다. 소리를 천편일률적으로 하지 않고 언제든지 남과는 다르게 자유자재로 뒤바꿔서 창작적 색채를 표현하는 것이 그의 특장이었다. (정노식, 『조선창극사』, 서울 : 민속원, 1992, 152쪽)

을 해석하는 데에서 나름대로 개성을 발휘할 수 없는 것은 아니지만, 그의 해석은 악보가 지시하는 내용을 벗어나서 이루어질 수 없다는 한계를 지닌다. 서양 음악에서는 작곡자와 연주자가 엄연히 다른 인물이며, 그 역할의 경계가 뚜렷하다. 그러나 판소리에서는 작곡자와 연주자가 따로 분리되지 않은 채, 거의 연주에 의해서 음악이 생성되고 전승된다. 이런 음악문화에서 살아나는 것이 변통성을 추구하는 즉흥연주인데, 즉흥연주를 통해 다양한 악곡들이 파생하게 된다.[31] 연주자가 기존에 전승 받은 소리에 자신의 개성이 발휘된 소리를 더 짜서 넣음으로써 전체 판을 확대 변형시킬 수 있기 때문에, 연주의 자유가 곧 창작의 자유에 미치는 수준이 되고 연주자는 창작에 직접 참여하는 작곡자가 되는 것이다. 고정 선율을 따르는 서양의 연주자들에게는 음악의 해석이나 추창조(追創造)에 대한 책임은 있지만, 창조에 대한 책임은 없다. 그러나 판소리 소리꾼은 창조에 대한 책임도 지고 있기 때문에, 소리를 어떻게 짜야 하는가 하는 중대한 문제에 부딪친다.[32]

소리를 짜는 데 있어서 원칙이 없는 것은 아니다. 더구나 판소리는 극적인 표출력이 강한 고도의 예술음악이기 때문에, 사설의 문학성과 소리의 음악성이 밀접한 연관 하에 결합된다.[33] 소리꾼은 '이면(裏面)

---

31) 이혜구, "한국 음악의 특성", 『한국음악논총』, 서울 : 수문당, 1976, 51-52쪽.

32) 이보형, "민속음악에 나타난 미의식 : 판소리와 산조를 중심으로", 『음악세계』 83, 음악세계사, 1981, 136쪽.

33) 이보형, "판소리 사설의 극적 상황에 따른 장단조의 구성", 조동일, 김흥규

에 맞게 소리를 해야 한다'고 하는데, 이것은 사설의 내용에 따라 그것을 적절하게 표현할 수 있는 장단이나 선율이 있음을 뜻한다.34) 그러나 이런 원칙 자체가 이미 상당한 유동성을 허용하고 있다. 소리꾼이 어떤 대목의 이면을 어떻게 이해하고 있는가에 따라, 이런 장단을 쓸 수도 있고 저런 장단을 쓸 수도 있기 때문이다. 이런 불규칙성은 서양 음악의 기준으로 보면 일종의 결함일 수도 있지만, 소리를 짤 때 이처럼 소리꾼이 자유자재로 변화를 줄 수 있는 것이 바로 판소리의 특징이다.35)

또 판소리는 사설 한 문장을 한 장단주기 안에서 소화하는 '대마디대장단'36)으로 짜는 것이 원칙이지만, 온통 대마디대장단으로만 소리를 짜면 단조롭게 들리기 때문에, 장단에 사설을 붙이는 '붙임새'의 변화 또한 필요하다. 이를테면 '엇붙임'으로 각 장단이 끊이지 않게 하거나, '잉어걸이', '완자걸이', '교대죽'으로 리듬에 변화를 주거나, '장단던져 놓고 소리한다'거나 '장단 달아 놓고 소리한다'고 할 정도로 소리와 장단이 맞아 떨어지지 않는 자유리듬의 '도섭'으로 리듬에 신축성을 줄 필요가 있다.37) 붙임새를 잘못 써서 '소리 눈'을 해치면 '생짜붙임',

---

편,『판소리의 이해』, 서울 : 창작과비평사, 1978, 197쪽.

34) 같은 책, 180-181쪽.

35) 정노식,『조선창극사』, 서울 : 민속원, 1992, 9-10쪽.

36) 이보형, "판소리 붙임새에 나타난 리듬론",『장사훈박사 회갑기념 동양음악 논총』, 한국국악학회, 1977, 111쪽.

37) 같은 책, 105, 107쪽.

'억지붙임'이 되어 오히려 낭패를 볼 수도 있지만, 음악성이 좋은 '자연붙임'을 써서 붙임새에 적절한 변화를 주는 것은 필수적이다.[38]

판소리에서는 선율 또한 '맺고 풀도록' 짜야 한다. 맺고 풀고 나면, 다시 다른 가락으로 맺고 푸는 것을 구상해서 짜야 한다. 변화 없이 단순한 가락으로 일관할 때에는 '외목'이라 하여 좋지 않게 평하며, 앞에 나온 가락이 반복될 때에는 '가락이 겹친다'고 하여 피하려고 한다. 조, 선율, 리듬, 성역(聲域), 발성 등의 변화는 이면을 그리는 데에서뿐만 아니라 가락을 맺고 푸는 데에서도 끊임없이 추구된다.[39] 판소리에서는 소리꾼의 의장에 따라 음악의 구체적인 내용들이 얼마든지 달라질 수 있다.

판소리에서 즉흥성이 얼마나 중요한지는 공연양식에서도 드러난다. 판소리 공연에서는 소리꾼이 소리를 내기 전까지는 소리가 어떻게 짜이는지를 알 수 없다. 악보를 가지고 연주하는 서양 음악에서는 박자와 선율이 악보에 미리 정해져 있기 때문에 노래에 앞서 반주가 먼저 나오고 그 반주에 맞춰서 노래를 하게끔 되어 있다. 그러나 판소리에서는 소리꾼이 소리를 내기 전에는 어떤 대목들을 어떻게 엮어갈 것인지, 각 대목의 장단과 선율을 어떻게 짜나갈 것인지를 알 수 없기 때문에, 미리 반주를 넣을 수 없다. 그래서 판소리는 선율 반주 없이 그때

---

38) 같은 책, 110쪽.

39) 이보형, "민속음악에 나타난 미의식 : 판소리와 산조를 중심으로", 『음악세계』 83, 음악세계사, 1981, 136쪽.

그때 소리를 들으면서 맞춰나가는 간단한 북장단만으로 반주를 한다.

소리꾼이 장단을 자유롭게 짜나간다는 사실은 소리에 맞춰서 반주를 해야 하는 고수를 끊임없이 긴장시키는 요인이 된다. 대목마다 장단이 미리 정해져 있어서 그 약속에 따라 소리를 하는 것이 아니라, 각 대목마다 소리꾼이 처음에 내는 소리, 즉 '내드름'을 듣고 나서야 비로소 고수는 그것이 어떤 장단인지를 알아차리고 가락을 넣을 수 있기 때문이다.40) 만약 소리꾼이 소리를 내기 전에 관례대로 장단을 예상해서 가락을 넣었다가는 낭패를 보게 된다. 각 대목의 장단은 그 현장에서 파악할 수밖에 없다. 따라서 판소리 공연에서는 고수에게도 소리꾼 못지않은 순발력과 현장경험이 요구된다. 고수는 단순한 반주자 이상이다. 같은 소리꾼이라도 어떤 고수가 북을 잡는가에 따라 소리의 질이 달라지는 것은 고수가 북 가락과 '추임새'를 통해 소리꾼에게서 좋은 소리를 이끌어낼 수 있는 능력을 발휘하기 때문이다. 그런 고수의 역할을 가볍게 볼 수 없기 때문에 '일고수 이명창(一鼓手 二名唱)', '숫고수 암명창'이라고 하고, '소년 명창은 있어도 소년 명고(名鼓)는 없다'고 하는 것이다.

판소리는 소리꾼과 고수만으로 이루어지지 않는다. 판소리는 청중들이 모인 현장에서 불리는 판41)의 예술이다. 소리꾼은 청중과의 공감

---

40) 박헌봉, "창악의 음조와 발성", 조동일, 김흥규 편, 『판소리의 이해』, 서울 : 창작과비평사, 1978, 135쪽.

41) 여기서 '판'은 많은 사람들이 모여서 특수한 행위가 운영되는 장소를 뜻한

을 떠나서는 존립할 수 없다. 그의 예술은 다양한 현장의 청중들과 통할 수 있어야 하는데, 일정한 소리만 가지고서는 그 요구를 감당할 수 없다.42) 소리꾼이 고려해야 하는 것은 자신이 품고 있는 소리만이 아니다. 소리꾼은 공연 현장의 분위기를 읽고 그에 대처하는 즉흥성을 발휘해야 한다. 소리꾼이 소리를 시작하기 전에 가벼운 단가를 먼저 부르는 것은, 청중들의 반응을 통해서 그들의 취향과 수준을 가늠해보기 위해서다. 청중들이 대체로 설움조의 소리에 만족하는 분위기라면 그 방향으로 소리를 끌고 가는 것만으로도 문제가 없겠지만, 만일 청중들 가운데 소리 속을 훤히 꿰뚫고 있는 '귀명창'이 한 사람이라도 있다면 자신의 온 공력을 다해 소리를 할 것이다. 소리판의 분위기를 파악하는 것은 시대의 분위기를 읽고 대변하는 문제이기도 하다. 판소리가 변화하는 시대에 살아남을 수 있었던 것은 그 시대의 요구에 융통성 있게 적응해 왔기 때문이듯이,43) 소리꾼이 어느 판에서든 소리를

다. (정병욱,『한국의 판소리』, 서울 : 집문당, 1993, 24쪽) '판'이라는 말에는 이 밖에도 '전체'라는 뜻이 있다.

42) 김흥규, "판소리의 서사적 구조", 조동일, 김흥규 편,『판소리의 이해』, 서울 : 창작과비평사, 1978, 126-127쪽.

43) 근대 판소리에 획을 그은 송만갑 명창에 따르면 소리꾼은 주단포목상과 같아서 비단을 달라는 이에게는 비단을 주고 무명을 달라는 이에게는 무명을 주어야 한다고 했다. 이것은 비단과 같은 고법(古法)만 가지고는 현대의 대중적 요구에 적응할 수 없다는 의미이다. (정노식,『조선창극사』, 서울 : 민속원, 1992, 184쪽) 송만갑 명창은 가문의 법통을 무시하고 다른 소리를 한다는 비난도 받았지만, 시대적 요구에 순응하는 것이 합리적이라고 답하

할 수 있었던 것은 그 판에 모인 청중들의 취향과 수준에 맞게 소리를 짜나가는 즉흥적 변주 능력을 발휘해 왔기 때문이다.44)

더구나 판소리 판에서 청중은 단지 수동적인 감상자가 아니다. 서양의 예술음악 공연장에서 청중은 조명을 받는 무대 위의 연주자와 떨어져 있는 어둠에 묻힌 객석에서 침묵을 지키며 공연을 감상하다가 공연이 일단락 지어져야 박수를 칠 수 있는 익명의 수동적 감상자이다. 그러나 소리판에서 청중은 무대와 객석이라는 간격을 초월하여 판의 참여자로서 역할을 한다.45) 청중은 중간에 추임새를 통하여 소리의 흥을 돋우거나 소리에 평을 한다. 그렇게 그때그때 소리에 반응하면서 소리판을 형성하는 데 일조하는 것이다. 소리판에서 청중의 비중을 가볍게 볼 수 없기 때문에, '일청중(一聽衆), 이고수(二鼓手), 삼명창(三名唱)'이라고도 하는 것이다. 소리꾼과 고수와 청중이 함께 어우러지는 현장에서 이루어지는 판소리 공연은 그 현장의 분위기에 맞게 즉흥적 연주가 얼마나 잘 이루어지는가에 따라 성패가 갈린다.

판소리의 묘미는 전승 받은 것에 대한 개성적 특화와 현장에서의 즉

며, 시대의 요구를 반영하는 소리를 구사했던 명창이다. (같은 책, 196쪽)

44) 박기홍 명창은 미리 놀음채(보수)를 정하고 소리를 했다고 한다. 지금 돈으로 50만원이면 50만원만큼, 100만원이면 100만원만큼 밖에는 소리를 하지 않았다는 것이다. 돈을 목적으로 해서가 아니다. 돈의 많고 적음에 따라 자신의 기예의 정도를 조절하여 자유자재로 표현하리만큼 그 역량이 큼을 알게 한 것이다. (박황, 『판소리 이백년사』, 사상사회연구소, 1994, 131쪽)

45) 정병욱, 『한국의 판소리』, 서울 : 집문당, 1993, 27쪽.

흥적 변주에 있다. 개성적 특화를 할 수 있다는 것은 결국 자기 멋[46]
을 낼 수 있다는 것이고, 즉흥적 변주를 할 수 있다는 것은 그때그때
현장의 상황에 맞출 수 있다는 것이다. 판소리는 악보도 없이 아무렇
게나 부르는 것으로 보일 수 있지만, 판소리가 지향하는 것은 자기표
현을 실어 그야말로 '제멋 대로' 부르고 그때그때 자유자재로 변통할
수 있는 소리라고 할 수 있다.

(3) 분절성과 비정합성

판소리는 전승 과정에서 보다 극적인 표현을 위해 부분적으로 개작
이 이루어지면서 판이 짜인다. 또한 판소리는 부를 때에도 전판을 다
부르지 않고 원하는 부분만 떼어서 '마디소리'[47]로 부를 수 있는데,[48]

---

46) 이혜구, "한국음악의 특성", 『한국음악논총』, 서울 : 수문당, 1976, 54쪽.

47) 전판 공연을 하는 판소리의 상대적인 개념으로서 '도막소리'를 '마디소리'라
   한다. (이보형, "판소리의 학술용어", 『한국음악연구』 25, 한국국악학회,
   1997, 10쪽) 한국 전통 음악 용어에서 '판'은 전체를, '마디'는 부분을 가리
   킨다. 제대로 장소와 청중과 도구에 구색을 갖추고 처음부터 끝까지 짜서
   벌이는 공연을 판놀음이라 하는데, 판놀음으로 벌이는 소리를 판소리라고
   하고, 판놀음으로 벌이는 줄타기를 판줄이라고 한다. 이와는 달리 구색을
   갖추었으되 일부분만을 공연할 경우에는 도막놀음 또는 마디놀음이라 하는
   데, 소리를 마디놀음으로 벌일 경우에는 도막소리 또는 마디소리라 하고,
   줄타기를 마디놀음으로 벌일 경우에는 마디줄이라 한다. (같은 책, 11쪽)

48) 조동일은 이것을 '부분의 독자성'이라고 설명하고 있다. (조동일, "판소리의
   전반적 성격", 조동일, 김흥규 편, 『판소리의 이해』, 서울 : 창작과비평사,

이런 연행의 전통도 부분의 극적 표출을 위한 개작의 계기가 되었을 것이다. 부분적으로 개작이 이루어지기 때문에 각 부분들은 전체 맥락 가운데 일정한 자리에 일정한 모양으로 고정되어 있는 것이 아니라, 기존의 맥락으로부터 일탈하여 새로운 맥락을 구성할 수 있는 유동성을 지닌다. 판소리의 각 부분들은 분절49)이 자유롭다.

오랜 시간을 두고 여러 사람에 의해 부분적으로 개작이 이루어지는 과정에서 각각의 부분은 부분대로 첨가되고 변모되기 때문에, 때로는 다른 부분들과 어그러지기도 하고 표현의 불균형이 초래되기도 한다.50) 또 다양한 계층의 요구를 대변하려다 보니 관점이나 주제가 통일되지 못하고 상충되는 여러 관점들이 뒤섞여서 제시되기도 한다.51)

1978, 24쪽) 여기서 '독자성'이라는 표현은 전체의 유기적 연관에 얽매여서 고정되어 있지 않다는 뜻으로 해석될 수 있다.

49) 여기서 '분절'이라는 말은 이전에 속해 있던 맥락으로부터 일부가 갈라져 나와 변이를 이루고 그것이 다시 다른 부분들과 새로운 조합을 이루게 되는 모양을 가리키기 위해 쓰였지만, '분절(마디지음)'을 모든 살아 있는 것들의 삶의 행태를 가리키는 것으로 보는 다음의 철학적 해석을 염두에 두고 빌려온 것이다. "분절은 그 놓여 있는 맥락에서 요구된 구실에 대응하는 자기 조절의 행위이며 결과이다. …… 살아 있기 위하여 자신을 타자 또는 환경의 부분으로/ 타자 또는 환경을 자신의 부분으로 수렴하고 조절하는 구실을 하는 마디로 추슬러 가는 행위, 이것이 마디지음이다." (박동환, "4각 안의 철학자들과 대안의 패러다임 : 마디지음(articulation)과 빠져있음(immersionism)", 미발표문 참고)

50) 조동일, "판소리의 장르 규정", 조동일, 김흥규 편, 『판소리의 이해』, 서울 : 창작과비평사, 1978, 48쪽.

51) 조동일, "판소리의 전반적 성격", 조동일, 김흥규 편, 『판소리의 이해』, 서울 :

이래저래 판소리에는 장황한 수사, 전체적인 흐름에 비해 불필요하게 부연된 사설, 모순되는 에피소드, 서술의 관점이나 태도의 혼란을 보이는 예가 자주 나타난다.[52] 이런 특징들은 결과적으로 판소리가 정합성을 결여하고 있다는 판단을 내리게 한다.

만일 아리스토텔레스의 『시학』과 같은 서양의 고전적인 예술론이 정하는 규범에서 본다면, 정합성을 결여하고 있는 판소리는 하나의 예술 작품으로서 마땅히 따라야 하는 기준을 충족시키지 못하는 것으로 보일 수 있다. 아리스토텔레스는 플롯의 완결성을 요구한다. 즉 작품은 시초와 중간과 종말이라는 하나의 완결된 체험 단위를 형성해야 한다. 작품의 유기적 완결성을 해치는 요소나 부분은 배제되어야 하고, 각각의 부분은 다른 부분들과의 긴밀한 관계로부터 자유로울 수 없다.[53] 그러나 플롯의 형식이 작품의 제일원리라는 생각이 일반화될 수 있을지는 의문이다.[54] 비정합성을 허용하는 판소리는 서양의 플롯과는 다른 원리에 따라 움직이는 것으로 보이기 때문이다.

판소리에서 중요한 것은 전체의 정합성이 아니다. 플롯이 중시되는 양식에서는 부분이 전체의 구조를 위해 봉사하지만, 판소리에서는 오

창작과비평사, 1978, 17, 19, 24-27쪽.

52) 김흥규, "판소리의 서사적 구조", 조동일, 김흥규 편, 『판소리의 이해』, 서울 : 창작과비평사, 1978, 103쪽.

53) 같은 책, 106쪽.

54) 같은 책, 106-107쪽.

히려 전체 사건의 흐름이 부분을 위해 봉사한다. 소리꾼의 소임은 청중들이 이미 뻔히 다 알고 있는 이야기의 줄거리를 전달하는 데 있는 것이 아니라, 주어진 이야기의 각 부분들을 절실하게 연출하는 데 있다. 그러기 위해서 소리꾼은 각 부분에 내포된 의미와 정서를 강화하고 확장한다. 그 과정에서 장황한 수사가 필요하기도 하고, 부분의 의미를 강조하다 보면 부분들 사이에 모순이 생기기도 한다.[55] 비정합성을 감수하면서까지 소리꾼이 추구하는 것은 어떤 부분을 최대한 극적으로 표현해내는 것이다. 극적 표출이 뛰어난 부분적 개작, 즉 더늠이 후대에 지속적으로 수용될 수 있는 것도 판소리가 유기적 통일성보다는 개성적 특화에 가치를 두기 때문이다. 판소리를 연행하거나 감상하는 데 있어서는 각 부분의 특화와 변이 양상에 초점이 주어진다. 그럼으로써 부분들의 관계에 대한 관심이 상대적으로 무마, 진정, 회피되기 때문에, 더러 비정합성이나 모순이 나타나더라도 심각하게 문제시되지 않을 수 있다.

또한 각 부분들은 언제든 새로운 조합을 창출해낼 수 있기 때문에, 비정합성이나 모순은 애초부터 심각한 문제로 인식되지 않을 수 있다. 각 부분들이 분절성을 지니기 때문에 부분들끼리의 관계는 어차피 임시적이고 유동적일 수밖에 없다. 비정합성이나 모순은 다시 엮이는 모양에 따라서 얼마든지 다른 모양으로 재조정될 여지가 있다. 필요에

---

55) 같은 책, 115쪽.

따라서는 각 부분들의 비중을 조절해서 모순 양상을 누그러뜨릴 수도 있고, 부분들에 첨삭을 가해서 모순을 비껴갈 수도 있다. 부분들의 조합으로 이루어지는 작품 자체가 완결성과 고정성을 지니고 있지 않기 때문에, 그러한 조합에서 나타나는 비정합성이나 모순 또한 절대적인 것으로 인식되지 않는다. 분절성은 비정합성의 원인이기도 하지만 동시에 해법이기도 하다.

3) 음악체계의 특징

판소리는 구전심수로 전승되는 음악문화를 배경으로 형성 발전해 왔기 때문에 악보화 된 적이 없기도 하지만, 음악체계의 성격으로 보더라도 악보화 되기 힘든 점이 있다. 판소리는 그만큼 사설도 길고 소리의 변화가 심한 음악이기 때문이다.[56] 그러나 이해와 연구의 차원에서라도 판소리의 악보를 만들어 보면 어떨까? 부르는 사람이나 때와 상황에 따라 소리가 달라질 수 있다는 점은 차치해두고라도, 한 소리꾼이 특정 순간에 부른 한 대목만이라도 악보에 옮겨 볼 수는 없을까? 요즘처럼 서양의 오선보에 옮겨 보면 어떨까? 판소리를 오선보에 기보된 대로 연주할 경우에 그것은 더 이상 판소리가 아니게 된다. 판소리

---

[56] 박헌봉, "창악의 음조와 발성", 조동일, 김흥규 편, 『판소리의 이해』, 서울 : 창작과비평사, 1978, 131쪽.

의 맛을 내는 결정적인 특징들이 모조리 빠져 나가기 때문이다. 서양 악보에 담기지 않는 판소리의 비결은 무엇인가?

판소리를 오선보로 옮길 경우에 오선보에서 빠져나가거나 왜곡되는 점이 무엇인지를 살펴보면, 역으로 서양 음악과 구별되는 판소리의 음악적 특징이 무엇인지를 알 수 있다. 오선보는 박자와 선율과 화성 그리고 약간의 악상기호만 표기하기 때문에, 판소리의 핵심이라 할 수 있는 거친 음색과 성음의 변화는 나타낼 수 없다. 또 서양 음악의 선율과 박자에 해당하는 판소리의 '길'과 '장단'도 오선보에는 제대로 반영되지 않는다. 오선보에는 판소리의 '시김새'가 그려지지 않을 뿐 아니라, 판소리의 장단도 왜곡되게 표기된다. 판소리는 다른 어떤 음악보다도 고저장단의 변화가 무궁할 뿐 아니라 그 연주기법이나 박의 구성 원리 자체가 다르기 때문에, 서양 음악의 개념으로 대치하기 어려운 점이 있다.

이런 문제들은 판소리의 음악체계가 서양의 그것과 다름을 시사한다. 첫째, 판소리는 맑고 고운 음색이 아니라 거친 음색을 지향하며, 성음에 다양한 변화를 주는 성음놀음을 지향한다. 둘째, 판소리는 기본 음정에 장식음과 유동음이 배합된 복잡한 시김새를 구사할 것을 추구한다. 셋째, 판소리 장단은 나눔(분할)의 원리가 아니라 모임(집합)의 원리로 구성된다.

(1) 거친 성음

서양 사람이 판소리를 듣고 가장 당혹스러워하는 것은 거친 음색이다. 서양 성악가에게 판소리의 선율과 장단을 최대한 반영한 오선보를 만들어주고 불러보게 할 때 그가 부르는 것이 판소리로 느껴지지 않는 것은 음색 때문이다. 서양의 성악가는 그의 관습대로 맑고 고운 음색으로 소리를 내기 때문에, 거친 성음으로 불러야 제 맛이 나는 판소리의 느낌이 살아나지 않는 것이다. 이런 대비를 통해서 보더라도 '성음'은 판소리의 결정적인 특징이다.

판소리는 단전으로부터 소리를 내는 '통성'으로 불러야 하며, 소리를 맺고 끊음이 없이 줄줄 엮어가는 것이 아니라 장작 패듯이 엄한 기세로 불러야 하는 '패기소리' 또는 '패개소리'라는 점에서 다른 음악과 차별화된다. 판소리는 '패개성음'으로 소리를 짜야지 '어정성음'으로 소리를 짜면 안 된다고 하는 것은 두껍고 엄하게 소리를 내야지 부드럽고 애련하게 소리를 내서는 안 된다는 것을 뜻한다.[57] 치열한 통성으로 소리에 날을 세워 쭉쭉 뻗어나가는 '서슬이 있는' 소리라야 제대로 된 판소리 성음이라고 할 수 있다. 아무리 선율과 장단을 잘 소화해내더라도 판소리의 성음이 아니면 판소리의 맛을 내기 어렵다. 그래서 '성

---

57) 이보형, "창우집단의 광대소리 연구 : 육자배기 토리권의 창우집단을 중심으로", 『한국전통음악논구』, 고려대학교 민족문화연구소, 1990, 107, 109쪽. 어정성음은 무가(巫歌)의 성음이다.

음이 아니면 길이 아니다', '성음이 아니면 소리가 아니다'라고 하는 것이다.

판소리를 거친 음색으로 부르는 것은 한국 사람이 거친 음색에서 아름다움을 느끼기 때문이다. 맑고 고운 음색을 좋게 평가하는 서양 사람의 관점에서 보면 거칠고 탁한 소리는 결코 좋은 소리라고 할 수 없다. 그러나 판소리에서는 오히려 맑고 고운 양성을 되바라진 소리라 하여 꺼려한다.58) 소리가 지나치게 맑고 깨끗하면 깊은 맛이 없다고 보기 때문이다.59) 판소리에서는 거친 소리를60) 잘 삭은 소리, '곰삭은 소리',61) '그늘이 있는 소리'라고 하여 높이 평가한다. 그늘이란 이를테면 거목으로 자란 나무가 울창한 가지를 드리우며 온갖 새들을 그 품안에 싸안는 너그러운 여유를 지니듯이 잘 삭은 소리에서 빚어지는 미적 운치를 이르는 말로서,62) 판소리에서는 목 성음에 살이 붙고 그늘이 따라야 깊은 맛이 있다고 보았다.63) 이처럼 선호하는 음색의 차

---

58) 판소리에서는 되바라진 '양성' 외에도 발발 떠는 '발발성', 콧소리가 나는 '비성' 따위를 좋지 않은 성음으로 친다. (이보형, "판소리란 무엇이냐", 『뿌리깊은 나무 판소리』, 서울 : 한국브리태니커사, 11쪽)

59) 정병욱, 『한국의 판소리』, 서울 : 집문당, 1993, 66-67쪽.

60) 판소리의 성음에는 여러 가지가 있는데, 쉰 목소리처럼 껄껄하게 나오는 '수리성', 쇠망치와 같이 건강하고 딱딱한 '철성', 튀어 나오는 '천구성'을 좋은 성음으로 친다.

61) 천이두, 『한의 구조 연구』, 서울 : 문학과지성사, 1993, 119쪽.

62) 같은 책, 117-118쪽.

이에서부터 판소리와 서양 음악의 미적 기준이 갈라진다.

오선보에는 표기되지 않는 음색의 차이를 음향학적으로 분석해 보면, 음색의 정체에 보다 접근할 수 있다. 사람이 어떤 음을 낼 때 하나의 음을 내는 것 같지만, 사실 거기에는 여러 음들이 섞여 있다. 음은 여러 음들의 적층(積層) 구조로 되어 있다. 보통은 기본음만을 분명히 들을 수 있지만, 주의를 집중하면 기본음 위에 희미하게 들리는 배음(倍音)까지 들을 수 있는데,64) 배음이 많이 나는 음은 풍성한 느낌을 준다. 음색의 차이는 배음의 구성에 따라 나타나는 것이다.65) 맑고 고운 소리는 기본음에 충실하여 배음이 적게 나는 소리이며, 거칠고 텁텁한 소리는 기본음과 함께 배음이 적당히 섞여 나오는 소리이다. 맑고 고운 음색을 추구하는 것은 배음을 솎아내서 기본음으로 수렴되는 순일한 소리를 얻고자 하는 것이며, 거칠고 텁텁한 음색을 추구하는 것은 정제되지 않은 복합적인 소리를 얻고자 하는 것이다.

원하는 음색을 얻기 위해서는 그 음색을 낼 수 있는 발성을 해야 한다. 맑고 고운 음색에서 미감을 느끼는 서양의 가곡이나 오페라에서는 그런 음색을 얻기 위해서 소리를 부드럽게 낸다. 이른바 벨칸토 창법이라고 해서 목을 동글게 열어 성대의 마찰을 최소화시키고 성대에 압

---

63) 정병욱, 『한국의 판소리』, 서울 : 집문당, 1993, 67쪽.

64) 모든 음은 16개의 서로 다른 진동수를 가진 음들의 배합이다. 사람의 귀로는 16개의 음을 다 들을 수 없지만, 귀가 좋으면 7개까지 들을 수 있다.

65) 서우석, 『음악현상학』, 서울 : 서울대학교출판부, 1989, 15쪽.

박이 가해지지 않도록 소리를 내는 것이다. 또 맑고 고운 소리를 가능한 한 큰 음량으로 얻기 위해서 공명을 많이 내는 발성을 한다.66) 그러나 배음이 섞인 거친 음색에서 미감을 느끼는 판소리에서는 소리를 띄워서 내는 것을 꺼려하며 거친 음색을 얻기 위해서 소리를 강하게 낸다. 즉 성대에 힘을 주고 성대를 비벼서 소리를 낸다.67) 풍부한 성량은 소리꾼 역시 얻고자 하는 바이지만, 소리꾼은 공명보다는68) 목 자체의 단련을 통해서 큰 성량을 얻는다. 성대를 비벼서 소리를 내면 성대의 무리한 마찰로 인해 목이 쉬고69), 그렇게 목이 잠겼다 풀렸다 하는 수련을 계속 하다 보면 목에 굳은살 같은 것70)이 생겨서 아예

---

66) 목소리는 공기로 성대를 진동시켜서 나오게 된다. 적은 양의 공기로 성대를 진동시키는 것만으로는 미미한 음량을 얻을 수밖에 없지만, 그 소리를 공명 기관에 공명시키면 성량이 풍부하고 부드러운 소리가 나게 된다.

67) 서양의 성악에서는 성대에 압박을 가하지 않는 부드러운 소리(軟起聲, soft attack)를 내는 데 비해, 판소리에서는 성대에 파열적으로 힘을 주어 발성하거나(硬起聲, hard attack) 성대가 압박을 받아서 소리를 내는(壓迫起聲, press attack) 것처럼 들리도록 발성을 한다. (이택희, 『가창 발성법』, 서울 : 질그릇, 1986, 66쪽)

68) 서양 음악에서는 주로 두부(頭部)와 비강(鼻腔)의 공명을 사용해서 소리를 내는 데 비해, 판소리에서는 두부와 비강의 공명을 꺼려하며, 구강(口腔) 과 흉부(胸部)의 공명을 쓸 뿐이다. (김기령, "한국 판소리의 가창적 특징", 『판소리연구』 2, 판소리학회, 1991, 44쪽)

69) 성대에 힘을 주는 발성을 계속 하다보면 성대에 무리가 가서 염증이 생기게 된다. (같은 책, 69쪽)

70) 의학에서는 이것을 만성후두염의 일종인 성대결절이라고 한다. (문영일, 『아

성대가 변하기도 하는데,[71] 고비를 잘 넘기면 마침내 판소리가 지향하는 최고의 소리, 즉 엄청난 성량의 구성지고 서슬 있는 소리를 얻게 된다. 이른바 '득음(得音)'을 하게 되는 것이다.

그러나 목을 얻는 것으로 곧 판소리의 맛을 내게 되는 것은 아니다. 판소리가 '목구성'에 가치를 두는 것은 사실이지만, 그것은 어디까지나 기본적으로 갖추어야 할 요건에 지나지 않는다. 정작 판소리의 맛을 내기 위해서는 그렇게 얻은 성음을 잘 부릴 줄 알아야 한다. 아무리 좋은 목이더라도 늘 똑같이만 내서는 안 된다. 소리꾼은 성음의 변화를 유도해 나가야 한다. 판소리는 전력투구하는 치열한 통성으로 중심을 잡고 나가야 하지만, 소리 전체를 통성으로 할 수는 없으니,[72] '겉목'[73]도 적절히 안배해서 써야 한다. 또 필요에 따라서는 반드시 '속목'을 써야 할 때도 있고, 통성과 속목을 교차하여 쓰는 경우도 있다.[74] 소리꾼은 목을 여러 방식으로 잦혀서 내는 '목재치'[75]로써 여

름다운 목소리』, 서울 : 청우, 1991, 121-123)

71) 소리꾼은 수련을 통해서 성대를 해부학적으로 아예 다른 모습이나 상태로 바꾸어 놓는 것처럼 보인다. (문승재, "국악 발성법의 음향학적 특질 : 판소리의 "득음"의 의미", 『판소리연구』 7, 판소리학회, 1996, 105쪽)

72) 이규호, "판소리 창자의 발성 교육에 대하여", 『판소리연구』 9, 판소리학회, 1998, 83쪽.

73) 겉목이란 피상적으로 싱겁게 내는 소리를 말한다. (같은 책, 81쪽)

74) 시김새를 넣을 때 속목(假聲)을 섞어서 써야 하는 경우가 있다. (이보형, "한국 음악의 시김새 연구방법 시론 : 민속음악을 중심으로", 『음악논단』 13, 한양대학교 음악연구소, 1999, 12쪽)

러 가지 기교를 부려서 다양한 성음을 구사할 줄 알아야 한다. 또 처음에 소리를 밀어서 냈으면 다음에는 당겨주고, 조여서 냈으면 다음에는 풀어주어야 한다. '밀었다 당겼다' '조였다 풀었다'를 되풀이하면서 긴장과 이완을 조절해야 하는 것이다. 그래서 '판소리는 성음놀음'이라고 하는 것이다.

(2) 복잡한 시김새

판소리의 발성 기교인 목재치는 선율에 얹혀서 나타나기 때문에 선율상의 기교와 연계된다. 소리꾼이 목을 써서 소리를 낼 때 골격을 이루는 음에 많은 유동음과 장식음이 따라붙게 되는데, 그러한 것을 '시김새'[75)라고 한다. 한국 음악에서는 기악 연주에서도 선율 진행에서

---

75) 진봉규, 『판소리 : 이론과 실제』, 서울 : 수서원, 1989, 52쪽. 목재치에는 '푸는 목', '감는 목', '떼는 목', '찍는 목', '방울 목', '미는 목', '마는 목', '끊는 목', '깎는 목', '다는 목', '엮는 목', '잦힌 목', '엎는 목', '뽑스린 목', '졸라 떼는 목', '튀는 목', '주어 담는 목', '너는 목', '찌른 목', '짜는 목', '파는 목', '넓은 목', '훑는 목', '까부는 목' 등이 있다. (같은 책, 53~56쪽)

76) '시김새'라는 말의 어원은 분명치 않지만, 대체로 다음과 같은 설이 있다. 첫째, 실제로 스승이 소리를 가르칠 때 소리를 '쑤셔라' '굴려라' '감아라'라는 식으로 시키는데, '목을 이리저리 시기는(시키는) 대로 하는 것'을 뜻하는 것으로 볼 수 있다. 둘째, '삭임'이라는 말처럼 '음식이 발효되어 좋은 맛을 내는 것'을 뜻하는 것으로 볼 수 있다. 셋째, 장식음이라는 말을 줄인 '식음(飾音)'을 뜻하는 것으로 볼 수 있다. (이보형, "한국음악의 '시김새' 연구방법 시론 : 민속음악을 중심으로", 『음악논단』 13, 한양대학교 음악연

음을 떨거나(搖聲, 轉聲)77) 꺾어서 끌어내리는(退聲)78) 등 이른바 '농현(弄絃)'79)이라는 연주기법이 쓰인다. 이렇듯 기본음에 단청과 채색을 입혀서 다양한 음정 변화를 유도하는 '각구목질' 내지 '각구녁질'은 한국의 성악과 기악에서 두루 나타나는 특징이다. 목재치, 농현, 각구목질, 각구녁질 등으로 음악 부문에 따라 다르게 쓰이기는 하지만, 그것들은 모두 발성과 선율상의 기교를 일컫는 시김새의 다른 표현들이다.

시김새라는 말은 요즘에는 기본 골격음의 앞이나 뒤에서 그것을 꾸미는 역할을 하는 장식음을 가리키는 말로 많이 쓰이지만, 실은 보다 광의의 개념이다. 그것은 원래 성음과 목구성에서 유동음80)을 구사하

구소, 1999, 5쪽)

77) 한국 음악에서는 한 음에서 다른 음으로 상행할 때 요성 또는 전성하는 기능을 준다. 요성은 대체로 한 박 이상일 경우에 나오고 전성은 대체로 한 박 이내의 짧은 음에 쓴다. 요성의 축소형이 전성이고, 전성의 확대형이 요성이다. (장사훈, 『국악논고』, 서울 : 서울대학교출판부, 1966, 497쪽) 요성은 서양의 비브라토(vibrato)나 트릴(trill)과 비슷한 것으로 볼 수 있지만, 음고나 강약을 불규칙적으로 변화시킨다는 점에서 다르다.

78) 한국 음악에서는 어떤 음에서 다른 음으로 하행할 때 그 음을 흔들면서 끌어내린다. 이것을 퇴성(꺾는 목)이라고 한다. (장사훈, 『한국 전통음악의 이해』, 서울 : 서울대학교출판부, 1981, 13쪽)

79) 농현은 일차적으로는 거문고나 가야금과 같은 현악기의 연주기법을 가리키지만, 다른 기악에도 적용된다.

80) 유동음이란 음이 하나의 진동수로 고정되는 고정음과는 달리 여러 개의 진동수 내지 진동수의 범위로 설명될 수 있는, 음고를 확정하기 어려운 음을

는 기교를 가리키는 것이었는데, 점차 장식음까지 포함하는 개념으로 확대되어[81] 음의 유동적 특성과 장식적 특성을 함께 가리키게 된 것이다.[82] 말하자면 시김새라는 개념에는 서양 음악에서 말하는 장식음이 아닌 특성, 즉 음의 유동적 특성이 포함되어 있기 때문에, 단순히 서양의 장식음 개념으로 대신할 수 없는 점이 있다.

시김새를 악보에 담을 수 없는 이유도 여기에 있다. 시김새를 서양 악보로 기술하려 할 때 시김새를 서양 악보의 장식기호로 해석해서 기보하는 경우가 있는데, 그런 악보에는 유동음을 구사하는 연주법이 표기되지 않기 때문에, 시김새가 제대로 표현되지 않는다. 혹 유동음을 지시하는 기호를 첨가하더라도, 시김새의 형태와 층위가 워낙 다양한 데 비해서 서양 악보 기보법에는 음고를 고정시키기 어려운 유동음들을 치밀하게 적을 수 있는 표기법이 없기 때문에, 서양 악보로 시김새를 기보하고 해석하는 데에는 한계가 있을 수밖에 없다.[83]

시김새를 악보화하지 못하는 것은 국악보의 경우도 마찬가지다.[84]

말한다.

81) 이보형, "한국 음악의 시김새 연구방법 시론 : 민속음악을 중심으로", 『음악논단』 13, 한양대학교 음악연구소, 1999, 2-3쪽.

82) 편종으로 연주하는 문묘제례악이나 종묘제례악처럼 일정한 음고(音高)나 시가(時價)를 가지는 음들로 구성된 음악에는 시김새가 없지만, 유동적이고 장식적인 음들로 구성되는 판소리를 비롯하여 가곡, 산조, 영산회상과 같은 대부분의 한국 음악에서는 시김새가 중요한 특징으로 꼽힌다. (같은 책, 6-7쪽)

83) 같은 책, 12-13쪽.

근래에 와서 시김새를 악보화하기 위해 여러 기보체계가 고안되기도 했지만, 성공적이었다고 할 수 없다. 한때 시김새를 부호화해서 기보하는 방법이 시도된 적이 있었지만, 모든 음악 부문의 시김새를 망라할 수 없었고, 부호체계에 익숙하지 않은 비전문가에게는 해석되기 어려운 것이었다.85) 또 그래픽 형으로 고안된 시김새 기보법이 제안된 적이 있는데, 그것은 악보를 모르는 사람도 시각적 직관으로 해석할 수 있다는 장점을 지니기는 하지만, 매우 복잡한 시김새를 바로 기보할 수 있는지, 바로 기보되었다고 하더라도 독보자가 바로 해석할 수 있는지의 문제가 여전히 남아 있었다.86) 따라서 시김새를 악보화 하는 작업은 요원한 일로 보인다. 악보화 할 수 없을 만큼 복잡한 시김새는 판소리를 비롯한 한국 음악의 특징이다.

서양 음악에서는 전문가의 음악일수록 시김새를 별로 구사하지 않는 데 비해, 한국 음악에서는 판소리와 같은 전문가의 음악일수록 시김새를 더 많이 구사한다.87) 일반인들의 음악이 비슷한 빠르기로 말을 붙이는 것과는 달리 판소리에는 '어단성장(語短聲長)'이라는 원칙에 따라

---

84) 농현을 기보한 고악보가 더러 보이기 때문에 전통 사회에서부터 이미 시김새 기보법을 활용하고 있었다고 할 수 있지만, 그와 같은 기보법은 거문고의 특수한 시김새에 한정해서 나타날 뿐, 대부분의 시김새는 악보화 되지 못했다. (같은 책, 13쪽)

85) 같은 책, 13-14쪽.

86) 같은 책, 14쪽.

87) 같은 책, 8쪽.

말을 붙인다. 어단성장이란 단어는 가능한 한 빨리 붙여서 발음함으로써 의미를 전달하는 데 지장이 없도록 하되, 의미 전달에 지장을 주지 않는 끝소리는 길게 늘여서 내라는 뜻이다. 이렇게 끝소리를 길게 뽑는 것은 거기에 시김새를 넣기 위해서다. 또한 서양 음악이 장식음을 단순화하는 방향으로 발전해 온 것과는 달리, 판소리는 시김새가 더욱 복잡하게 구성되는 쪽으로 발전되어 온 것을 볼 수 있다.[88] 후대에 전개된 판소리의 미적 지향을 표현한 말 가운데 '갈 데를 다 간다'는 말이 있는데, 이것은 복잡한 시김새를 가능한 한 섬세하게 표현한다는 뜻이다. 한국 사람은 시김새가 없는 선율을 들으면 너무 밋밋하고 심심하다고 느낀다. 이렇듯 시김새에 큰 비중을 두는 데에는 미세한 떨림과 변화를 포착해서 살려내고자 하는 한국 사람의 미의식이 투영되어 있다.

(3) 모임의 원리로 구성되는 장단

한국 음악의 장단은 여러 측면에서 그 특징을 들 수 있다. 박의 빠르기를 들 수도 있고,[89] 다채로움을 들 수도 있고, 특이한 장단 형태

---

88) 같은 책, 같은 곳.

89) 한국 음악 장단의 특징을 들 때 흔히 그 빠르기(tempo)를 가지고 논하는 경우가 많다. 한국 음악은 감정을 절제하는 정악에서 보이는 아주 느린 음악에서부터 감정을 극적으로 표출하는 판소리에서 보이는 아주 빠른 음악에 이르기까지 곡의 빠르기가 아주 다양하다. 느린 음악은 서양 음악에서 빠르기를 측정하는 데 쓰이는 메트로놈의 한계 밖에 놓여 있을 정도로 느

를 들 수도 있다. 음악은 2박자 계열의 리듬이나 3박자 계열의 리듬으로 되어 있다. 그것은 사람이 이 세상의 많은 소리들을 대개 둘이나 셋의 반복되는 소리로 인식하기 때문이다.90) 둘과 셋은 더 이상 쪼갤 수 없는 소수로서, 리듬을 형성하는 기본 단위이다. 그런데 서양 음악이 주로 2박자 계통의 리듬으로 이루어지는 데 비해91), 한국 음악은 대체로 2박자 계통의 장단이 드물고 반면에 3박자 계통의 장단이 많

리다. 메트로놈은 M· M 40부터 208까지에 국한되어 있는데 정악에 나오는 20은 메트로놈의 가장 느린 40보다 갑절이나 느린 셈이다. (이혜구, "한국 음악의 특성", 『한국음악논총』, 서울 : 수문당, 1976, 29쪽) 이렇게 느린 곡의 맛은 강유(剛柔)의 농담(dynamic shading)을 표현하는 데 달려 있다. (같은 책, 36쪽) 서양 음악에는 한국 음악에서 보이는 것처럼 그렇게 늘어진 음악이 없으며, 따라서 그만큼 강유의 미묘한 변화도 없다. (이혜구, "국악을 통해 본 한국의 멋", 『晚堂文債論』, 서울 : 서울대학교출판부, 1970, 425-426쪽) 그러나 느린 템포가 한국 음악만이 지니는 특징이라고는 할 수 없다. 느린 템포의 음악은 중국 음악에서도 찾아볼 수 있기 때문이다. (이혜구, "한국 음악의 특성", 『한국음악논총』, 서울 : 수문당, 1976, 31쪽) 또한 느린 템포의 음악에서 추구하는 미의 기준인 강유의 변화라는 것도 한국 음악만이 지니는 미적 기준이라고 할 수 없다. 그것은 이미 중국의 화론에서 충분히 거론된 바 있는 기운생동(氣韻生動)과 통하는 것이라고 볼 수 있기 때문이다. 그렇다면 단지 템포와 같은 단편적인 사실만을 가지고 한국 음악 장단의 특징을 논하는 것은 쉽게 반론에 부딪칠 수 있을 뿐만 아니라, 그러한 특징을 통해 드러내고자 하는 한국 사람의 미의식이라는 것 또한 정말로 차별화 될 수 있는 것인지 의문시 될 수 있다.

90) 백대웅, 『인간과 음악』, 서울 : 어울림, 1993, 140쪽.
91) 서양음악에도 왈츠와 같은 3박자계 음악이 없는 것은 아니지만, 서양음악은 대체로 2박자계 음악이라고 할 수 있다.

다. 이것은 2박자 계열의 음악이 많은 일본이나 중국과 비교해 보아도 특징적인 점이다. 그런데 보다 특이한 점은 무가나 산조 그리고 판소리와 같은 한국 전통 음악에는 2박자 계열과 3박자 계열이 혼합된 형태라고 할 수 있는 '엇모리장단'과 같은 것이 자주 등장한다는 사실이다.92) 혼합박자의 형태는 고악보인 정간보에도 나타난다. 혼합박자가 한국 음악 장단의 특색을 보여준다는 사실은 근래에 와서 서양 음악의 영향을 받은 탓으로 한국 음악에서 혼합박자가 점점 사라져간다는 사실을 통해서도 반증된다.93)

---

92) 진양(3+3+3+3+3+3)이나 중중모리(3+3+3+3)나 자진모리(3+3+3+3) 장단처럼 같은 요소(3소박)로 이루어지는 장단과는 달리, 엇모리(2+3+2+3 또는 3+2+3+2)는 다른 요소(3소박과 2소박)로 이루어지는 복합장단이어서 독특하게 들린다. (이보형, "무가(巫歌)와 판소리와 산조(散調)에서 엇모리 가락 비교", 『이혜구박사 송수기념 음악학논총』, 한국국악학회, 1969, 82쪽) 물론 서구음악에도 이와 같은 복합장단이 아주 없는 것은 아니지만 흔하게 발견되지는 않는다.

93) 근래에 전통음악이 겪는 여러 변화 가운데 박과 분박(分拍)이 변화되는 사례를 따져 보면, 혼분박에서 3분박으로 변화되거나 혼분박에서 2분박으로 변화되거나 3분박에서 2분박으로 변화되는 현상을 관찰할 수 있다. 이것은 외래 음악의 충격으로 일어난 변화라고 볼 수 있다. 외래 음악의 영향 하에 창조된 한국 음악은 2분박이 주가 되고 3분박이 약간 있고 혼분박이 거의 없다. (이보형, "전통음악의 박, 분박의 변화에 대한 고찰 : 외래 음악의 영향에 따른 변화현상을 중심으로", 『한국음악산고』 3, 한양대학교 전통음악연구회, 1992, 16쪽) 이것은 역으로 혼합박자의 존재가 한국 음악의 특징을 단적으로 대변해 줄 수 있는 단서임을 반증한다. 이 논문이 발표되고 난 다음에 이보형은 '분박'이라는 표현이 서양의 분할론에 의거한 개념이라

그러나 한국 음악 장단의 특징을 논하기 위해서는 단지 단편적이고 피상적인 사실을 지적하는 것을 넘어서 박의 구조적 특징을 보여줄 수 있어야 한다. 즉 2박자 계통의 음악이든 3박자 계통의 음악이든 아니면 양자가 혼합된 형태의 음악이든, 그러한 음악에서 박이 어떻게 구성되는지, 박의 구성 원리를 규명하고 그로부터 음악의 특징을 논할 수 있어야 한다. 박의 구성 원리는 음악의 리듬 체계, 즉 리듬의 통사 구조를 밝히는 근간이기 때문이다.

박의 구성 원리를 설명하는 데에는 두 가지 방법이 있는데, 분할론과 집합론이 그것이다. 박의 분할론(rhythmic division)이란 위 층위의 박이 분할되어 아래 층위의 박이 이루어진다는 것이고, 박의 집합론(rhythmic grouping)이란 아래 층위의 박이 집합하여 위 층위의 박이 이루어진다는 것이다. 소절이 나뉘어서 박이 된다고 해석하는 분할론의 개념과 박이 모여서 소절이 된다고 해석하는 집합론의 개념은 비슷해 보일지 모르지만, 실은 엄연히 다른 것이다.[94]

서양에서는 주로 분할론에 의해서 박의 구성 원리를 설명해 왔다. 그런데 박의 분할론은 적어도 두 가지 문제점을 지니고 있다. 하나는 소절을 둘 또는 셋으로 분할해서 박이 이루어진다고 하는 분할의 원리

는 것을 반성하고, 이후에는 그것을 한국의 집합론에 의거하여 '소박(小拍)'이라는 개념으로 대치하였다.

[94] 이보형, "전통 기보론에서 박의 집합론과 분할론에 대한 합리성과 효용성", 『민족음악학』 17, 서울대학교 음악대학 동양음악연구소, 1995, 35쪽.

가 실제 음악이 보여주는 사실과 부합되지 않는다는 것이고, 다른 하나는 분할론을 가지고는 2박자와 3박자가 섞여 있는 혼합박자를 비롯하여 보다 복잡한 박자를 설명할 수 없다는 점이다.

첫째, 분할론의 주장을 그대로 받아들일 경우에 소절의 시간량은 같은데 하나는 2등분하여 2박자가 되고 다른 하나는 3등분하여 3박자가 된다는 이야기가 된다. 그러나 막상 실제 음악에서 4분의 2박자와 4분의 3박자가 변박자(變拍子)로 교차될 때 소절의 길이를 비교해 보면, 사정이 다르다. 분할론의 주장대로라면 두 소절의 길이가 같아야 할 텐데 실제로는 3박자로 된 소절이 2박자로 된 소절보다 1박자 더 길다는 사실을 확인할 수 있다. 그렇다면 균등하게 분할했다고 하는 주장은 사실과 어긋나며, 실제로는 박이 2개가 집합한 것이 2박자이고 3개가 집합한 것이 3박자라는 것을 알 수 있다.[95] 이것은 실제로는 박이 집합해서 소절을 이루는 것이지, 소절이 분할되어 박을 이루는 것이 아님을 뜻한다. 따라서 박의 분할론은 잘못 구성된 이론이고 집합론이 실제 음악에 맞는 것이라고 할 수 있다.[96]

둘째, 분할론으로는 한국 음악의 엇모리장단과 같은 혼합박자를 비롯하여 보다 복잡한 박자를 설명할 수 없다. 소절이 균등하게 2박으로 나뉘거나 균등하게 3박으로 나뉘는 분할의 원리로는, 2박으로 이루어

---

95) 같은 책, 같은 곳.

96) 이보형, "전통음악의 리듬 분석 방법론 : 전통 기보론을 중심으로", 『정신문화연구』 20권 1호 통권 66호, 한국정신문화연구원, 1997, 86쪽.

진 소절과 3박으로 이루어진 소절이 섞여 있는 혼합박자가 어떻게 구성되는지를 설명할 수 없다는 것이다. 혼합박자를 설명하기 위해서는 집합의 원리에 호소할 수밖에 없다. 즉 박이 2개가 모여 한 소절을 이루기도 하고 박 3개가 모여 한 소절을 이루기도 해서 양자가 번갈아 나타나는 혼합 박자가 된다는 설명이 가능하다.

만일 분할론을 계속 정당화하기 위해서 혼합박자를 보통의 균등분할박자가 아니라 일종의 불균등분할박자라고 설명하려 한다면, 임시방편적인 설명에 지나지 않을 것이다.97) 같은 길이의 소절이 규칙적으로 반복될 때에는 균등분할박자라든가 불균등분할박자라는 설명이 가능할 수도 있지만, 단순박자와 혼합박자가 뒤섞인 긴 리듬주기로 된 음악은98) 분할론으로는 설명할 수 없기 때문이다. 분할론에서는 이런 리듬을 불규칙분할이라고 하는 예외적 경우로 간주하지만, 이 역시 억지 설명에 지나지 않는다.99)

결국 분할론은 서양 음악의 주를 이루는 단순박자조차도 실제 음악의 시가(時價)와 어긋나게 설명한다는 문제점을 지닐 뿐만 아니라, 혼합박자를 비롯한 보다 복잡한 박자가 어떻게 이루어지는지를 설명할 수 없다는 한계를 지닌다.

---

97) 같은 책, 87쪽.

98) 가령 길군악칠채의 리듬은 혼합박자(3+2)와 단순박자(3+3)가 섞여 있다.

99) 이보형, "전통 기보론에서 박의 집합론과 분할론에 대한 합리성과 효용성", 『민족음악학』 17, 서울대학교 음악대학 동양음악연구소, 1995, 36쪽.

서양의 박자론이 잘못 구성된 요인은 그것이 토대로 하고 있는 음표 기보론에 있다. 서양의 음표들은 2배 비율로 되어 있기 때문에, 2박자 음악을 기보하는 경우에는 문제가 없지만 매우 빠른 3박자나 혼합박자를 기보하는 경우에는 문제가 있다. 즉 실제 음악은 2배 비율 체계와 3배 비율 체계가 모두 존재하는데 서양의 음표 체계는 2배 비율로만 되어 있기 때문에,100) 기보된 박자수와 실제로 느끼는 박자수가 어긋나게 되는 것이다.101)

이런 문제를 안고 있는 박자론을 가지고 한국 음악 장단을 기보하려고 한다면, 마찬가지 문제가 더욱 심각해질 뿐이다. 즉 2배 비율로 된 음표체계에 기초해서는 2배 비율 체계와 3배 비율 체계가 섞인 혼합 체계로 된 한국 음악 장단을 적절히 적을 수도 없거니와,102) 혼합박

---

100) 이보형, "전통음악의 리듬 분석 방법론 : 전통 기보론을 중심으로", 『정신문화연구』 20권 1호 통권 66호, 한국정신문화연구원, 1997, 100쪽.

101) 서양 음악은 시가를 3배 비율로 하는 기보법에서 출발했다가 나중에 가서 시가를 2배 비율로 하는 기보법으로 정착되었다. 애초에 쓰던 3배 비율로 된 음표도 기호화해서 발전시켜 현재 사용되는 2배 비율 음표와 함께 혼용했어야 했는데 그렇게 하지 못하고 2배 비율로 된 음표들만을 응용해서 3박 자음악이나 혼합박자 음악을 적기 때문에, 박자표에 적혀 있는 수치와 실제 음악에서 느끼는 박자수가 일치하지 않게 되는 문제가 발생하게 되는 것이다. (이보형, "한국 민속음악 장단의 대강박(대박), 박, 분박(소박)에 대한 전통 기보론적 고찰", 『국악원논문집』 4, 국립국악원, 1992, 25-26쪽)

102) 한국 음악에서 동살풀이, 자진모리, 엇모리는 실제로 모두 4박자 음악으로 인식된다. 동살풀이(2소박1박+2소박1박+2소박1박+2소박1박)나 자진모

자가 아닌 단순박자조차도 서양의 박자론에 입각해서 적게 되면 실제 박자와 다르게 적힐 수밖에 없다.103) 결국 서양의 박자론에 따라 한국 음악 장단을 기보하는 것은 한국 음악을 왜곡시키고, 한국 음악의 특징을 파악할 수 없게 하는 결과를 초래할 수밖에 없다.

서양의 박자론으로 한국 음악 장단의 문법체계를 세우는 것은 한국의 전통 기보론과도 정면으로 충돌한다.104) 정간보는 여러 면에서 서

리(3소박1박+3소박1박+3소박1박+3소박1박)는 집합론으로나 분할론으로나 모두 4박으로 해석할 수 있지만, 엇모리(2소박1박+3소박1박+2소박1박+3소박1박)는 분할론으로는 4박으로 해석할 수가 없고 집합론으로만 4박으로 해석이 가능하다. (이보형, "전통 음악의 리듬 분석 방법론 : 전통 기보론을 중심으로", 『정신문화연구』 20권 1호 통권 66호, 한국정신문화연구원, 1997, 86-87쪽) 엇모리장단을 굳이 서양의 박자론으로 기술하자면 10박이라고 해야 하는데, 이렇게 되면 엇모리를 4박으로 인식하는 한국 음악의 실제와 어긋나게 된다.

103) 가령 세마치장단은 한국의 전통음악이론에 의하면 3박자로 해석된다. 그런데 세마치장단을 8분의 9박자라고 서양 음악 박자표로 적게 되면, 명칭은 세 마치(拍), 즉 3박자라 해 놓고 악보에는 9박자라고 적는 모순이 생기게 된다. (이보형, "한국 민속음악 장단의 대강박(대박), 박, 분박(소박)에 대한 전통 기보론적 고찰", 『국악원논문집』 4, 국립국악원, 1992, 26쪽)

104) 분할론을 한국의 전통기보론에 적용하면 대강이 분할되어 정간이 되었다는 이야기가 되는데, 이렇게 되면 3정간대강이 2정간대강보다 더 긴 것을 설명할 수가 없다. 사실은 대강이 분할되어 정간이 된 것이 아니라 정간이 2집합하여 2정간대강이 되고 3집합하여 3정간대강이 된 것이기 때문이다. (이보형, "전통 기보론에서 박의 집합론과 분할론에 대한 합리성과 효용성", 『민족음악학』 17, 서울대학교 음악대학 동양음악연구소, 1995, 35-36쪽)

양 악보보다 합리적인 기보방법일 뿐 아니라,105) 무엇보다도 한국 음악 장단을 실제대로 기보해낼 수 있는 기보원칙을 갖고 있다. 따라서 한국 음악 박자론에 대한 문법체계는 정간보의 전통 기본론을 토대로 해서 세워져야 한다.106)

서양의 악보가 음표라는 추상적 기호체계로 음의 시가를 표기하는 데 비해, 정간보는 음의 시간적 양을 정간(井間)이라는 공간적 양으로 옮겨 놓은 것이다.107) 정간보에서는 음의 시가를 공간화 하는 기보하는 원칙에 따라, 한 박을 한 칸살, 즉 한 정간으로 적고 있다. 박의 강세에 따라 2정간이나 3정간을 묶어서 그것을 대강(大綱)이라 하며, 매

---

105) 정간보에서는 음의 시간량을 음이 기보되는 면적의 공간량으로 바꾸어 적기 때문에, 음의 시간량과 악보의 공간량이 일치한다고 하는 합리성을 지니고 있을 뿐만 아니라, 따로 음의 시가를 나타내는 기호를 여러 가지로 만들어야 하는 번거로움이 없다. 이에 비해 서양 악보에서는 음의 시가를 음표(notes)라는 여러 가지 기호로 적고 있어서 음의 시간량이 기호의 공간량과 관련이 없다고 하는 불합리성을 지니고 있을 뿐 아니라, 음표라는 기호가 그 음악의 박과 같은 시간적 단위를 나타내는 합리적 기호로 따져서 만들어진 것이 아니라 기호들끼리의 상대적 시가를 따져서 만들어진 것이다 보니 박과 같이 시간적 단위를 나타내는 기호가 상대적으로만 존재하지 절대적으로 존재하지 않는다고 하는 비합리성을 지니고 있다. (이보형, "한국 민속음악 장단의 대강박(대박), 박, 분박(소박)에 대한 전통 기보론적 고찰", 『국악원논문집』 4, 국립국악원, 1992, 24-25쪽)

106) 같은 책, 55-56쪽.

107) 이혜구, "한국 음악의 구기보법(舊記譜法)", 『한국음악연구』, 서울 : 국민음악연구회, 1957, 19-21쪽 참고.

대강마다 굵은 선으로 구획을 그어 표시하고 있다. 한 박보다 작은 시가의 여러 음들이 나타날 경우에는 그 음들이 한 정간 속에 저마다 공간을 차지하도록 기보하고 있다.108)

다만 정간보는 주로 느린 정악을 적는 데 쓰여 왔기 때문에 빠른 민속음악을 적는 데에는 다소 미흡한 점이 있다. 즉 빠른 음악에는 한 박(정간)보다 작은 시가의 여러 음들이 주로 나타나는데, 정간보에는 그것을 그리는 방법이 세밀하게 명시되어 있지 않은 것이다.109) 따라서 정간보로 모든 부문의 한국 전통음악을 기보하기 위해서는, 민속음악에 맞는 기보론을 세워서 재래의 기보론에 덧붙여 써야 한다.110) 물론 그러한 보충은 정간보의 기보 원칙을 충실히 따르는 데에서 이루

---

108) 이보형, "한국 민속음악 장단의 대강박(대박), 박, 분박(소박)에 대한 전통 기보론적 고찰", 『국악원논문집』 4, 국립국악원, 1992, 30쪽.

109) 정간보는 다음과 같은 점에서 빠른 민속음악을 기보하는 데에는 미흡하다. 첫째, 정간보다 보다 높은 층위의 기보 단위에는 대강이라는 명칭을 주었지만, 정간보다 낮은 층위의 기보 단위에는 명칭을 주지 않았다. 둘째, 정간들을 묶은 3정간대강과 2정간대강은 굵은 선으로 구분했지만, 정간을 구성하는 단위에 대해서는 그런 구분을 하지 않았다. 셋째, 『양금신보(梁琴新譜)』에서 볼 수 있듯이 대강만을 적은 악보에서는 3정간대강은 길게 그리고 2정간대강은 짧게 그려서 대강의 시가의 차이를 '긴 대강'과 '짧은 대강'으로 공간화하고 있는데, 정간에는 긴 정간(3소안정간)과 짧은 정간(2소안정간)의 차이를 두지 않았다. (같은 책, 같은 곳)

110) 같은 책, 26~27쪽. 이를테면 이보형이 시도하고 있는 것처럼 한 박(정간)보다 작은 시가의 음을 실선 대신 점선으로 표시하는 방법을 생각해 볼 수 있다.

어져야 할 것이다. 정간보에는 정간이 집합하여 대강을 이루는 것으로 되어 있지 대강이 분할되어 정간을 이루는 것으로 되어 있지 않다. 그리고 대강에는 3정간이 집합한 긴 대강과 2정간이 집합한 짧은 대강이 있다. 이런 집합의 원리는 정간에까지 적용되도록 확장될 수 있다. 즉 정간을 구성하는 단위를 소안(小眼)이라고 할 때, 정간에는 3소안이 집합된 긴 정간과 2소안이 집합된 짧은 정간이 있다고 덧붙일 수 있다. 또 3정간 대강은 길게 그리고 2정간 대강은 짧게 그려서 두 대강의 시간적 차이를 공간적 차이로 구별해서 기보한 것처럼, 정간 또한 3소안이 집합된 정간은 길게 그리고 2소안이 집합된 정간은 짧게 그려서 두 대강의 시간적 차이를 공간적 차이로 구별해서 기보할 수 있다.111)

이처럼 정간보의 기보원칙을 확대적용하면 다음과 같은 기보론을 얻게 된다. 첫째, 한 정간에 한 박을 적는다. 둘째, 소안이 집합하여 정간을 이루고 정간이 집합하여 대강을 이룬다. 셋째, 정간에는 3소안으로 된 긴 정간과 2소안 정간 짧은 정간이 있고, 대강에는 3정간으로 된 긴 대강과 2정간으로 된 짧은 대강이 있다.112) 이로써 정간보는 느린 정악뿐만 아니라 빠른 민속음악까지 포함하여 한국 음악의 장단을 두루 기보할 수 있는 기보법이 된다.

---

111) 같은 책, 37쪽.

112) 이보형, "전통 기보론에서 박의 집합론과 분할론에 대한 합리성과 효용성", 『민족음악학』 17, 서울대학교 음악대학 동양음악연구소, 1995, 28쪽.

정간보의 기보방식을 잘 살펴보면 한국 음악의 구조적 특징을 알 수 있다. 정간들을 묶어서 대강으로 표시하고, 정간이 2개가 모인 것은 짧은 대강으로, 3개가 모인 것은 긴 대강으로 그리고 있는 정간보는 낮은 층위의 박들이 모여서 높은 층위의 박이 구성되는 모양을 시각적으로 형상화하고 있다. 정간보는 모임(집합)의 원리에 의해 박이 구성된다는 사실을 보여주고 있는 것이다. 이 점은 혼합박자 음악을 기보하는 데에서 더욱 극명하게 드러난다. 2박자 계열의 음악은 짧은 대강만으로 그려지고 3박자 계열의 음악은 긴 대강만으로 그려지는 데 비해, 혼합박자 음악은 짧은 대강과 긴 대강이 섞인 모양으로 그려질 것이다. 정간보는 분할의 원리로는 설명되지 않는 혼합박자를 시가가 다른 박들의 모임으로 형상화함으로써, 박이 집합의 원리에 의해 구성된다는 사실을 더욱 극적으로 보여주고 있다. 세종이 정간보를 창안한 것은 한국 음악을 그대로 기록할 수 있다는 데 의의가 있기도 하지만, 그것으로써 한국 음악의 박자론을 논할 수 있다는 데 더욱 깊은 의의가 있다.

박자론의 차이는 음악의 구조를 이해하고 만들어나가는 사람들의 세계이해의 방식의 차이를 반영한다. 서양 음악에서 박의 구성 원리를 나눔(분할)의 원리로 설명하게 된 것은, 하나의 이상적인 온음표 (whole notes)를 상정하고 그것을 계속 반씩 나눔으로써 보다 짧은 시가의 음표들을 만들어가는 그들의 음표 구성 논리와도 관계가 있지만, 매사를 분석적으로 바라보는 서양 사람들의 사고방식에서 비롯된 것이기도 하다.113) 분할론은 인간의 파악 범위에 들어오는 온전한 전체를 상정하고 그 전체를 통분할 수 있는 공통 요소 내지 일반 원리를 분석해내고자 한 그들의 철학의 방법과 멀지 않다.

한국 음악에서 박의 구성 원리를 모임(집합)의 원리로 설명하는 것은 낮은 층위의 박들이 이렇게도 저렇게도 모임으로써 높은 층위의 박이 시가가 다르게 될 수 있는 가능성을 열어둔 정간보의 구성 논리와 직접적인 관계가 있지만, 모임의 원리가 획일적으로 정해져 있지 않고 유동적인 한국 사람의 삶의 방식이 투영된 것이기도 하다. 박의 다양한 집합 양상은 혈연, 지연, 학연 등의 특수한 연을 따라 그때그때 이합집산114) 하는 한국 사람의 세상살이의 방식과 맞닿아 있다. 더구나 한국 음악에는 일정한 리듬형을 찾기 어려운 음악들이 특히 많이 나타난다.115) 일정한 모임의 규칙을 찾기 어려울 정도로 복잡하게 구성되는 음악을 즐긴다는 것은 악보를 집어던지거나 아예 만들지 않을 만큼 변화무쌍하고 자유로운 음악을 추구함을 뜻한다. 그와 같은 미적 취향은 어떤 모임의 규칙도 임시적일 수밖에 없음을 이해하는 한국 사람의 세계인식에서 비롯된 것일 수 있다. 분할론을 이상으로 하는 서양 음악이 넘어설 수 없는 벽은 집합론 자체라기보다는 집합론을 구상해낸

---

113) 같은 책, 35, 37쪽.

114) 박동환, 『안티호모에렉투스』, 강릉 : 길, 2001, 115쪽 참고.

115) 이보형, "전통 음악의 리듬 분석 방법론 : 전통 기보론을 중심으로", 『정신문화연구』 20권 1호 통권 66호, 한국정신문화연구원, 1997, 104쪽.

사람들의 마음일 것이다.

4) 미의식과 세계관의 특징

말을 짜는 원리가 다르면 음악을 짜는 원리도 다른 것은 말이든 음악이든 모두 같은 사람의 마음 가운데서 같은 세계인식의 방법으로 짜이기 때문이다. 음악어법이 어법에 따른다고 하는 것은 양자의 인과관계를 말하는 것이라기보다는 음악어법의 특징이 어법의 특징과 상통하며 거기에 반영되어 있는 사유방식과 세계관이 상통함을 보이는 데 뜻이 있다.

악보 없이 구전심수의 방법으로 전승되는 과정에서 부분적으로 개작이 이루어지는 음악문화로 인해 판소리는 기보된 음악과는 다른 특징을 갖는데, 그 특징에는 다음과 같은 한국 사람의 미의식과 세계관이 반영되어 있는 것으로 볼 수 있다.

첫째, 판소리는 구전심수로 전승되기 때문에 가변적일 수밖에 없으며 완결판이 있을 수 없다. 판소리에 악보가 없다는 사실은 기록을 별로 남기지 않는 한국 사람의 자연스러운 관행일 것이다. 문명을 주도해 온 서양 사람이나 중국 사람이 일찍부터 그들의 생각과 활동을 문자화하는 기록문화로 진입한 데 비해, 한국 사람은 그다지 기록의 필요성을 절감하지도, 기록에 신빙성을 두지도 않았던 것처럼 보인다. 끊임없이 변화하고 다양하게 굴절되는 세상사를 보면서 한국 사람은 기록으로 고정시켜 두기에는 세상이 너무 가변적이고 복잡하다고 느꼈는지도 모른다. 구전심수로 전승되는 판소리에서 나타나는 것처럼, 한국 사람은 변하지 않는 것보다는 변하는 것에서, 전체가 꽉 찬 느낌을 주는 완성된 형태보다는 어딘지 덜 된 느낌을 주는 것에서 묘미를 느끼는 미적 취향을 갖고 있다. 그런 미적 취향은 거듭되는 변화와 굴절로 인해 한 눈에 잡히지 않는 것으로 세상을 이해하고 대응해온 삶의 전략 가운데서 형성되었을 것이다. 이것은 불변성과 완결성을 추구하고 전체를 파악하고자 하는 문명권 사람들의 미의식이나 세계관과는 무척 대조적이다.

둘째, 판소리는 개성적 특화와 즉흥적 변주를 추구한다. 일종의 개인기라 할 수 있는 더늠이 각광받는다는 것은 규칙이나 격식보다는 특화와 변이 양상에 주목하는 한국 사람의 성향과 무관하지 않다. 한국 사람한테는 본 가락보다 변죽이 더 중요하다. 한국 사람의 마음 밑바닥에는 통념에 따르기보다는 자기 조대로 간다는 생각이 있는 것 같다. 공동체의 이념을 실현하는 데에서 자기의 정체성을 확인하기보다는 그것에 임시로 붙어 파장을 일으키는 개인의 자기표현에서 의미와 위안을 찾는 것이다. 염불보다 잿밥에 마음을 쓰는 것처럼 보이는 이런 태도는 온갖 명분과 이념에 대한 불신의 표현이라고도 볼 수 있다. 한국 사람이 지향하는 특화와 변이는, 사태를 일반화해서 보고 규칙과 명분에 충실하고자 하는 문명권 사람들의 철학으로는 길들여지지 않는 그들의 인식의 방법이며 삶의 방식이다.

셋째, 판소리에서는 부분적 개작으로 인해 분절이 자유롭게 이루어질 수 있고 그에 따라 비정합성이 나타날 수도 있다. 서양의 작품론에서는 전체의 정합성을 실현하기 위해 각 부분들이 긴밀한 유기적 관계로 엮이게 되지만, 판소리에서 전체의 줄거리는 단지 부분의 극적 표출을 위한 배경으로 작용할 뿐이다. 작품 구성에서 보이는 이러한 차이는 삶의 방식의 차이를 드러내는 것이기도 하다. 서양 사람이나 중국 사람에게 전체의 정합성은 그들의 공동체가 실현해야 할 이상이며, 그것을 실현하는 단위성분인 개체들 사이의 모순 대립은 해결되어야 할 심각한 문제가 아닐 수 없다. 그러나 한국 사람은 전체 공동체를 지탱해주는 명분이나 이념에 따라 움직이기보다는 그때그때 이합집산하는 유연성을 발휘함으로써 주어진 상황에 대처한다. 부분적 개작에 의해 분절이 자유롭게 이루어져서 때로는 비정합성이 나타나기도 하는 판소리의 구성 방식에는 이런 삶의 방식이 투영되어 있다. 또한 특화와 변이를 위한 분절과 조합이 자유롭게 이루어지는 판소리에서는 각 부분들이 자체의 고정된 의미와 지위를 갖지 않는다. 여기에는 한국 사람이 자기를 이해하는 모양이 투사되어 있다. 한국 사람은 개인의 개성적 표현을 추구하지만, 그 개인은 자기의 자체성을 고수하는 개인이 아니다. 이런저런 특수한 연을 따라 이합집산 하는 과정에서 어떤 맥락에서는 자기로 인식되던 모습이 또 다른 맥락에서는 자기 아닌 것으로 인식되는 경험을 하는 한국 사람에게 자기의 경계라는 것은 애매

하고 유동적이며 협상 가능한 것이다. 이와 같은 자기 이해를 배경으로 하는 한국 사람의 개인주의는 개인을 실체화하는 서양의 개인주의와는 다른 것이다.

또한 판소리는 음악 자체의 특징을 놓고 보더라도 서양 음악과 대비되는 특징들을 지니는데, 그 특징들 역시 다음과 같은 한국 사람의 미의식과 세계관을 반영하는 것으로 풀이될 수 있다.

첫째, 판소리는 거친 음색으로 펼치는 성음놀음이다. 판소리와 서양 음악이 지향하는 음색이 다른 것은 사유양식의 차이와도 관련이 있다. 인위적인 발성을 통해서 배음을 가지쳐내고 기본음 위주의 맑고 고운 음색을 추구하는 서양 사람은 주어진 사태에서 부수적인 속성들을 가지쳐내고 본질적인 속성을 추상해냄으로써 사태를 대변하는 추상적 사유를 지향한다. 반면에 자연스러운 발성을 극대화해서 기본음과 함께 배음이 섞여 나오는 거칠고 텁텁한 음색을 추구하는 한국 사람은 주어진 사태에 복잡 미묘하게 얽히고설킨 특징들을 동시에 포착해내는 사유를 지향한다.

둘째, 판소리는 복잡한 '시김새'를 구사한다. 서양 음악이 장식음을 번거롭게 여겨 정리해나간 것에 비해서, 판소리는 시김새를 점점 복잡하게 구성해나갈 정도로 시김새가 중요한 비중을 차지한다. 골격음에 따라붙는 장식음들을 가지쳐내고 골격음 위주로 선율을 진행시키는 데에는 주변부에서 일어나는 변이 양상보다는 핵심을 이루는 구조와 규칙에 대한 파악을 미의 기준과 지식의 이상으로 삼는 태도가 반영되어 있다. 그에 비해 한국 사람이 음고를 고정시키기 어려운 유동음과 장식음으로 된 시김새에 비중을 두는 것은 일반적인 규칙의 펼침에서 아름다움을 느끼기보다는 일일이 고정시켜 둘 수 없는 낱낱의 미세한 특징과 변화를 포착하는 것을 미의 기준이자 지식의 이상으로 보는 입장을 반영한다.

셋째, 판소리는 모임의 원리에 의해 장단이 구성된다. 한국 음악이 다채롭고 변화무쌍한 리듬을 보여주는 것은 자유로운 모임의 원리에 의해 박이 구성되기 때문이다. 박자론의 차이는 음악의 구조를 이해하고 만들어 나가는 사람들의 세계인식의 방법의 차이를 반영한다. 분할론은 매사를 분석적으로 바라보는 서양 사람의 사고방식을 반영한다. 온음표를 상정하고 그것을 일정한 비율로 나눔으로써 구성요소들을 얻어나가는 나눔의 방법은 인간의 파악 범위에 들어오는 온전한 전체를 상정하고 그 전체를 통분할 수 있는 공통 요소 내지 일반 원리를 분석해내고자 한 그들의 철학의 방법과 다르지 않다. 반면에 집합론은 분절연합이 자유로운 한국 사람의 유연한 사고방식을 반영한다. 낮은 층위의 박들이 모여 높은 층위의 박을 얻어나가되 그 모임의 원리를 유동적인 것으로 열어 놓음으로써 변화무쌍하고 자유로운 리듬을 창출해나가는 모임의 방법은 이런 저런 연에 따라 그때그때 다양한 조합을 창출해내는 한국 사람의 이합집산 하는 삶의 양태를 반영한다.

한국 음악과 어법의 특징들은 공통의 세계관을 반영하고 있다는 점에서 상통하는 면이 있다. 물론 음악의 특징들 각각이 특정한 어법의 특징을 연상케 하기도 하지만, 그런 특징들은 서로 연관되어 있기 때문에, 음악과 언어와 세계관의 유비는 전반적인 특징을 가지고 논해야 할 것이다. 그 전반적 특징은 '분절에 의한 특화와 변이의 추구'로 요약될 수 있다.

판소리는 소리를 부분적으로 개작함으로써 소리꾼의 개성적 표현을 추구하는 음악문화를 배경으로 성립한다. 그러한 음악문화를 배경으로 하는 판소리의 음악체계 또한 자유로운 분절을 통해 특화와 변이를 창출해내는 특징을 보인다. 목을 이리저리 잦히고 꺾는 목재치로써 얽히고설킨 다채로운 성음을 구사하고, 음의 꼬리를 이리저리 떨고 꺾는 시김새로써 고정된 값을 정하기 어려운 복잡다단한 유동음의 무리를 짓고, 박을 둘씩 묶었다가 셋씩 묶었다가 하면서 리듬소(素)들을 이렇게도 저렇게도 꺾어나가는 유동적인 모임의 원리로써 특이하고 다양한 리듬을 만들어간다. 이렇듯 일정하게 통일시킬 수 없기 때문에 악보에 옮기기도 힘든 판소리는 성음, 길, 장단 모든 면에서 자유로운 꺾임에 의해 독특하고 변화무쌍한 음악이 된다. 이런 음악의 특징은 '분절에 의한 특화와 변이의 추구'로 요약될 수 있다.

한국말도 마찬가지이다. 한국말에는 '노릇노릇하다' '누르스름하다' '누리끼리하다'처럼 대체로 비슷한 의미(黃, yellow)를 지니지만 천차만별로 갈라지는 형색들을 세세하게 묘사하는 낱말들이 다양하게 분화되어 있다. 이렇듯 감각어가 다양하게 분화되어 있다는 것만 보더라도 한국말이 사태의 특수성을 드러내는 데 탁월함을 알 수 있다. 그러나 단지 어휘의 특징이 아니라 문장구성법의 특징을 고려해 보면 이 점이 보다 분명하게 드러난다. 한국말에서는 낱말의 어근(실질 형태소)에 접미사(형식 형태소)가 덧붙여져서 문법적 관계가 표시된다. 물론 접미사들은 탈착과 교체가 가능하다. 즉 분절이 자유롭다. 특히 문장의 마지막에 놓이는 술어의 어간에는 접미사들이 여러 개가 덧붙여짐으로써 전체의 문법적 관계가 역동적으로 배치된다. 즉 시제, 법, 태, 존칭 등의 문법적 기능을 나타내는 각각의 접미사들이 차례대로 하나씩 덧붙여질 때마다 사태가 이런 각도에서 비춰지기도 하고 저런 각도에서 비춰지기도 하면서 더욱 구체적인 모습을 드러내게 되는 것이다. 접미사들의 자유로운 꺾임으로 이루어지는 한국말의 술어는 사태에 보다 밀착하는 규정성을 첨가하고 변이시킴으로써 특화하는 기능을 수행한다.116) 이것은 서구의 언어나 중국의 언어가 미세한 차이를 고려하기보다는 대략적인 특징들을 분류하는 일반화의 경향을 보이는 것과는 대조적인 특징이다. 이런 어법의 특징 역시 '분절에 의한 특화와 변이의 추구'로 요약될 수 있다.

이런 방식으로 음악을 만들고 말을 하는 것은 한국 사람이 이런 방식으로 세상을 바라보고 살아가기 때문이다. 한국 사람은 어떤 명분이

---

116) "이렇게 여러 마디들이 이어지면서 풀이말이 묘사하려는 현상 또는 대상이 전체적으로 드러나게 된다. 이렇게 굴절(꺾임)이 자유로운 마디이음의 방법을 지닌 풀이말은 문제의 현상 또는 대상에 대해 보다 밀착하는 규정성을 첨가하고 변이시킴으로써 특화하는(specifying) 기능을 수행하고 있다." (박동환, 『안티호모에렉투스』, 강릉 : 길, 2001, 19-20쪽 참고)

나 이념에 매이지 않고 이런저런 연에 따라 유연하게 이합집산 하는 데에서 자신의 개성적 모습을 연출해나간다. '분절에 의한 특화와 변이의 추구'로 대변되는 한국 사람의 삶의 방식과 세계관은 '분류에 의한 일반화의 추구'로 대변되는 문명권 사람들의 그것과는 아주 다른 것이다. 물론 이런 특징이 꼭 음악이나 언어에서만 나타나는 것은 아닐 것이다. 이 점에 대해서는 다른 예술 분야나 사회 정치 방면에서 보이는 특징과도 비교해보면서 보다 풍부하고 입체적인 해석이 내려져야 할 것이다.

그런데 한국 음악을 분석하면서 드러난 특징들이 꼭 한국 음악에만 해당하는 것이라고는 할 수 없다. 가령 판소리에 나타나는 배음발성은 다른 지역 사람들의 음악에서도 발견된다. 몽고의 전통 음악 '후미'는 처음부터 끝까지 배음발성으로 불리며, 그런 음악양식은 중앙아시아나 알타이산맥과 우랄산맥 인근에서도 나타난다. 또한 아프리카 음악을 들어보면, 일정한 리듬형을 발견하기 어려울 정도로 불규칙적이고 변화무쌍한 리듬을 보여주는 것도 한국 음악만의 특징이라고 할 수 없다. 이렇듯 여러 지역의 음악에서 두루 발견되는 특징들을 굳이 한국 음악에 국한된 특징으로만 볼 필요는 없다. 이런 특징들을 보이는 음악들은 모두 규칙적인 양상을 보이며 악보나 기록으로 전하는 서양이나 중국과 같은 문명권 음악의 주된 경향과 대비되는 하나의 계열로 묶어서 볼 수 있다.

한국말을 통해서 살펴본 어법의 특징도 꼭 한국말에만 국한해서 나타나는 특징이라고는 할 수 없다. 실질적 의미를 지니는 어근에 형식적 의미를 지니는 접미사들이 덧붙여짐으로써 사태를 특화하는 것은 한국어, 일본어, 몽고어, 터어키어 등 첨가어(교착어)계 언어의 공통적인 특징이다. 따라서 지금까지 살펴본 한국 음악이나 어법의 특징은 서양이나 중국 문명권 바깥쪽 사람들의 음악과 언어에서 공통적으로 나타나는 특징으로 볼 수 있다.

사유방식이나 세계관의 특징도 마찬가지다. 특화 행위는 한국 사람에게만 나타나는 것이 아니다. 인류학자들이 보고하듯이, 문명권 사람들의 추상적 사유와는 대조적으로 일반 규칙이나 사전 계획 없이 현실에 밀착해서 이루어지는 구체적 사유와 행동 양식은 문명권 바깥쪽 사람들이 공유하는 것이다. 뿐만 아니라 고전학자들이 밝히고 있듯이, 구체적 사유는 문명권 사람들이 기록문화로 이행하면서 추상적 사유를 개발하기 전에 그들의 지나온 구전문화에 나타나는 사유양식이기도 하다. 다만 그들은 일찍이 구전문화를 청산하고 기록문화로 이행하면서 그들의 언어에 내재해 있는 특징을 극대화하는 방향으로 사유를 전개시킴으로써 삶의 양식과 세계관을 재구조화시켰다는 점에서 차별화되는 것이다.

따라서 한국 음악과 어법을 통해 살펴본 세계관의 특징은 서양이나 중국 문명권 바깥쪽 사람들이 공유하는 특징이며, 문명권에 속하는 사람들도 지난날에 공유했던 그리고 아직도 마음 밑바닥에는 어느 정도 남아있을 법한 특징이라고 볼 수 있다. 한국 음악이나 어법의 특징을 통해 한국 사람의 세계관을 살펴본 것은 일단은 한국 사람처럼 철학사의 전통을 갖지 않은 사람들의 세계관을 대변하고, 나아가 문명권 사람들이 개척한 삶의 방식과 세계관을 반성하며 대안을 모색하는 계기로 삼기 위해서다. 물론 그러한 세계관의 특징은 단순히 구체의 논리니, 분절에 의한 특화니 하는 간단한 개념들로 요약될 수 있는 것은 아닐 것이다. 근본적인 반성과 설득력 있는 대안이 되기 위해서는, 그런 특징에 착안하여 보다 풍부한 철학적 해석이 보완되어야 할 것이다.

참고문헌

김방한, 『언어학의 이해』, 서울 : 민음사, 1992.

박동환, 『안티호모에렉투스』, 강릉 : 길, 2001.

_____, "4각 안의 철학자들과 대안의 패러다임 : 마디지음(articulation)과 빠져
있음(immersionism)", 미발표문.

박 황, 『판소리 이백년사』, 서울 : 사상사회연구소, 1994.

서우석, 『음악현상학』, 서울 : 서울대학교출판부, 1989.

성경린, 『세종시대의 음악』, 서울 : 세종대왕기념사업회, 1985.

이규호, "판소리 창자의 발성 교육에 대하여", 『판소리연구』 9, 판소리학회,
1998.

이기문, 『국어사개설』, 서울 : 탑출판사, 1993.

이보형, "판소리 붙임새에 나타난 리듬론", 『장사훈박사 회갑기념 동양음악논총』,
한국국악학회, 1977.

_____, "민속음악에 나타난 미의식 : 판소리와 산조를 중심으로", 『음악세계』 83,
음악세계사, 1981.

_____, "판소리란 무엇이냐", 『뿌리깊은 나무 판소리』, 서울 : 한국브리태니커사,
1982.

_____, "창우집단의 광대소리 연구 : 육자배기 토리권의 창우집단을 중심으로",
『한국전통음악논구』, 고려대학교 민족문화연구소, 1990.

_____, "판소리 음악 구성의 틀 : 무가와 대비하여", 『한국음악연구』 20, 한국국
악학회, 1992.

_____, "한국 민속음악 장단의 대강박(대박), 박, 분박(소박)에 대한 전통 기보
론적 고찰", 『국악원논문집』 4, 국립국악원, 1992.

_____, "전통 기보론에서 박의 집합론과 분할론에 대한 합리성과 효용성", 『민
족음악학』 17, 서울대학교 음악대학 동양음악연구소, 1995.

_____, "판소리 공연문화의 변동이 판소리에 끼친 영향", 『한국학연구』 7, 고려
대학교 한국학연구소, 1995.

_____, "전통음악의 리듬 분석 방법론 : 전통 기보론을 중심으로", 『정신문화연

구』20권 1호 (통권 66호), 한국정신문화연구원, 1997.

_____, "판소리의 학술용어", 『한국음악연구』 25, 한국국악학회, 1997.

_____, "한국음악의 '시김새' 연구방법 시론 : 민속음악을 중심으로", 『음악논단』 13, 한양대학교 음악연구소, 1999.

이택희, 『가창 발성법』, 질그릇, 1986.

이혜구, 『만당문채론』, 서울 : 서울대학교출판부, 1970.

_____, 『한국음악논총』, 서울 : 수문당, 1976.

_____, 『한국음악서설』, 서울 : 서울대학교출판부, 1985.

장덕순 외, 『구비문학개설』, 서울 : 일조각, 1993.

장사훈, 『한국 전통음악의 이해』, 서울 : 서울대학교출판부, 1981.

_____, 『세종조 음악정신 : 세종대왕의 음악정신』, 서울 : 서울대학교출판부, 1982.

_____, 『최신국악총론』, 서울 : 세광음악출판사, 1985.

정노식, 『조선창극사』, 서울 : 민속원, 1992.

정병욱, 『한국의 판소리』, 서울 : 집문당, 1993.

조동일, 김흥규 편, 『판소리의 이해』, 서울 : 창작과비평사, 1978.

조동일, 『구비문학의 세계』, 서울 : 새문사, 1980.

진봉규, 『판소리 : 이론과 실제』, 서울 : 수서원, 1989.

천이두, 『한의 구조 연구』, 서울 : 문학과지성사, 1993.

레비스트로스, 이동호 옮김, 『신화를 찾아서』, 서울 : 동인, 1994.

레비스트로스, 안정남 옮김, 『야생의 사고』, 서울 : 한길사, 1996.

알란 메리엄, 이기우 옮김, 『음악 인류학』, 서울 : 한국문화사, 2001.

존 블래킹, 채현경 옮김, 『인간은 얼마나 음악적인가』, 서울 : 민음사, 1998.

E. A. Havelock, *Preface to Plato* (Cambridge, Mass. : Belknap Press of Harvard University Press), 1963.

W. J. Ong, *Orality and Literacy : The Technologizing of the Word*, (London : Routledge), 1982.

4. 우리 시가의 어법, 그 철학적 풀이
— 시와 노래와 말과 마음 —

1) 우리의 시가를 대하며

(1) 물음의 꼬리들, 그 하나의 관심

우리의 시는 어떻게 쓰여졌나? 우리는 어떤 식으로 노래를 불렀을까? 우리의 말은 어떤 식으로 이루어지는가? 우리의 시와 노래와 말은 줄사탕처럼 서로 이어져 있다. 그래서 그 가운데 어느 하나를 빼먹으려고 하면 이쪽 저쪽을 다 헤집어 놓아야 하고, 다 빼먹은 다음에 남는 앙상한 꼬챙이는 우리의 텅빈 마음을 닮아 있다. 거기엔 알사탕도 있었고 캬라멜이나 젤리도 있었다. 또 새로운 사탕을 끼워 먹을 수도 있을 것이다. 때로는 아름다운 문자로 가지런히 포장되기도 하고, 때로는 반쯤 베어 먹다 만 입소리가 들릴 듯한 것을 그대로 끼워 두기도 하며, 지금도 맛있게 빨아먹고 있는 그것이 바로 우리의 시와 노래와 말이다. 그런데 이제 도대체 이런 것들이 다 무엇이냐고 묻는다면, 너무 막연한 물음일까?

요즘 들어 이 방면의 연구는 대체로 분야마다 각각 이루어져 왔다. 시는 시로서만, 노래는 노래로서만, 말은 말로서만, 생각은 생각으로서만 이해된다. 그것이 소위 문학과 음악, 어학과 철학이 독립하는 명분이었다. 그러면서 각 분야가 서로 어떻게 얽혀 있는가를 보려 하지는 않았다. 그러나 과연 시는 시, 노래는 노래, 말은 말, 생각은 생각일 뿐이기만 하는가? 그 원시의 형태조차 그렇지는 않았다. 오늘의 연구는 너무나 전문화되어서 서로 연결되는 맥이나 근본 뿌리를 보려고 하지 않는다.

그래서 최소한 시가를 두고 접근할 때에도, '어떤 시대에' '어떤 지역의' '어떤 계층의 사람들이' '어떤 목적으로' '어떤 내용을' '어떤 형식으로' 불렀는가 하는 육하원칙에 따라 분류하는 것이 고작이었다. 그러나 시대별, 지역별, 계층별, 기능별, 내용별 구분들은 여러 특수한 사정에 따르는 상이한 특성들을 보여줄 따름이다. 물론 그 상이한 특성들 가운데서도 어떤 공통점이 없는 것은 아니나, 그러한 분류 기준에 매이다 보면 자칫 핵심을 잃기 쉽다. 한편, 형식에 의거한 분류라는 것도 아직까지는 어떤 범형이 세워져 있다고 보기 어렵고, 형식에 대한 탐구가 궁극적으로 무엇을 가리키는지에 대한 통합적 관점이 결여되어 있다고 볼 수밖에 없다. 그러나 형식에 대한 탐구는 아직 가능성이 있다. 이제 형식에 대한 종래의 말단의 지리한 분석에서 벗어나 보다 폭넓은 시각에서 그것을 새롭게 바라보려고 하는 데에는 그만한 까닭이 없지 않다. 누가, 언제, 어디서, 왜, 무엇을 표현했건 간에, 그것을 표현하는 기본적인 형식은 추려질 수 있으며, 그 기본적인 형식은 그것이 말로 엮어지건, 노래로 전해지건, 시로 남겨지건 간에 우리가 다양한 역사적 체험 속에서 삶을 소화해왔던 독특한 방식을 반영한다고 보기 때문이다.

바로 그 한결같이 흐르는 형식 속에서 우리 민족의 논리의식 내지는 마음이라 할만한 것을 찾아볼 수는 없을까? 시와 노래와 말과 생각이 어떠한 한줄기 마음에서 가지쳐 나오는가를 생각해보는 것이, 우리의 시가를 접하면서 줄곧 떠올리는 이 글의 관심이다.

(2) 풀리는 길

이러한 관심을 풀어가기 위해서 이 글은 몇 가지 사정들을 환기시키는 데에서 출발하려고 한다. 우리의 탐구는 다음의 물음들로 구체화될 수 있을 것이다. 어째서 언어를 문제삼는가? 특히 우리 시가에 대한 논의가 그 형식과 어법의 측면에서 고려되어야 할 필요성은 어디에 있는가? 그리고 그러한 고려를 위해 문자 이전의 말의 시대로 거슬러가야 하는 연고는 무엇인가? 기록으로 정착되기 오래 전부터 구비 전승되어온 우리 시가와 우리 말에서 과연 무엇이 살아남았다고 할 수 있으며, 그에 대한 철학적 해석은 어떻게 가능한가?

언어는 그것을 사용하는 사람의 생각과 삶의 방식을 투영해 볼 수 있는 적절한 거리가 된다. 사람들이 문자로 기록을 남기기 시작했을 때, 그리고 그 이전에 이미 말을 하기 시작했을 때 어떤 식으로 했을까? 예로부터 글로 쓰여진 문어(文語)이건 말로 전해진 구어(口語)이건 간에, 글을 쓰고 말을 하는 데에는 어떤 식으로든 일정한 문법 내지 어법이 없을 수 없었다. 문자가 정착되기 이전에도 말이 사용되어 왔다는 사실은 곧 문법이 형식화되기 이전에도 어법이 사용되어 왔으리라는 사정을 쉽게 짐작게 해준다. 물론 언어란 그것을 사용하는 집단에 따라 다르며, 또한 그 언어를 구사하는 방식인 어법도 특이한 양상을 띠기 마련이다. 이처럼 어법의 차이를 보이게 되는 데에는 자연 환경이나 역사적 조건 또는 민족 집단의 차이 등 여러가지 요인을 들 수 있을 법하다. 그러나 그 요인들 간의 영향 관계가 어떠하든 간에, 같은 어법을 구사하는 집단은 그 생각에 있어서는 물론이요 예술이나 풍속을 통해 나타나는 여러가지 문화적 활동에 있어서도 상당한 공감대를 형성하고 있음을 관찰할 수 있다.1) 그래서 어법이란 그 형성의

---

1) 언어와 다른 문화적 활동 간의 연대성은 실은 훨씬 긴밀하고도 세밀하다. 같은 어법을 구사하는 민족은 그 어법에 걸맞는 예술 형식을 가꾸어내고(그 가운데서도 언어를 소재로 이루어지는 성악 예술이 특히 그러하다), 그런 공통의 형식은 삶의 현장 곳곳에서 확인된다. 그래서 일찍이 가실왕은 "제국(諸國)의 방언(方言)도 각각 다른데, 성음(聲音)이 어찌 한결같을 수 있겠는가."를 말하였으니, 이것은 이미 민족 음악학적 통찰의 발단을 보여주는 것이었다. 뿐만 아니라, 전체적으로 볼 때 공통의 어법을 구사하는 민족 안에서도, 지역적 또는 역사적 특수성에 따라 부분적으로는 상이한 어법 체계를 가지는 것을 볼 수 있으니, 이 점은 같은 민족이 지니는 다양한 방언들 속에서 쉽게 확인될 수 있다. 그런데 이렇게 세밀한 경우에 있어서도 언어와 다른 문화적

조건을 꼬집어 말할 수는 없다손 치더라도, 세월의 두터운 층을 거쳐 그러한 공감대를 이루어낸 언어 사용자의 생각하는 방식, 나아가 살아가는 방식 속에서 마련된 것이라고 볼 수밖에 없는지도 모르겠다.

이렇게 볼 때, 한 민족의 어법에 대한 이해는 그 민족의 문화를 돌이켜보고 재구성하는 데 있어서 결코 소홀히 할 수 없는 표목이라 하겠다. 그러니 산스크리트어의 음절 한 두 개를 사용하여 소멸된 민족의 삶을 재발견할 수 있으리라는 착상이 비단 소쉬르에게만 그칠 것은 아니다. 또한 내용이 없다거나 형식주의라 하여 중국의 전통적인 병문(駢文)과 율시를 기피하는 근래 홍콩 학생들의 무분별한 동향에 일침을 놓으면서, 왜 그처럼 내용이 없는 것을 만들었을까 또 그 형식에는 어떤 특징이 있는가를 고심하고, 결구(結句) 상의 대우분석을 통해 그 어법적 특징을 드러낸 등사랑의 작업은 그러한 어법을 쓰게 된 배후의 정합적 세계관을 짐작케 하기에 충분한 것이었다. 이러한 그의 자각과 분석은 우리의 시 역시 새롭게 되새겨져야 할 필요성이 있음을 일깨워 준다. 특히 근대화를 겪으면서 근대시의 형식의 정립을 둘러싸고 방황과 혼란을 거듭했으면서도2) 여태 그 형식이 제대로 음미되지 못하고

활동 간의 긴밀성은 여전히 유지되는 것으로 보인다. 지방마다 고유한 방언과 말투가 있듯이, 예술 형식에도 마찬가지로 지방 고유의 토리가 있으며(특히 노래할 때 목을 쓰는 방식이나 악기를 연주하는 방식은 대체로 그 지방의 말투를 닮아 있다), 그런 지방색은 이내 지역적 정서나 품성으로 연결되곤 한다.

2) 근대시의 정립을 둘러싸고 논란이 되었던 것은 다름 아니라 우리 시가의 형

있는 우리 시가의 처지를 생각해볼 때3), 시의 형식과 어법에 대한 등

식을 어디에서 구할 것인가 하는 문제였다. 근대를 맞이하여 우리의 시가는
정형시에서 자유시로 옮아가려는 움직임을 보인다. 기존의 정형적 형식에서
탈피하여 자유로운 형식을 표방하고자 하였으나, 그것은 진정한 내재율을 지
닌 자유시라기보다는 단지 기존의 형식을 깨뜨린 무질서에 지나지 않았다.
그러자 진정한 근대시의 성립을 위해서는 전통의 율격을 되살려내야 할 필요
가 생겨났다. 그리하여 근대시의 모색은 한편으로는 극단적인 정형시의 형태
를 고수해야 한다는 움직임과 다른 한편으로는 그것을 부정하고 극단적인 자
유시의 형태로 변신해야 한다는 움직임으로 이원화되고 말았다. 그러나 어느
것도 그에 상응하는 결실을 맺지 못하고 오히려 역효과만 초래하고 말았다.
외래 형식의 무분별한 이식에 급급하였을 뿐 새 시대의 요구를 우리의 전통
적인 율격 속에서 어떻게 소화할지를 충실히 고민하지 않았던 탓이다. 물론
이러한 문제 상황에 직면하여 근대시의 모형을 전통 민요에서 찾으려는 시도
도 있었으나, 그 시도마저도 성공적일 수 없었다. 전통적 율격 운운하면서도
바로 그 전통적 율격이 무엇인지에 대한 명확한 인식이 동반되지 못했기 때
문이다. 그래서 서구 시(주로 프랑스의 상징시)에 대한 일본식의 번역을 그
대로 답습한 해외 유학파들이 소개한 소위 7·5조의 형식을 민요조로 제시하
거나, 전통 민요의 글자 수에만 집착하여 소위 4·4조의 형식을 민요조로 제
안하는 것이 고작이었다. 그러나 글자 수를 고정시키는 것 자체가 이미 우리
의 전통에서 벗어나 외국 시의 형태를 모방하는 것이다. 오히려 우리 시가의
율격은 음절의 수가 변할 수 있는 음보(말토막)들을 적절히 결합시켜 이루어
지는 데에서 그 특징을 찾을 만하다. 그러한 율격(형식)에서는 자유시라는
형식과 정형시라는 형식이 배타적인 관계로 놓이지 않는다. 그러나 근대시의
나아갈 바를 모색했던 이들은 바로 이 점을 깨달을 수 없었던 것이다.

3) 근대시론을 정립하고자 했던 시인들이 의식적으로 시가의 형식에 대해 문제
  삼아 그 기본 형식을 전통 민요에서 찾아야 한다고 생각했으면서도, 정작 우
  리의 시가를 지배해온 전통 민요의 형식에 대한 명확한 이해에 도달하지 못
  하고 각자가 임의로 설정한 틀에 따라 시를 씀으로써, 결국 우리의 율격을
  억압하는 작품들을 배출하였다(최남선, 김억, 주요한 등). 그러나 일부 시인

사량의 각성과 같은 어떤 전환의 필요성은 더욱 절박하게 우리의 마음을 두드린다.4) 물론 최근에 우리에게도 그러한 각성이 없었던 것은 아니다. 최근에 국문학과 국악 분야에서 공부한 학자들은 각각 우리 전통 시가의 형식을 논함에 있어 다소 진전된 생각을 제안하였다. 그들은 시를 이해하는 데 있어 인위적으로 마련된 종전의 분석의 틀을 거부하고 원래의 자연적 형태에 귀 기울이고자 하는 움직임을 시도하였다.5) 그러나 그들의 새로운 해석이 이전 해석의 문제점을 지적하고

들의 실제 작품 속에서는 전통 율격을 계승하면서 적절한 변형을 꾀한 흔적을 발견할 수 있다(김소월, 한용운, 김영랑 등). 이것은 무의식적으로나마 시인들의 민요 체험만은 아직 중단되지 않았음을 보여주는 사례이면서, 오늘의 우리에게 시론 정립의 가능성을 보여주는 단서가 된다.

4) 물론 중국 시에 대한 등사량의 분석의 결과가 중국과는 여러모로 특징을 달리하는 우리 시가에 그대로 적용될 수는 없다. 다만 등사량의 접근 방식이 우리에게 각성의 계기가 되는 까닭은 시의 형식에 대한 그의 관심에 있다. 구체적인 작품으로서 한 시가의 형식과 내용이 별개로 존재하는 것은 아니지만, 시론에 있어서는 갈라 보아야 할 필요가 있다. 그런데 대체로 내용(사상) 상의 특징을 가름으로써 접근하는 방식은 시대적 또는 계층적 층위에 따라 보다 복합적인 연관자들을 고려해야 하므로 여러 면에서 모호하게 중첩되고 혼동될 소지가 많다. 반면 형식적 특징을 추려냄으로써 접근하는 방식은 보다 단순한 원리로 간추려질 수 있다. 뿐만 아니라 형식에 대한 탐구는 어법상의 특징과 긴밀히 연결된다. 그럼으로써, 무슨 내용을 말하건 오히려 그 말하는 방식 속에서 보다 근원적인 사유양식을 보여줄 수 있다는 장점을 지닌다. 이 점에서, 시가의 형식에 대해 관심을 갖는다는 것은 우리 시가의 정체성 정립에 있어서 보다 적절한 접근 방식으로 여겨진다.

5) 그 생각의 골자는, 우리 시가 형식의 근원을 민요의 형식에서 찾되, 민요의 형식을 음수율(글자 수의 정형성)에 따라 이해하는 데에서 탈피하여 음보율

시가의 원래 형식에 보다 가까이 접근했다고는 하나, 여전히 문제의 핵심은 건드려지지 않은 채로 남아 있다. 이것은 무엇보다도 우리 시가의 형식에 대한 분석에서 궁극적으로 무엇을 형식의 기준으로 잡아야 할지에 대한 적절한 통찰이 결여되어 있음을 말해준다.6) 또한 그들의 분석은 우리의 시가가 우리말의 특징을 살리고 있다고 보면서도, 정작 우리말의 특징을 어디에서 찾아야 할지에 대해서는 바로 보지 못하였다.7) 그들은 우리의 시가가 우리말의 어떤 특징을 반영하고 있는

(말의 토막 수의 정형성)에 따라 이해하자는 데 있다. 일정한 음절의 수에 따라 운율이 생긴다고 보는 것은 자연스럽지 못하다. 우리말은 음절수의 제약으로부터 자유롭게 구사되기 때문이다. 이에 비해, 음보란 우리가 말을 할 때 자연스럽게 형성되는 단위, 즉 말토막을 가리킨다. 따라서 이제 몇 개의 음절을 단위로 해서 운율이 성립하는가를 묻는 대신에 몇 개의 음보를 단위로 해서 운율이 성립하는가를 물어야 우리말의 자연스러움을 살리는 분석이 된다는 것이다.

6) 음보율에 의거한 그들의 분석은 궁극적으로 무엇을 말하려고 하는 것인지가 분명치 않다. 물론 우리의 시가가 민요에 그 연원을 두고 있음을 밝힌 점에서는 그 의의가 인정될 수 있다. 그러나 음보율에 따라 정리하는 것이 과연 민요의 형식에 대한 결정적인 기준이 될 수 있는지가 여전히 의심스럽다. 시의 형식이라는 것이 과연 글자 수라든가 말토막 수를 구분하는 데서 특징지 워지는가? 음보율에 의거한 분석은 음수율에 의거한 분석과 마찬가지로 그러한 분류가 무엇을 의미하는지에 대해서는 말할 수 없다는 한계를 지닌다.

7) 우리의 시가의 운율이 우리말의 특징에 의해 결정된다는 견해가 있었다. 이른바 운율이란 일정한 자극계열이 주기적으로 회귀, 반복하는 것을 지각함으로써 얻어지는 체험이라고 할 수 있는데, 음철의 무한한 연속을 운율로 분할하는 방법은 각 민족의 언어의 여러 가지 특질에 따라서 제각기 독특한 배분 방식을 취한다고 한다. 이 연구가 보여주는 바 각 민족의 언어의 특질에 따

가를 등한시함으로써, 우리말의 특징을 가장 잘 살리고 있다고 여겨지

르는 운율의 분할 방법을 대별하면, 대략 다음과 같은 4가지 방법을 취한다
고 한다. 첫째, 음절의 지속 시간의 양에 의해 배분하는 방법을 들 수 있다
(희랍어, 나전어의 강약율). 둘째, 음절 가운데의 어떤 특수한 음절에 특수한
강도, 즉 강음(accent)을 부여하여 배분하는 방법을 들 수 있다(영어, 독일어
의 강약율). 셋째, 음절 가운데의 어떤 음절에 특수한 음고(pitch)를 배치함
으로써 배분하는 방법을 들 수 있다(중국어의 고저율). 넷째, 음절의 수에
의해 배분하는 방법을 들 수 있다(불란서, 이태리, 서반아, 일본어의 음수
율). 그리고 이런 4가지 방법 중에서 국문학의 시가 운율의 기본 단위를 어
느 것에서 찾아야 할 것인가 하는 점은 국어의 특질에 의해 결정된다고 보고
있다. 그런데 이런 장황한 분류를 통해 얻어낸 결론이란 결국 국어의 특질이
제1음절에 강음을 부여하는 데 있으며, 따라서 시가 운율의 형성 방법이 강
약율로 성립한다는 주장이다. 그러나 일단 이 주장의 옳고 그름을 떠나, 이
것으로서 시가 운율에 대한 분석이 마무리지어졌다 하기엔 너무나도 석연치
가 않다. 그것이 곧 우리말을 규정해 줄 결정적인 특징이라고 보기도 어렵거
니와, 설령 그렇다한들 그것은 단지 음운학적 분류에 지나지 않을 따름이다.
더우기 일정한 자극계열이 주기적으로 회귀, 반복하는 것을 지각함으로써 얻
어지는 체험이라는 운율의 정의를 그대로 받아들인다고 해도, 꼭 낱낱의 음
보(말토막)를 단위로 운율을 생각할 필요는 없다. 보다 넓게는 하나의 문장,
나아가 한편의 시가 전체를 놓고 볼 때 전체 운율이 어떻게 짜여져 있는지를
생각해 보는 것이 훨씬 바람직하다고 본다. 요컨대 우리 시가의 운율에 대해
보다 폭넓게 인식할 필요가 있다는 말이다. 이 시점에서, 국어의 악센트는
낱말-악센트 보다는 문장-악센트가 주로 되어 있다는 특징을 지닌다는 분
석이 보다 진전된 제안으로 대두될 수 있다. 물론 이 분석은 운율의 단위를
말토막(음보)에 제한시키지 않고 문장에까지 확장시켜 이해한 점에서는 확실
히 보다 진전된 분석이라고 볼 수 있다. 그러나 이러한 분석에서는, 여전히
운율의 문제가 낱낱의 문장에서 시가 전체로 확장되지 못하고 있다. 뿐만 아
니라 보다 중요하게는, 이러한 분석에서는 어째서 우리말에서는 문장-악센
트가 주가 되는지에 대한 어법적 해석을 찾아보기 어렵다.(이를테면 우리말

는 시가의 형식을 논하면서도 그러한 형식의 탐구를 곧 우리의 사유
방식의 일반적 특징으로 연결시킬 수 없었던 것이다.8) 하지만 어떠한
형식으로 시를 지었는가, 어떠한 형식으로 말을 하였는가에 대해 진정
으로 생각해보는 일은 분명 어떠한 방식으로 세상을 바라보았는가를

에서는 낱낱의 낱말이 전체 문장 구성에 있어 그리 큰 비중을 지니지 못한다
든지, 우리말에서는 가리키는 기능보다는 엮는 기능이 우선한다든지 하는 해
석을 할 수는 없는가?) 그리고 문장-악센트가 제1음절에 놓인다는 분석이
참이라면, 어째서 그럴 수밖에 없는지 그 어법적 이유를 해명하는 데까지는
나아가지 못하고 있다.(이를테면 우리말에서는 문장의 끝부분을 장식하는 서
술어의 변통성이 뛰어난데, 그런 변통성을 보여주는 끝말, 즉 어미에 문장-
악센트가 놓일 수는 없다든지, 우리 민족은 말을 분명하게 매듭짓기보다는
말꼬리를 흐리는 언어습성을 가졌다든지 하는 해석을 할 수는 없는가?) 이상
의 모든 사정에 비추어 볼 때, 시가의 운율을 국어의 특징과 연결시켜 보려
는 시도는 그것이 국부적 운율 분석에 멈추는 한, 그리고 어법적 특징 내지
그에 대한 철학적 해석과 연결되어 생각되지 못하는 한, 그런 시도는 우리말
의 특질을 바로 보았다 하기도 어렵고, 따라서 시가의 형식에 대해 충분히
음미된 분석이라고 보기도 어렵다.

8) 시가의 형식을 논하면서 그것과 우리의 어법과의 관련성을 살펴보는 문제는
보다 명확하게 규정되어야 한다. 이를테면 앞에서 지적했던 것처럼 시가의
운율을 논할 때 우리말의 음운학적 리듬을 고려한다는 것만으로는 어법과의
관련성이 드러난다고 볼 수 없다. 물론 우리말 고유의 음운학적 요소나 형태
학적 요소도 중요하겠지만, 완결된 하나의 문장 또는 시가가 어떻게 이루어
지는가 그 원리에 대한 탐구가 이루어져야 한다. 그렇게 해야 비로소 시가가
드러내고 있는 어법상의 특징을 밝힐 수 있고, 그것을 통해 사람들이 말하고
시를 짓고 노래를 지어 불렀던 방식이 궁극적으로 어떠한 세계관을 반영하고
있는지를 알아낼 수 있기 때문이다. 그러나 최근의 연구조차 이러한 점을 도
외시하고 있다.

알아볼 수 있는 적절한 방법이다.9) 이와 같은 관심에서 볼 때, 우리의 어법과의 관련성에 주목하여 우리 시가의 형식을 살펴보는 일은, 우리의 정체성에 대한 새로운 각성을 준비하고 있는 오늘 우리의 시급한 숙제가 아닐 수 없다.

그러나 시가 작품을 낱낱이 분석하는 것만으로는 이러한 숙제를 풀 수가 없다. 자고로 꽃을 볼 때는 피지 아니했을 때를 보아야 한다고 했다. 마찬가지 이치로, 시가의 형식에 대한 온전한 이해에 도달하려면 시가가 배출된 원시의 배경을 이해하는 일이 필요하다. 단지 그 기원을 보여주기 위해서가 아니라 그 원형을 짐작하기 위해서 더욱 그러하다. 우리의 시가는 어디서부터 연원했으며 그 원시적 모습은 어떤 것이었을까? 우리 시가의 원류와 원형을 논하기 위해서는 기록 이전의 시기로 거슬러 올라가야 한다. 문자가 정립되기 이전에도 말이 사용되어왔듯이, 기록상으로 확인되는 시가 이전에도 구비전승(口碑傳承)되는 시가가 존재했었다는 것은 분명하다. 기록문학으로 정착되기 이전에 구비전승되던 시가는 그 발생적 원천에 있어서나 본래적 모습에 있어서 기록문학의 모태라 할 만한 것이다. 초창기에 기록으로 옮겨졌던

---

9) 따라서 시가의 형식에 대한 논의는 말이 만들어지는 토막의 수가 몇이냐 또는 각각의 토막이 어떤 운율을 형성하느냐 보다는 한 편의 시나 노래가 어떤 원리에 따라 만들어지는가에 주목하는 데서 그 실마리를 찾아야 한다는 것이 이 글의 논지이다. 그래야 우리말의 특징을 가장 잘 살리고 있는 시가가 어떠어떠한 형식으로 이루어져 있는지를 말함으로써, 우리가 말하고 생각하는 방식의 특징이 어떠한 것인지를 짚어 보일 수 있게 된다는 것이다.

시가들은 돌연히 창작되었다기보다는 일단은 오래도록 구비전승된 내용들을 단순히 기록하다가 점차 그 창작의 폭을 넓혀간 것으로 볼 수 있기 때문이다. 그렇다면 문자가 없이 말만 하던 시대에도 사람들이 생각을 하면서 살았고 또 거기에는 일정한 방식이 있었던 것과 마찬가지로, 기록문학 이전의 시기에 구비문학이라는 것이 있었고 또한 거기에도 일정한 형식이 있으리라는 것은 쉽게 짐작할 수 있다. 더욱이 구비문학이란 글로 추상되는 것이 아니라 말로 구연되는 문학이기에 역사적으로도 오래되었고 여러 계층의 사람들에게 두루 친숙할 수 있었다는 사실을 이해하는 것이 중요하다. 그래서 구비문학은 천재적인 개인의 창작이 아니라 그저 평범한 여러 사람들의 공동작을 통해서 가장 단순하면서도 보편적인 내용을 담아내고 있는 민중적이고 민족적인 문학이라고 할 수 있다. 이와 같은 여러 가지 사정으로 미루어 볼 때, 구비문학은 일차적으로는 기록문학을 이해하는 데 있어 필수적이고 기본적인 모델이요, 나아가서는 우리 민족이 나름의 사상과 문화를 가꾸어낼 수 있었던 밑거름이라 할 수 있다.

그러면 기록으로 굳어지기 이전에 구비전승되던 것으로서의 시가는 과연 어떤 모습을 하고 있었을까? 그것은 제의식이나 노동의 현장에서 가무악(歌舞樂)이라는 종합예술의 형태를 띠고 있었던 것으로 보인다. 여기서 우리는 한낱 기록으로 화석화된 기록문학으로서의 시가가 아니라, 우리의 삶의 현장 속에서 우리와 함께 변화되고 보존되어온 생생한 노래와 만나게 된다. 사정이 이러하다면, 이제 우리의 시가에 대한 적절한 이해는 한낱 기록에만 의존할 것도 아니요, 굳이 문학이라는 틀거리 안에서만 꾀해질 것도 아니다. 구비전승으로서의 시가는 그것이 구연(口演)되는 현장(現場)을 떠나서는 적절히 이해되었다고 볼 수 없다. 그런데도 오늘날의 학문이라는 것은 그러한 이해를 가로막는 몇 가지 장애물들로 두텁게 포진하고 있다. 우선 국문학 분야의 연구와 국악 분야의 연구가 독립성을 주장함으로써 그 간극을 메울 수 없었던 점을 들 수 있다.10) 시가라는 것이 그 발생단계에서부터 줄곧 단지

---

10) 우리의 언어 예술이라 할 수 있는 것들(민요, 속요, 시조, 가사, 판소리 등)은 한편으로는 문학이면서 다른 한편으로는 음악이다. 그런 것들을 지칭할 때 단순히 시라고 하거나 노래라고 하지 않고 시가(詩歌)라는 이름을 쓰는 이유도 여기에 있다. 시가의 원래 모습은 노래 부르기 위해 지어지고 구비전승된 데에서 찾을 수 있다. 때로는 그것을 시(노랫말)나 악보의 형태로 기록해두는 경우도 있다. 그러다가 노래로 불려지지 않는 시가 나타나게 된 것은 고유 문자의 성립을 보고나서도 한참이 지난 후의 일이다. 그렇다면 우리의 역사에서 시가는 대체로 음악과 문학의 얽힌 형태로 존속해 왔다고 볼 수 있다. 하지만 학문이 분과화되면서 점차 음악적 요소와 문학적 요소를 갈라보는 풍토가 조성되어, 각 분야의 연구는 독자의 길을 걷게 되었고, 심지어는 두 가지 성격 중 어느 하나에만 비대하게 치중하여 관점상의 대립을 낳기도 하였다. 다행히도 최근에 우리의 시가를 구비전승으로 봄으로써 원래의 모습에 근접하려는 시도가 이루어지긴 했다. 그래서 기록으로 남아 있지 않은 노랫말도 문학의 원시적 형태로 인정하는가 하면, 음악에서 장단의 붙임새나 창법이 노랫말이나 그것에 대한 창자의 해석과 연관되어 있음을 인정하는 정도의 성과를 낳은 것도 사실이다. 그러나 아직까지 문학의 형식과 음악의 형식은 따로 논의되는 것이 대체적 현상이며, 양자의 관련성에 대한 만족할만한 분석을 제시하거나 그 의미를 길어내는 데까지는 미치지 못하고 있다.

관념적으로 생각되기만 한 것이 아니라 필요한 상황에서 실제로 입으로 불려졌으며 또한 그럼으로써 새로이 다듬어져왔던 역학적 구성물이었다는 점을 고려할 때, 오늘날 학계의 분립화 현상은 적절한 방향으로 전개된 것이라고 볼 수 없다. 더욱이 고유한 문자의 정립이 늦어져 대부분을 구전심수(口傳心授)에 의존해왔던 우리에게 있어서 시(詩)와 노래(歌)는 서로 떨어질 수 없는 한층 각별한 성격의 것이었음을 상기해볼 때, 그런 분립 현상은 치명적인 것이 된다. 그렇다면 단순히 문학 이론이나 음악 이론만으로는 잡히지 않는 부분들에 대해 역사나 민속학 등 여러 분야들과의 연관 속에서 시가에 대한 연구가 이루어져야 마땅할 것이다. 물론 다양한 관점에서의 연구가 이루어진다 해도 여전히 문제는 남을 것이다. 그런 해석들 자체가 궁극적으로 무엇을 말하고 있는 것인지에 대해서는 의문의 타래를 풀지 않으려는 데에도 문제의 심각성이 있을 수 있기 때문이다. 만일 다양한 관심의 가지들이 하나의 맥으로 연결되지 않는다면, 우리 시가의 정체성이 선명하게 드러날 리 없고, 또 그것을 통해 우리 민족 고유의 생각이나 삶의 방식을 추적할 수 있으리라고 기대하기는 어려울 것이다. 이러한 사정은 우리 문화에 대한 철학적 풀이의 필요성을 가리키고 있다. 그렇다면 철학적 여과와 자리매김은 아직도 우리가 대면하는 문제 풀이의 바탕이 될만한 것이라 하겠다.

더욱이 서양 문화의 파급으로 희미해져가는 고유한 전통 문화의 정체를 갈라봐야 하는 우리의 현실에서는[11], 그러한 작업이 새삼 커다란 무게로 다가온다. 그러나 우리 전통 문화의 정체를 캐는 물음이 곧 한 민족의 특수한 사정 속으로 몰입하는 일이라고는 할 수 없다. 그러한 물음을 제기함으로써 의도하는 바는 결코 민족적 특수성을 부각시키고자 하는 데 있는 것이 아니라, 민족적 특수성의 재발견을 계기로 하여 기존에 보편적 문화 형식으로 과장되어 왔던 것의 편협성을 깨고, 최소한 기존의 것보다는 좀더 일반적이라 할 수 있는 형식을 바라볼 수 있는 지평으로 물러서고자 하는 데 있다. 차이성에 대한 자각은 보다 나은 보편성으로 연결되는 첫걸음이 될 수 있기 때문이다. 특히 서양 철학사를 통해 이국적 사색의 가능성과 한계를 시험해본 우리에게 있어서, 정작 우리 문화에 대한 철학적 삭임을 도모하는 작업은 보다 넓은 각도에서 철학의 문제와 만날 수 있는 기회를 열어주리라 본다. 그리고 그 자리에서 우리는, 점점 희미해져간다고 염려되던 우리 문화의 정체를 오히려 또렷하게 볼 수 있는 기점에 서게 될 것이다.

---

11) 그러나 아직 우리의 마음은 원시의 형태에 열려 있다. 어쩌다 듣게 된 우리의 옛가락이 숙명처럼 느껴지고, 사투리를 심하게 쓰는 사람을 대할 때면 그 말뜻을 낱낱이 알아들을 수는 없지만 그 말투만 듣고도 이내 그 사람의 마음과 통한다.

2) 구비 전승 시가의 이중성

구비전승의 세계는 실로 문화의 보고이다.[12] 그것은 풍부한 원천이
면서 원형이다. 거기서는 여러 가지 예술 양식들이 각기 독립된 갈래
로 연행(演行)되는 것이 아니라 서로 얽혀서 나타난다. 이를테면, 이야
기를 전달할 때에도 그 말소리에 가락이나 장단을 붙여 음악적인 효과
를 통해 문학적인 내용을 전달한다든지, 노래를 부를 때에도 이야기와
섞어 부르거나 어떤 동작이나 춤을 곁들여 극적 효과를 연출하는 것이
다. 이러한 모습들은 이후의 예술 양식들(문학, 음악, 연극, 무용 등)이
원래 한 판(현장)에서 분화되어 나왔음을 보여준다. 흔히 문학의 한
장르로 인식되는 것으로서의 시만 놓고 보더라도 여러 차례 거듭나고
그럼으로써 다양한 형식으로 분화되어왔다. 우리의 시에서 향가, 속요,
경기체가, 시조, 가사 등이 그 다양한 형식을 보여주는 것들이다. 어떻
게 이렇듯 다양한 형식들이 가지쳐 나올 수 있었을까? 이런 다양한 형
식들의 모태가 되는 원동력은 어디에 있는가? 우리는 그러한 시가들의
원형을 민요에서 찾을 수 있다. 우리의 시가 노래로 불려져왔다는 특
징을 공유하는 것으로 보아 그런 짐작은 능히 가능하다.[13] 뿐만 아니

---

12) 구비전승되는 문화로는 간단한 말(속담, 수수께끼), 이야기(설화, 신화 전
    설, 민담), 노래(민요, 판소리), 놀이(탈춤, 꼭두각시놀음) 등을 들 수 있다.
13) 서동이 부른 노래가 서라벌 곳곳에 퍼져 선화공주의 귀에 들어가게 되었다
    는 일화도 그렇거니와, 민요로 불리던 것이 향가에 편입된 경우는 허다하
    다. 이른바 속요라는 것도 민간에 떠돌던 노래들을 후대에 기록한 것이며,

라 시가의 여러 형식들이 세부적으로는 다양한 차이를 보이지만, 그것
들은 원래 민요의 형식에서 유래하여 다소간의 변형을 겪으면서 발전
해온 결과로 볼 수가 있다.14) 우리의 시는 시대적 요구에 부응해서

시조와 가사 역시 노래로 불려졌던 것들이다. 특히 시조집의 제목(靑丘永
言, 海東歌謠, 古今歌曲 등)이 보여주듯이, 그 책들은 단지 눈으로 읽히기
만 했던 시들을 엮어 놓은 문집이라기보다는 입으로 불려졌던 노랫말들을
엮어 놓은 가사집이었다. 가요나 가곡이라는 명칭이 노래를 가리키고 있다
는 점은 명백히 드러난다. 마찬가지로 '영언(永言)'이라는 말도 '시언지 가
영언(詩言志 歌永言)'에서 유래한 것으로서, 시(詩)와 가(歌)가 서로 상보
적인 관계 속에서 자연스럽게 병존하였음을 보여준다.

14) 우리의 전통 시가를 대표하는 향가, 속요, 경기체가, 시조, 가사 등은 얼핏
보기에는 상이한 형식을 가진 것처럼 보인다. 그래서 우리의 시는 이렇듯
시대마다 다양한 형식들로 창출되었으므로 거기에는 어떤 시의 형식을 분
류할 수 있는 객관적 기준이 없는 것처럼 인식되기 십상이다. 그러나 그런
곤란은 시의 형식을 너무 편협하게 이해한 데서 비롯된 것이다. 가령 음수
율(글자수의 정형성)에 따라 시의 형식을 규정하고자 한다면, 시의 갈래조
차 가리기 어렵게 된다. 사실 어떠한 시도 음수율을 엄격하게 지키지는 않
기 때문이다. 이에 비해 음보율(말토막수의 정형성)에 따라 시의 형식을
규정하는 것은 음수율에 따르는 규정보다는 일반적인 분류라고 할 수 있다.
그에 따르면, 속요나 경기체가는 3음보 형식으로, 향가나 시조나 가사는 4
음보 형식으로 분류된다. 그러나 말토막 수만을 고려하여 시의 형식을 이
해하는 데 그친다면, 그 또한 결정적 핵심을 이해했다고는 볼 수 없다. 음
보율에만 의뢰할 경우, 어째서 서로 다른 음보율을 갖게 되었는가 또는 어
째서 같은 음보율을 가지면서도 시의 길이가 그렇듯 차이가 나는가에 대해
서는 설명하기 어려운 점이 있다. 만일 이렇듯 음수율(글자수의 정형성)이
나 음보율(말토막 수의 정형성)을 통하여 시가의 형식을 이해하고자 한다
면, 일반성을 얻기 어렵고 또 어느 정도 일반성을 얻는다 하더라도 그러한
분류가 궁극적으로 무엇을 가리키는지 그 기능을 알 수 없다. 이것은 오직

거듭날 때마다 가장 널리 그리고 끊임없이 입에서 입으로 불려지면서 전승된 민요에 의뢰해왔던 것이다. 그래서 시이면서 노래이고, 문학이면서 음악일 수 있었던 구비전승의 현장에서 우리 시가의 원형을 짐작해보려는 것이다. 그리고 그러한 전승의 역사에서 무엇이 고정체계로 보존되어왔고 무엇이 유동체계로 변화해왔는가를 생각해보려는 것이다.

쓰여진 글 속에서만 형식을 찾으려는 데서 비롯된 자가당착이 아닐 수 없다. 따라서 시의 형식을 이해하기 위해서는 보다 폭넓은 고려가 필요하다. 만일 우리가 그와 같은 시들이 글로 쓰여지기 이전에 노래로 구연되던 실제 현장을 떠올린다면, 상황은 호전된다. 시를 노래로 이해하는 데 있어서는, 노래를 부르는 목적이나 노래가 수행하는 기능도 등한시할 수는 없지만 무엇보다도 노래의 형식을 살펴보는 것이 중요하다. 여기서 우리는 노래의 형식에 따라 시의 형식이 결정된다는 가설을 세울 수 있다. 노래의 형식이란 무엇보다도 노래를 부르는 방식을 가리킨다. 우리가 민요를 부르는 방식은 대체로 선후창, 교환창, 독창으로 나뉜다. 이러한 민요의 가창 방식에서 어떻게 시의 형식이 분파되었는지에 대해서는 다음과 같이 설명할 수 있다. 먼저 한 사람이 자유롭게 앞소리를 메기면 나머지 사람들이 일정한 뒷소리(후렴)를 받는 선후창의 방식은, 여음이 삽입되는 형식의 속요나 경기체가의 모체가 된다. 또한 두 집단으로 나뉘어 대구나 문답 형식으로 불려지는 교환창의 방식은, 두 줄을 기본으로 하고 거기에 약간의 변형을 가한 형식이라고 볼 수 있는 향가나 시조의 모체가 된다. 그리고 혼자 마음대로 부를 수 있는 독창의 방식은, 줄 수에 제한이 없는 긴 형식의 가사의 모체가 된다. 우리 시가의 형식이 민요의 형식으로부터 비롯되었다고 하는 이상의 설명은, 우리의 시가를 단지 화석화된 활자로만 이해하는 것과 실제로 불려지는 노래로 이해하는 것 사이에는 상당한 차이가 있음을 확인시켜주는 것이기도 하다.

(1) 보존과 변화로서의 전승

구비전승의 생명은 현장에 있다. 현장에서의 구연(口演)을 떠나서는
결코 생각할 수 없는 것이 바로 구비문학이다. 현장에서의 구연을 떠
난다면 그것은 이미 기록문학으로 포장되는 것이다. 일정한 규범으로
추상화되고, 화석화되고 마는 것이다. 우리가 기록문학으로서의 시를
접할 때에 가능한 한 구비전승의 현장을 떠올리려고 노력하는 까닭은,
추상화되고 화석화되기 이전의 살아 있는 현장을 잡으려는 데 있다.15)

---

15) 흔히 우리 예술을 두고 즉흥성이 강하다고 한다. 우리 예술은 추상적인 규
범이나 형식에 얽매이지 않는다고 하는 말이다. 가령 민요를 부를 때 앞소
리를 메기는 선창자는 즉흥적으로 사설을 만들어내는 능력이 뛰어나야 한
다. 판소리를 하는 창자의 경우도 마찬가지이다. '판을 짜는 일'(아니리 부
분에서 즉흥적으로 재담을 늘어놓는다거나, 사설 내용에 임의로 변형을 가
한다거나, 창법이나 장단의 붙임새를 개성있게 구사한다거나 하는 일)은
창자의 재량에 맡겨진다. 이런 경우들은 물론 우리의 예술의 즉흥성과 구
체성을 보여주는 적절한 사례들이다. 그런데 만일 즉흥성이라는 말이 전혀
밑도 끝도 없이 그저 순간적인 느낌을 분출한다는 뜻으로 받아들여지고,
위의 사례들이 보여주는 특징을 단지 그런 의미에서의 즉흥성으로만 이해
한다면, 보다 중요한 특징을 간과하거나 은폐시킬 우려가 있다. 그렇다면
그것은 정확한 이해를 한 것이라고 볼 수 없다. 위의 사례들을 들어 말하
더라도 그렇다. 민요를 부르는 창자는 그가 노래 부르는 상황에 걸맞게 사
설을 만들어낸다. 판소리를 하는 창자가 그 시대의 감각에 맞고 그 자리에
모인 청중들의 성향에 부합되게 판을 짜는 것도, 판소리가 구연되는 상황
성을 고려하기 때문이다. 구연되는 상황에 어울리지 않게 발휘되는 즉흥성
은 오히려 예술적 질이 떨어지는 것으로 평가된다. 창자의 예술성은 상황
에 바탕한 즉흥성을 연출하는 데 있다. 따라서 우리 예술에서 즉흥성이 강

살아 있는 현장에는 언제나 긴장이 내재해 있다. 전승은 우선 전승 내용이 공유되고 보존되는 것을 의미한다. 그러나 다만 구전심수를 통해서 전승 내용이 누구에게나 항상 완벽하게 공유되리라는 보장은 없다. 또 바람직하지도 않다. 같은 내용을 전해받는 과정에서 변화의 가능성은 얼마든지 있다. 변화는 고의적으로 일어날 수도 있고 다른 조건들(시대적, 사회적 배경)로 인해 일어날 수도 있다. 또한 변화는 우연히 일어날 수도 있고 어쩔 수 없는 숙명처럼 일어날 수도 있다. 뿐만 아니라 이와 같은 변화의 인자들은 서로 얽혀서 작용한다. 그래서 변화의 원인을 꼬집어서 말할 수는 없다. 다만 변화라는 것은 더이상 공유될 수 없는 부분들이 삭제되고 새로이 공유될 수 있는 부분들이 첨가되는 등의 적절한 변형을 통해서 일어난다고는 말할 수 있다. 그러나 어떠한 변화이든 결코 전체적으로 일어나지는 않는다. 여전히 공유될 수 있는 부분은 그대로 보존된다. 그래서 전승은 변화를 포함한 보존일 수밖에 없다. 구연 예술의 전승에서 변화와 보존의 이중성은 불가피하다.16)

하다는 평가는 다시 음미되어야 한다. 물론 그것은 추상화되고 화석화되지 않은 자연스러운 표출이 자유롭게 구사된다는 의미에서 즉흥성을 지닌다. 그러나 그 즉흥성은 반드시 구연 현장의 상황에 바탕한 즉흥성으로 이해되어야 한다. 이렇게 볼 때, 우리 예술의 특징에 대한 적합한 평가는 즉흥성이라는 말보다는 현장성이라는 말로 표현되는 것이 더 적합하다.

16) 변화와 보존의 역학으로서의 전승은 특정 개인에게만 일어나는 일회적 사건이 아니다. 그것은 여러 사람들에게 일어날 수도 있고 연속적으로 일어날 수도 있는 사회적이고 역사적인 운동이다. 누구든 구연 예술의 순수한

구비전승의 역사는 바로 이러한 보존과 변화의 이중성을 연습하는 데 있다. 구비전승에 있어서 보존과 변화라는 두 세력은 공존한다. 그러나 그 두 세력이 궁극적으로 안정될 수는 없다. 또 그런 완성을 지향하지도 않는다. 두 세력이 적당한 조화를 이루는가 싶으면, 이내 균열을 일으키고 끊임없이 대치된다. 조화란 어디까지나 잠정적이고 표면적인 모습에 불과할 뿐이다. 그런데 만일 영원히 유지되거나 궁극적으로 지향해야할 고정된 모습이 떠오른다면, 그것은 이미 구연 예술로서의 생명을 상실한 것이나 진배없다. 마찬가지로 만일 구연 예술이 밑도 끝도 없이 마냥 변하기만 한다면, 그것은 주어진 문화 형식에 대한 전수라고 볼 수 없으므로, 전승이라고도 할 수 없다. 따라서 구비전승의 세계에서는 보존과 변화 두 가지가 모두 공존하되, 그 공존은 통일적인 전체를 구성하는 데 기여하는 것이 아니라, 오히려 끊임없이 균열을 일으키는 데 기여하는 것으로 보아야 한다. 그 균열의 틈새를

창작자일 수는 없다. 누구나 이미 자신이 속한 집단의 문화에 알게 모르게 노출되어 있기 때문이다. 그가 태어나기도 이전 사람들에 의해 공유되던 기존의 문화가 이미 주어진 것으로서 그에게 나타난다. 그는 일단은 수용자의 입장에서 동시대의 다른 사람들과 함께 그것을 받아들인다. 하지만 개인적으로건 집단적으로건 누군가 주어진 것에 창조적 변형을 가해 그것이 그 시대의 새로운 문화로 자리잡게 되면, 그것은 다시금 다음 세대의 수용자들에게 이미 주어진 문화 형식으로 전수된다. 이 과정은 계속 되풀이된다. 이 과정에서 볼 수 있듯이, 구연 예술은 사회적으로 생산되고 수용되는 공동작이다. 또한 공동작이면서도 개인의 창조적 개입이 배제되지만은 않는다. 또한 구비전승의 체계에서는 수용자와 생산자의 자리바꿈이 꼬리를 물고 일어난다.

만끽하는 데에서 구연 예술의 진가가 살아난다.

우리의 구연 예술은 특히 오랜 세월동안 계속되었다. 적절한 문자가 마련되지 않았던 탓도 있지만, 문자가 생기고 기록을 할 수 있게 된 다음에도 굳이 그렇게 하지 않았다. 그런 기록은 별로 소용이 안되었던 모양이다. 거기에는 기록문학으로 정착된다고 하더라도 구연의 행위는 기록에 얽매이지 않고 수행될 수 있고 또 마땅히 그래야 한다는 독특한 예술관이 있었는지도 모르겠다. 실제로 각양각색의 표기들이 범람하고 있는 오늘까지도 구전심수의 전승 방식을 태연히 되풀이하고 있는 것을 보면, 끊임없이 균열을 일으키면서 생명을 이어온 민족 특유의 오랜 습성이 작용하고 있는 것이 아닐까 하는 생각마저 든다. 그 부단한 균열의 연습이 구체적인 시가 작품을 통해 살아 숨쉬고 있다.

(2) 시가에 있어서 고정체계와 유동체계

구비전승의 특징은 작품을 구성하는 데서도 그대로 반영되었다. 그럴 수밖에 없는 것이 구연 행위가 곧 작품을 구성하기 때문이다. 전승에 있어서 보존과 변화라는 이중성은 작품 구성에 있어서 고정체계와 유동체계라는 이중성을 가져왔다. 구연 예술이 현장의 예술임을 상기한다면, 이런 결과는 퍽 자연스러운 것으로 이해된다. 전승에서 보존되는 것은 작품이 연행될 때마다 등장하니, 그러한 부분을 작품의 고정체계라 한다. 또한 전승에서 변화되는 것은 작품이 연행될 때마다 항상 등장하는 것이 아니라 불규칙적으로 등장하거나 그 변형된 형태가 상황에 따라 다르게 나타나니, 그러한 부분을 유동체계라 한다. 이렇게 해서 전승사에서 보존과 변화의 세력은 시가 작품 안에서 고정체계와 유동체계로 자리잡힌다.

구비전승되는 시가에서는 고정체계와 비고정체계가 대비를 이루면서 공존한다. 분명 하나의 작품인데도 그 안에서 고정체계로 보존되는 것이 있는가 하면 유동체계로 변화하는 것이 있다. 여기에 한 작품이 완결된 형태로 정착되기 어려운 사정이 있다.17) 물론 일단 기록으로 정리된 작품을 보면, 일견 완결된 형태를 갖춘 것처럼 보이기도 한다. 그러나 그렇게 완결된 형태를 갖추고 있다고 보이는 것조차 극히 일부에

---

17) 특히 온갖 형태의 우리 시가의 집대성이라고 할 수 있는 판소리의 경우, 그 비완결성은 더욱 두드러지게 나타난다. 무엇보다도 판소리는 그 길이가 방대하기 때문에 전체를 다 부르지 않고 일부만 떼어내서 부르는 수가 많다. 그래서 판소리는 부분의 독자성이 유지될 수 있는 노래이다. 또 판소리에는 창자들의 독특한 해석에 따라 각기 다른 내용의 사설이 삽입되기도 하는데, 그런 것들이 뒤섞여 있어서 부분들 간의 비일관성이 비일비재하게 나타나게 된다. 그래서 판소리는 통일성 내지 전체적 유기성을 구하기 어려운 분열의 구조로 짜여진다. 그렇다면 이에 따라 작품 평가의 기준도 마땅히 달라져야 한다. 만일 일관성과 유기적 통일성을 기준으로 하는 서구 기록문학의 플롯을 잣대로 판소리를 평가하려고 한다면, 판소리는 하나의 작품으로 간주될 수조차 없을 것이다. 그런 평가에서는 판소리가 지닌 참맛을 기대할 수가 없다. 판소리는 본질상 비일관적이고 분열적인 구조를 지닌다. 따라서 그 평가 또한 그러한 균열의 미학을 얼마나 잘 살렸는가 하는 관점에서 이루어져야 마땅하다. 이것이 우리 구비문학의 작품성을 규정하는 기준이면서 동시에 우리의 구비문학을 대하는 적절한 감상법이다.

불과하다.18) 대부분의 시가들의 사정은 그렇지가 않다.19) 그리고 사실은 가사 내용이 대체로 정리되었다고 하는 시가조차, 그것이 계속 구비 전승되고 있는 한 끊임없이 변화를 겪고 있는 중이겠기에, 완결된 작품이라고 할 수 없다. 그래서 오늘날 구연을 행하고 있는 창자들의 사설들은 각기 다른 것이 예사이다. 더욱이 기록이란 실제 구연되던 것의 일부를 채취한 것이었을 가능성이 많다. 따라서 구비전승되는 시가 작품에서 고정체계와 비고정체계의 이중적 구성, 그에 따른 작품의 미완결성은 불가피한 특징으로 받아들여질 수밖에 없다. 문자로 정착되기 이전부터, 외래문자를 차용해서나마 어떤 형태로건 기록의 시대가 시작되면서도, 그리고 고유의 문자를 가지고 자유로이 표현을 할 수 있게 된 후에도 지금까지, 구비전승의 역사를 유달리 오래도록 이어온 우리의 예술은 이러한 이중성을 작품의 생명으로 삼아왔던 것이다.

그렇다면 전승된 시가 작품 속에서 과연 어떤 것이 고정체계이고 어떤 것이 유동체계인지를 갈라서 보여줄 수 있을까? 그러한 구별은 다양한 각도에서 시도될 수 있으며, 사실상 가르기 힘든 경우도 많다.20)

---

18) 개인의 창작이라고 보이는 향가나 시조 등이 이에 해당할 것이다.

19) 공동작으로 이루어진 대부분의 구비전승 작품들은 일정한 형태로 완결될 수가 없다. 대표적인 경우로, 무수한 사람들의 입을 통해 오래도록 항간에 떠돌던 거의 모든 민요가 결코 완결된 형태로 답습되지는 않는다. 그것은 현장의 상황 속에서 부단히 재창조된다.

20) 특히 전승 과정에서 각계 각층의 창조적 개입이 자유로왔던 판소리 작품은 이전의 한국 시가들을 총망라하고 있어서 과연 그 중에서 무엇이 고정체계

그러나 그 구별이 다양하고 어렵다고 해서, 그러한 구별 자체가 없다고 단정해서는 안된다. 어느 정도 의미있는 구별이 실제로 가능하다. 이제 민요를 통해 이 문제에 접근해보자.

구비전승된 시가라면 어느 것이나 그렇듯이, 민요 또한 고정체계와 유동체계가 얽혀 이중적으로 구성된다. 우리 민요가 겪어온 운명을 돌아볼 때, 이런 이중성은 어떻게 설명될 수 있을까? 민요는 우리 민족이 가장 오랫동안, 누구나 널리, 삶 가까이서 불러온 노래이다. 예로부터 오랜 생명력을 유지해왔다는 것은 곧 그것이 어느 한 때의 일시적인 풍속처럼 갑자기 밀려왔다가 영영 씻겨내려가지 않고, 끊임없이 변하는 세태를 반영하는 내용들을 담아내면서 그만큼 우리 민족의 정서체계나 생활체계에 부합되게 적응해왔음을 입증해주는 것이다.21) 더

이고 무엇이 비고정체계인지를 가리는 일은 쉽지 않다. 그러나 고정체계와 비고정체계가 복합적으로 구성되어 있음으로 인하여 초래된 결과들은 정말이지 다양하게 나타난다. 판소리 구성의 이중성은 청중, 소재, 문체, 인물, 주제 면에서 모두 볼 수 있다. 민중이든 지배층이든 간에 다양한 층의 청중을 모두 확보했던 판소리, 그래서 민속적인 온갖 노래와 귀족풍의 가락이 함께 뒤섞여 있는 판소리, 또 그래서 온갖 상스러운 말과 유식한 문자가 공존하는 판소리, 이중적 성격을 지닌 주인공들(기생이면서 기생이 아닌 춘향, 양반이면서 매품을 파는 흥보 등), 그 주인공을 통해 표현되는 표면적 주제(유교적 이념을 지지해주는 권선징악)와 이면적 주제(그것을 조롱하는 현실적인 풍자)가 비장과 골계의 탈바꿈을 통해 용해되어 있는 판소리에는, 오히려 그런 복합적인 요소들 간의 괴리를 아무 부담 없이 그대로 즐기던 우리 민족의 균열의 미학이 깃들어 있다.

21) 구체적인 민요 하나하나를 놓고 보자면, 거기엔 소실된 것도 새로 생겨난

욱이 민요는 특정한 전문 가객(歌客)에 의해 불려지는 노래라기보다는
일반인 누구에게나 널리 불려지는 노래이다.22) 민요는 항상 우리의
삶 가까이에서 그 삶을 달래주었다. 사람들은 삶의 현장 어디에서나
민요를 불렀는데, 삶의 현장이 구체적으로 어디인가에 따라 민요는 그
에 부응하는 적합한 기능을 수행하였다. 노동의 현장에서는 노동의 효
율을 높이고 피로도 잊게 해주면서23), 의식의 현장에서는 그 의식에
걸맞는 분위기를 연출하면서24), 놀이의 현장에서는 서로의 흥을 돋우
고 교감하게 해주면서25), 민요는 그렇게 불려졌다. 그러나 꼭 노랫말
이 지켜져야 한다는 법은 없었다. 설령 있었다 한들 지켜지기 어려웠

것도 있다. 그러나 세태에 따라 그 내용이 바뀌면서도, 그 부르는 형식 내
지 민요 자체의 생명력이 단절되지는 않았다. 그렇다면 민요는 다양한 세
태를 반영하면서 우리 민족의 성미에 맞게 적응해왔던 것이라 볼 수 있다.

22) 가령 판소리 같은 것은 비록 그 청중의 층은 다양했어도 실제로 그것을 부
르는 사람은 전문 가객에 국한되었고, 오늘날에도 대체로 그러하다. 또한
시조도 처음에는 양반들이 지은 것을 그들과 함께 수작해야 했던 기녀들이
나 전문가객들이 불렀던 것으로 보인다. 그러나 민요는 언제나 누구든 부
를 수 있는 노래이다. 이런 비교를 통해 보더라도, 민요는 고금을 통해 가
장 보편적으로 불려진 우리 노래라 할 만하다.

23) 이런 기능을 하는 민요를 노동요(勞動謠)라고 한다. 노동요에는 농업노동
요, 어업노동요, 토목노동요, 채취노동요, 제분노동요, 수공업노동요, 가내
노동요, 길쌈노동요 등이 있다.

24) 이런 기능을 하는 민요를 의식요(儀式謠)라고 한다. 의식요에는 세시의식
요, 장례의식요 등이 있다.

25) 이런 기능을 하는 민요를 유희요(遊戲謠)라고 한다. 유희요에는 무용유희
요, 경기유희요, 기구유희요, 언어유희요, 비기능요 등이 있다.

다. 한 사람이 기존에 주어진 가사 내용을 가지고 처음부터 끝까지 부르는 노래일지라도 그것이 전해 내려오는 과정에서 각색되기 마련인데, 하물며 상황에 따라 다양한 방식으로 여러 명에 의해 입에서 입으로 불려졌던 민요의 경우 그러한 각색은 불가피했다. 정해진 악보가 없이 입에서 입을 통해 불려졌으니, 일정하게 부를 수 없었던 사정은 뻔하다. 하기는 정해진 악보가 있었다 할지라도 일정하게 부르지는 않았을 것이다. 흥을 돋우기 위해서라도 어느 정도의 파격은 필요했을 것이다. 더욱이 세태의 변화는 이런 현상을 부채질했다. 풍속이 변화함에 따라 노랫말이 바뀌는 경우가 생기고, 지방 간의 교류가 잦아지면서 노랫말이 섞이는 경우도 생겨났다. 또 민요가 수행하던 기능도 전성되기 일쑤였다. 특정 종류의 노동이나 풍속이 사라지면 그에 따라 불려지던 민요도 사라지거나 혹은 다른 기능으로 탈바꿈하였고, 다른 지방에서 흘러들어온 민요는 그것이 불려지던 특정 목적이나 문맥에 상관없이 유희의 목적으로 불려지기도 하였다. 이 모든 상황은 민요가 삶의 조건에 따라 굴절을 겪어왔다는 것을 보여준다. 그렇게 굴절되는 부분이 바로 민요에 있어서 유동체계라는 것이며, 반면 오랜 풍파 속에서도 굴절되지 않고 보존된 부분이 곧 민요에 있어서 고정체계라는 것이다. 따라서 유구한 세월 동안 가장 널리 불려져왔던 민요도 고정체계와 유동체계로 이루어진 이중적 구성물로서 이해되어야 한다.

그러나 굳이 민요를 거론하는 것은 민요가 우리 시가의 범형이라는 단순한 사실 때문만은 아니다. 고정체계와 유동체계의 이중성이 가장 극명한 형태로 나타나 있는 것이 바로 민요이기 때문이다. 그렇다면 민요에서 과연 무엇이 고정체계이고, 또 무엇이 유동체계인가? 이 점은 민요가 불려지는 방식을 통해서 알아 볼 수 있다. 민요를 부르는 여러가지 방식들 가운데서 가장 흔한 방식은 앞뒤로 나뉘어 노랫말과 후렴을 메기고 받으면서 부르는 방식이다.26) 이것은 곧 우리 민요의 특징으로 무엇보다도 무의미한 후렴구를 오래도록 이어왔다는 점을 들 수 있다는 말이기도 하다.27) 이제 그런 노래가 불려지는 모양을 떠올리면서, 민요에 있어 고정체계와 유동체계의 문제를 정리해보자.28)

---

26) 민요는 혼자 부르는 경우도 있고, 다같이 부르는 경우도 있고, 심지어는 여럿이 모여서 제각기 멋대로 부르는 경우도 있지만, 나누어 부르는 것이 보통이다. 나뉘어 불리는 방식 또한 다양하다. 여러 집단으로 두서 없이 나뉘어 노랫말을 번갈아 돌려가며 부르는 경우도 있고, 두 집단으로 옆옆이 나뉘어 노랫말을 문답식으로 교환하며 부르는 경우도 있지만, 대개는 앞뒤로 나뉘어 노랫말과 후렴을 메기고 받는다.

27) 물론 민요에는 후렴을 갖지 않는 것도 있지만, 그것은 일반적인 형태라고 볼 수 없다. 또한 후렴도 두 가지 종류로 나뉜다. 아무 뜻도 없는 무의미한 말로 이루어진 후렴구도 있고, 무의미한 말들과 의미 있는 말들이 섞여서 이루어진 후렴구도 있다. '여 여허 여허 여허루 상사디여'(농부가의 후렴)와 같은 것이 전자의 종류에 속하고, '어허야 뒤여 허둥가 허허둥가 둥가 내 사랑이로구나'(남원산성의 후렴)와 같은 것이 후자의 종류에 속한다. 그러나 의미있는 말이 섞여 있는 후렴은 후대에 만들어진 것이고, 후렴의 원래 형태는 무의미한 말들로만 되어 있었다. 따라서 우리 민요의 특징으로 무의미한 후렴구를 오래도록 이어왔다는 점을 꼽아 말할 수 있다.

28) 가령 진도아리랑이 불려지는 모습을 떠올리며, 이어지는 설명을 따라가 보자.

(후렴) 아리아리랑 스리스리랑 아라리가 났네, 아리랑 음음음 아라리가
　　　 났네.

(1절) 문경 새재는 웬고개 인가, 구부야 구부구부가 눈물이 난다.

(후렴) 아리아리랑 스리스리랑 아라리가 났네, 아리랑 음음음 아라리가
　　　 났네.

(2절) 노다 가세 노다나 가세, 저달이 떴다지도록 노다나 가세.

(후렴) 아리아리랑 스리스리랑 아라리가 났네, 아리랑 음음음 아라리가
　　　 났네.

(3절) 청천 하늘엔 잔별도 많고, 우리네 가슴속엔 수심도 많네.

(후렴) 아리아리랑 스리스리랑 아라리가 났네, 아리랑 음음음 아라리가
　　　 났네.

(4절) 호박은 늙으면 맛이나 있건만, 사람은 늙으면 보기가 싫네.

(후렴) 아리아리랑 스리스리랑 아라리가 났네, 아리랑 음음음 아라리가
　　　 났네.

(5절) 강물은 돌아돌아 바다로 가는데, 이내 몸은 돌아돌아 어데로 가
　　　 려나.

(후렴) 아리아리랑 스리스리랑 아라리가 났네, 아리랑 음음음 아라리가
　　　 났네.

(6절) 간다 간다 내가돌아 간다, 정든님 따라서 내가돌아 간다.

(후렴) 아리아리랑 스리스리랑 아라리가 났네, 아리랑 음음음 아라리가
　　　 났네.

(7절) 우리집 서방님은 명태잡이를 갔는데, 바람아 구름아 석달열흘만
　　　 불어라.

(후렴) 아리아리랑 스리스리랑 아라리가 났네, 아리랑 음음음 아라리가
　　　 났네.

(8절) 남이야 남정네는 자전거도 타는데, 우리집 멍텅구리는 논두렁만 타
　　　 누나.

즉흥적으로 노랫말을 만들어내는 변통성이 뛰어난 선창자가 특정한 앞소리(노랫말)를 메기면, 나머지 사람들은 그것을 일정한 뒷소리(후렴)로 받는다. 이렇게 앞소리와 뒷소리를 주거니 받거니 하는 식으로 노래가 계속될 수 있다. 그런데 앞소리는 그것을 부르는 상황에 따라 변화의 폭이 넓다. 즉 시대적 상황에 따라 그 시대상을 반영하는 노랫말로 바뀔 수도 있고, 부르는 사람에 따라 노랫말이 달라질 수도 있으며, 심지어는 같은 사람이 부른다 할지라도 그것이 불려지는 상황에 따라 다른 노랫말이 선택될 수도 있다. 그러나 뒷소리는 언제나 일정하게 반복된다. 기억조차 까마득한 오래 전부터 흥얼거리던 후렴 가락이 오늘에도 계속 불려지고 있다. 사실 뒷소리(후렴)에는 아무 뜻도 담겨있지 않으므로, 상황이 변한다고 해서 그것을 굳이 바뀌야 하는 필요성이 대두되지 않은 것은 당연하다. 후렴이라는 것은 다만 노래를 할 때 그것으로 인하여 그 자리에 모인 여러 사람이 함께 흥을 돋울 수 있으면 그만인 것이다. 그래서 한 노래의 뒷소리(후렴)는 어느 누

(후렴) 아리아리랑 스리스리랑 아라리가 났네, 아리랑 음음음 아라리가 났네.
(9절) 쓸만한 밭뙤기는 신작로 되고요, 힘깨나 쓰는놈은 가막소 간다.
(후렴) 아리아리랑 스리스리랑 아라리가 났네, 아리랑 음음음 아라리가 났네.

....

이상의 가사는 수없이 많은 데에서 임의로 취해본 극히 일부에 지나지 않는다. 그리고 구연 현장의 실감을 살리기 위해서 철자법은 사투리 그대로, 띄어쓰기는 음보에 따라 맞추어 적었다.

구에게나 공유되고 어느 시대에나 보존되어온 반면, 앞소리(노랫말)는 부르는 사람에 따라 특수할 수도 있고 시대를 통해 변화를 거치면서 전해진다. 말하자면 뒷소리(후렴)는 고정체계요, 앞소리(노랫말)는 유동체계인 셈이다. 양자는 뚜렷한 대비를 이루면서 한 편의 노래로 짜여진다. 그래서 민요를 가리켜, 고정체계와 유동체계의 이중성을 가장 극단적인 형태로 보여주는 전승 시가의 범형이라고 하는 것이다.

나아가 이런 방식으로 노래를 불렀다는 사실로부터, 몇 가지 생각거리를 추려낼 수 있다. 우선 이런 노래에서는 앞서 부르는 사람이 어떤 노랫말을 걸고 나오든지 간에 그와 상관없이 일정한 후렴으로 받을 수 있다는 얘기도 성립하거니와, 후렴이 일정하게 반복되니 앞소리를 메기는 사람으로 하여금 다양한 노랫말을 준비할 수 있게 한다는 얘기도 성립한다. 그리고 후렴은 대체로 아무런 뜻도 없는 여음에 불과하다. 이것은 갖가지 의미로 화려하게 꾸며지는 노랫말과 뚜렷한 대비를 이룬다. 또한 노랫말과 노랫말 사이에는 별 뚜렷한 관계가 없다. 노랫말들에는 어떤 일관성이 존재하지 않는다. 심지어는 상충되는 내용의 노랫말들이 등장하기도 한다. 노랫말 사이에 후렴이 끼어들어 있어서, 일관적으로 노랫말을 엮어갈 수 있는 기회를 후렴구가 가로막고 있다. 그런데 이렇듯 일관적인 이야기를 엮어내지 못하는 것에 대해 정작 노래를 부르는 사람들은 아무런 문제도 느끼지 않는다. 일관성이라는 부담을 덜어내고 아무 얘기나 마음껏 해도 되기 때문에 더욱 흥을 느끼게 되는 것이리라. 어차피 모든 사람이 같이 부르는 후렴이라는 것도 아무 뜻도 없는 여음이다. 아니, 어쩌면 아무 뜻이 없어야 모든 사람이 함께 부를 수 있었는지도 모른다. 무의미하게 반복되는 후렴구는 유의 미성이라는 부담을 덜어냄으로써 보다 친밀하게 다가오는 것 같다. 그 러나 후렴구는 별별 의미로 윤색되는 노랫말을 결코 거부하지 않는다. 오히려 노랫말의 다양한 변신을 가능케 한다. 어떠한 노랫말이든 가리 지 않고 받아넘길 수 있는 후렴구가 있음으로서, 노랫말의 자유로운 난립 또는 발달을 허용할 수 있었다. 그런 것이 민요다.

이런 노래를 지어 부르면서 우리 민족은 무슨 생각을 했을까? 아니, 도대체 무슨 생각을 하고 살았길래, 이런 희한하기 짝이 없는 노래를 지어 불렀을까? 이런 노래 속에서 우리 민족은 유의미성으로부터 해방 되고 일관성으로부터 해방되는 균열의 기회를 만끽했던 것이 아닐까? 그리고 그러한 균열의 미의식 내지 삶의 태도를 선대인들에게 배우고 후대인들에게 전달하지 않았겠는가? 그 징표를 보여주는 것이 바로 민 요로부터 영향받아 온 우리의 시가들이다.

민요는 우리 역사에서 다양한 종류의 시가들이 출현할 때마다 항상 그 기본적인 형식을 제공해 왔다.29) 그렇다면 우리 시가의 진정한 형

---

29) 민요로부터 영향 받은 시가로는 향가, 속요, 경기체가, 시조, 가사 등 그 범 위가 매우 다양하다. 그 중에서도 속요와 경기체가는 시의 연과 연 사이에 여음구가 삽입되어 있다는 점에서 민요의 형식을 잘 반영하고 있는 시가로 볼 수 있다. 특히 속요는 뜻없는 여음구가 쓰이고 있다는 점에서, 민요의 특성을 그대로 간직하고 있는 시가라고 볼 수 있다. 경기체가는 모두 같은 여음구(위 景 긔 엇더하니잇고)로 통일되어 있는데, 그 여음구는 '……하는

식이라 할만한 것은 어디에 있는가? 그것은 소위 음수율이니 음보율이니 하는 쓰여진 정형화된 율격에서 구해질 것이 아니라, 주거니 받거니 하는 노래의 흩어진 율격에서 찾아져야 할 것이다. 쓰여진 율격에 따라서만 시의 형식을 이해하면, 시를 가두어 두는 결과를 초래한다. 그러나 주거니 받거니 하면서 불려지는 율격에 따라 시의 형식을 이해한다면, 우리의 시가는 갇힌 활자로부터 풀려 나올 수 있다. 불려지는 민요에서는 다만 주거니 받거니 하는 가운데 서로 희롱하면서 균열을 일으키는 흩어진(허튼) 형식이 있을 뿐이다. 우리 민족이 민요에서 찾았던 것은 바로 그런 균열의 미학이다. 특히 시가의 형식을 민요에서 구할 때, 민요에서 얻을 수 있었던 것은 다름 아닌 그 흩어진 형식이었다.[30]

모습, 그것이 어떠한가'라는 뜻을 지닌다. 한편 속요는 각각 특색 있는 여음구를 가지고 있다. '아으 동동 다리'(동동), '위 두어렁셩 두어렁셩 다롱디리'(서경별곡), '얄리얄리 얄랑셩 얄라리얄라'(청산별곡) 등이 그런 것들이다. 이 여음구들은 뜻이 없는 말로 되어 있다. 이 다양한 여음구를 악기의 구음(口音)으로 보기도 하나, 어쨌든 그런 것들은 흥을 돋구기 위한 발음들일 뿐, 결코 무슨 뜻이 있는 것은 아니다.

30) 우리 시가의 성립과 변천 모두에서 민요는 중요한 원동력이었다. 시조나 가사 등이 민요의 형식에서 나온 것이면서도, 그 형식이 너무 정형화된다 싶을 때면 다시금 민요의 형식이나 어법으로부터 그 소생의 힘을 얻어 새롭게 변모할 수 있었다. 특히 시조의 변천을 살펴보면, 이 점을 쉽게 납득할 수 있다. 물론 시조라는 것 자체가 이미 민요에서 파생된 것이지만, 이미 꽉 짜여진 평시조의 형식을 박차고 민요에 내재해 있던 흩어진 형식이 치밀어 올라 새롭게 변신한 것이 이른바 사설시조라고 할 수 있다. 그렇다면

그런데 이와 같이 민요의 형식과 특성을 살펴보는 데에서 우리는 또 다른 의문에 빠져들게 된다. 민요는 아무 뜻도 없는 말로 된 후렴구가 그 특징을 이루고 있다. 우리에게 어떤 노래가 주어졌을 때 그것이 어떤 노래인지를 얼른 알아차릴 수 있게 되는 것은 노랫말이 아니라 후렴을 통해서이다. 노랫말들이 옮아다니는 수는 있어도, 그것을 받는 후렴은 언제나 고정되어 있다. 그렇게 아무 뜻도 없는 말로 된 후렴구가 민요의 고정체계에 해당하고, 오히려 의미있는 말로 장황한 노랫말이 유동체계에 해당한다. 어떻게 아무 뜻도 없는 말들이 시나 노래의 특징을 규정하는가? 어떻게 아무 뜻도 없는 말이 고정체계로 남아 있을 수 있었을까? 이 점은 우리말의 특징과 어떤 관련이 있는 것일까?

3) 시가를 통해서 본 언어의 이중성

우리 시가의 형식에 대한 탐구는 이제 우리말의 특징을 되새겨보게끔 한다. 시를 그렇게 쓰고 노래를 그렇게 불렀다는 것은 곧 말을 그렇게 했다는 얘기도 되기 때문이다. 사실 말을 하거나, 거기에 곡을 붙여 노래를 부르거나, 문자로 옮겨쓰는 일들은 모두 한 가지 일이다. 말하는 방식, 노래부르는 방식, 글쓰는 방식은 서로 통해 있다. 우리에게

평시조에서 사설시조로의 전개 과정에서 우리 민족이 민요를 통해 갈구했던 것이 무엇이었는지를 이내 짐작할 수 있다. 민요의 흩어진 형식에서 그들은 다시 한번 균열의 자유를 얻고자 했던 것이다.

도 이 점은 마찬가지였다. 그래서 우리의 음악어법은 우리의 말하는 방식을 닮아 있고, 그 사례는 얼마든지 찾을 수 있다.31) 그러나 우리

---

31) 나라마다 언어가 다르고 그 나라 어법을 바탕으로 하여 그 나라 음악의 어법이 이루어진다. 만일 우리말을 서양의 음악어법에 따라 노래로 만든 것 (요즘의 한국 가곡이라고 하는 것)을 들으면, 어색하기 짝이 없게 느껴진다. 그래서 서양에는 그들의 어법에 맞는 음악어법이 있고, 우리에겐 우리의 어법에 맞는 음악어법이 있어왔던 것이다. 우리의 음악어법과 서양의 음악어법의 차이는 곧 우리의 어법과 서양의 어법의 차이를 반영하는 것으로 볼 수 있다. 음악이론을 논하는 사람들은 우리의 음악어법과 서양의 음악어법이 다르다고 말한다. 음악어법이라는 말을 쓰고 있는 그들에게 비교의 대상이 되는 것은 주로 음악적 특징이다. 이를테면 서양 음악은 대부분 약박으로 시작하여 강박으로 끝나는 데 비해, 우리 음악은 강박으로 시작하여 약박으로 끝난다거나, 서양 음악은 대부분 이전 음보다 높은 음으로 끝나는 데 비해, 우리 음악은 대부분 비슷하거나 더 낮은 음으로 끝난다는 점, 또는 서양 음악은 소절법(小節法)을 사용하는 데 비해, 우리 음악은 장단법(長短法)을 사용한다는 점 등이다. 이들의 분석을 빌려, 다음과 같이 물을 수 있다. 과연 이 차이가 단지 음악적 차이일 뿐인가? 이 차이는 어떠한 어법상의 차이를 반영하고 있는가? 이 차이는 어떠한 생각의 차이를 보여주는가? 서양음악이 대체로 강박을 지닌 고음으로 매듭지어지고, 우리 음악이 대체로 약박을 지닌 동음이나 저음으로 풀어진다는 사실은, 간단히 말하자면 서양음악은 끝을 강조하도록 되어 있고, 우리 음악은 끝을 강조할 수 없도록 되어 있다는 이야기이다. 서양말이 대체로 명사 등의 의미있는 사물이나 사태를 가리키는 낱말로 끝나는 반면, 우리말은 특정한 의미를 가리키지 않고 문법적 기능만 담당하는 낱말(서술어의 문법적 기능을 표시하기 위해 따라붙는 접미사)로 끝난다는 것을 생각해보면, 당연한 이치일 것이다. 이렇듯 어법의 차이가 그 음악어법의 차이를 초래한다. 나아가 이러한 어법 내지 음악어법의 차이는 생각하는 방식의 차이를 시사하는 것으로 풀이될 수도 있다. 그들은 말꼬리를 강하게 치켜올려 긴장을 고조

민족에게 특이한 사정이 있다면, 뒤늦게서야 고유한 문자의 정립을 보게 된 탓에 말하는 방식에 따라 글쓰는 방식이 자리잡히기까지는 상당한 우여곡절을 겪었다는 것이다. 그 우여곡절이 우리의 문학사를 장식하고 있다. 기나긴 언문불일치의 역사는 우리에게 어떤 영향을 끼쳤는가? 우리 민족은 그러한 언문불일치의 역사 속에서 어떤 문제를 느꼈으며, 또 어떤 방식으로 대처하였는가? 거기서 무엇이 사라지고 무엇

시키고 그럼으로써 그 말의 내용, 즉 의미를 강조하고 완성하는 효과를 얻는다. 반면 우리는 끝말(어미)이 유달리 발달되어 있고 그 끝말에 모든 구문론적, 의미론적, 화용론적 기능이 집약되어 있음에도 불구하고, 그 끝말의 말꼬리를 살짝 내리깔아 긴장을 풀어주고 그럼으로써 그 모든 기능을 비치는듯 감추는 효과를 얻는다. 그리고 서양음악이 소절법을 사용하는 것은 곧 그들의 음악이나 말이 낱낱의 단어에 비중을 두고 이루어지는 것을 반영하는 특징으로, 우리 음악이 장단법을 사용하는 것은 곧 우리의 음악이나 말이 전체 문장의 구성에 비중을 두고 이루어지는 것을 반영하는 특징으로 풀이될 수 있다. 이 점을 가장 잘 보여주는 사례가 바로 우리 성악 예술의 진수라 할 수 있는 판소리이다. 판소리에서 노래말이 붙여지는 방식을 살펴보자. 물론 음악적 효과를 위해서 붙임새가 다양하게 발휘될 수도 있지만, 그 기본 방식은 어디까지나 한 문장에 곡을 붙이는 데 있어서 더도 덜도 아닌 한 장단 안에서 해결을 보는 데 있다. 판소리 장단은 밀고, 달고, 맺고, 푸는 기경결해(起景結解)의 원리에 따라 짜여지는데, 맺는 부분에 강박이 주어진다는 점과 끝은 반드시 풀어줘야 한다는 점이 그 특징이라고 할 수 있다. 이와 같은 장단으로 노랫말이 짜여지는데, 특히 한 문장을 한 장단으로 소화할 때에는 대개의 경우 서술어의 뿌리말에서 맺어주고 그에 따라붙는 접미사에서 풀어주는 것을 관찰할 수 있다. 이는 곧 말의 호흡과 장단의 호흡이 같이 가는 방식으로 노래가 만들어진다는 사실을 보여주는 것이다. 즉 음악어법은 어법을 바탕으로 해서 이루어진다는 것이다.

이 살아남았는가? 우리말의 특징은 진정 어디서 찾아야 하는가?

(1) 언문불일치의 문학사

우리말의 특징을 알아보는 손쉬운 방법 중 하나는 다른 나라의 말과 비교해보는 것이다. 우리 민족은 일찍부터 이런 작업을 해왔다. 거기에는 그럴 수밖에 없었던 나름대로의 특수한 사정이 있었으니, 언문불일치의 상황이 바로 그것이었다. 우리의 말을 그 소리(語音)와 법(語法)에 있어서 그대로 표현해 줄 수 있는 우리 고유의 문자는 훈민정음으로부터 출범했다고 보아야 할 것이다.[32] 그러나 그 전까지 우리 민족은 고유의 말은 가지고 있으면서 고유한 문자는 갖지 못했다. 그래서 기록이 필요한 경우에는 외국의 문자를 빌려쓰던 것이 고대 삼국에 한자를 정착시켰다. 그 결과 우리 민족은 입으로 말하는 언어(口語)와 글로 쓰는 언어(文語)가 부합되지 않는 경험을 오랫동안 겪게 되었다. 이런 사정을 놓고 볼 때, 우리말의 특징을 밝히기 위해서는 우리말과 다른 나라 말의 차이를 지적할 필요가 있으며, 그 차이를 지적할 수 있기 위해서는 무엇보다도 언문불일치(言文不一致)의 역사 속에서 우리 민족이 느꼈던 애로 사항이 무엇이었는지를 분명히 인식할 필요가

---

[32] 고대에도 우리 고유의 문자가 있었으며 훈민 정음이 거기서 유래했다고 보는 설(김윤경)도 제안된 바 있으나, 그 자료 증빙과 역할 설명에 어려움이 따르므로, 훈민정음을 고유 문자로 보는 데 대체로 무리가 없을 듯하다.

있다.

물론 말과 글이 어긋나는 데에서 비롯되는 애로사항을 인식하는 방법은 여러 가지가 있을 수 있다. 우리는 순전히 언어학적인 차원에서 그 어려움을 말할 수도 있을 것이다. 그러나 이러한 접근을 하기 전에 우선은 보다 구체적인 통로를 통해 그 어려움을 실감할 필요가 있다. 시가에 대한 앞의 논의들은 이런 어려움을 실감나게 해주는 좋은 배경이 될 것이다. 이제 앞의 논의들을 염두에 두고, 언문불일치의 현실 속에서 전개된 우리의 구체적인 문학사를 통해, 우리의 문학이 어떤 애로사항에 어떻게 대처해왔는지를 살펴보도록 하자. 말은 하되 문자를 사용하기 이전에 우리의 시가는 어떠했는가? 문자로 기록을 하기 시작했으되, 우리말을 그대로 표현하는 우리의 문자가 아닌 외래 문자로 기록이 되던 시기에 우리의 시가에는 어떤 애로사항이 있었는가? 또우리 고유의 문자를 정립한 이후에 우리의 시가는 무엇을 얻었는가? 언문불일치의 시대에서 언문일치의 시대로 이행하면서 어떤 일이 벌어졌는가? 거기서 우리말의 특징은 어떻게 살아났는가? 우리말의 특징이 살아날 수 없었던 언문불일치 시대의 시가에서 가장 문제가 되는 것은 무엇이었으며, 우리말의 특징을 살려낼 수 있었던 언문일치 시대의 시가는 그 문제를 어떻게 해결하였는가?

기록 이전의 시기에 시가는 단지 구전 행위가 전부였다. 그러다가 한자를 차용해서 쓴 향찰 표기로 시가를 기록하기 시작했으니, 향가가 우리나라 최초의 기록문학이었던 셈이다. 한자의 수용은 우리의 문학사에 지대한 영향을 미쳤다. 수용 초기인 삼국시대부터 고려시대를 거쳐 조선시대에 이르기 까지, 더욱이 국문이 정립된 이후에도 한참동안이나 한문학은 우리 문학사의 한편에서 지속적으로 자리잡고 있었다. 우리의 시가는 고유의 문자가 생기기 전까지 대부분 구비전승되는 것이 보통이었고, 일부가 기록으로 전해졌으나 그것은 시가 원래의 모습을 충분히 살릴 수 없는 것이었다. 가락을 붙여 부르는 노래를 한문으로 옮기면 그런 기능이 마멸될 수밖에 없기 때문이다. 그런 연유로 차자표기를 해서라도 원래의 말을 기록하려고 애쓴 오랜 내력이 있었으되, 신라 때 향찰로 향가를 표기하다가 한자와 우리말의 음운, 음절이 맞지 않아 불편을 겪었고, 그나마 향찰이 쓰이지 않게 되자 상황은 더욱 힘들게 되었다.

그렇게 하면서 누적된 오랜 소망이 있어 우리말 노래를 아무 불편 없이 표기하는 국문을 창제하지 않을 수 없게 되었다. 세종은 고유의 문자를 창제하면서, 그 취지를 이렇게 밝히고 있다.

> 우리나라 말이 중국의 그것과는 달라서 글자를 가지고는 서로 통하지 않는 까닭에, 어리석은 백성이 말하고자 하는 바가 있어도 마침내 자기 뜻을 능히 펴지 못하는 사람이 많아, 그런 형편을 딱하게 여겨 새로 스물여덟 자를 만드니, 사람마다 쉽게 익혀 일상생활에 편하게 쓰도록 하려는 것 뿐이다.[33]

---

33) "나랏말ᄊᆞ미 中듕國귁에 달아 文문字ᄍᆞ와로 서르 ᄉᆞᄆᆞᆺ디 아니ᄒᆞᆯ씨 이런 젼
ᄎᆞ로 어린 百ᄇᆡᆨ姓셩이 니르고져 ᄒᆞᇙ배 이셔도 ᄆᆞᄎᆞᆷ내 제 ᄠᅳᆮ을 시러 펴디 몯

즉 우리의 말이 중국의 말과 달라서, 우리의 말이 중국의 글자와는 통하기 어려운 점이 있으니, 우리의 말에 통하는 우리의 글자를 만들게 되었다는 것이다. 훈민정음이 창제된 취지는 바로 '우리말에 통할 수 있는 우리글'의 필요성에 있었다. 그런데 중요한 것은 글의 필요성이 말에 바탕해서 인식되었다는 점이다. 세종은 우리와 중국의 차이를 '말(語音)'에서 찾고 있다. 중국과 같은 문자를 사용하지만 그것만으로는 통할 수 없었던 어떤 것, 중국에 동화될 수 없었던 우리 민족의 정체성을 그는 우리말에서 찾고 있는 것이다. 그리고 우리의 정체성을 특징짓는 우리말을 잘 통하게끔 표현해줄 우리글을 기획하고 있었던 것이다. 따라서 우리글의 창제는 우리의 뜻을 제대로 펴고 우리의 정체성을 진작시키기 위한 조치의 일환이었다고 볼 수 있다.34)

훓 노미 하니라 내 이룰 爲윙ᄒᆞ야 어엿비 너겨 새로 스믈여듧 字ᄍᆞᆼ를 밍ᄀ노니 사ᄅᆞᆷ마다 히ᅇᅧ 수비 니겨 날로 ᄡᅮ메 便뼌安한킈 ᄒᆞ고져 훓 ᄯᆞᄅᆞ미니라."(훈민정음 언해본)

34) 우리의 정체성을 살리기 위한 세종의 노력은 다양한 방면에 걸쳐 시도되었다. 국문 창제와 국문문학 작품에 대한 세종의 열의는 국악에 대한 관심과 함께 발휘되었던 것이다. 세종은 중국계 음악을 진작시키고 그것을 국가의 음악으로 채택하면서도 전통적인 향악을 바탕으로 새로운 음악을 일으키겠다는 생각을 일찍부터 품고 있었다. 이 점을 세종실록은 이렇게 적고 있다. "우리나라는 본시 향악을 즐겨왔는데, 종묘제향 때 먼저 당악을 연주하고 겨우 세째 잔을 드릴 때에 이르러 향악을 연주하니, 선조들이 평일에 듣던 음악을 아뢰는 것이 어떠한가?" "아악은 본래 우리나라 음악이 아니고, 실은 중국 음악이다. 우리나라 사람은 살아 생전에는 향악을 듣고 죽으면 아악을 연주하니 어찌된 일이냐?" "박연이 중국계 음악인 조회악(朝會樂)을

훈민정음의 창제와 더불어 비로소 시가는 노래로 불려지던 그대로, 즉 발음나는 그대로 기록될 수 있었다. 요컨대 국문문학으로의 전환가 능성이 마련되었던 것이다. 그리하여 '용비어천가'와 '월인천강지곡'과 같은 훈민정음으로 된 최초의 국문문학이 출현하게 되었다. 나아가 시조 등의 국문문학이 한시를 대체하는 움직임이 시도되었다.[35] 노래로

바로잡으려 하나 어려울 것이다. 우리나라 음악이 비록 진선은 못되나 중원(中原)에 비하여 부끄러움이 없을 것이며, 중원의 음악이라고 해서 어찌 바르다고 하겠는가?" 이와 같이 세종은 향악을 일으킬 것을 일깨웠건만 그 당시 유신들은 중국계 아악에 집착하여 좀처럼 헤어나오지 못했다. 더이상 방관할 수 없는 상황이었다. 세종은 급기야 그 말년에 이르러 유신들이 하지 않은 일을 친히 결행하기로 한다. 그래서 용비어천가를 지어 반포하고, 그 뒤를 이어 여민락, 보태평, 정대업 등의 새로운 음악을 창제하기에 이르렀다.

35) 한시를 대체하는 시조가 성장할 수 있었던 당시의 풍토는 두 가지 방향에서 진작되었다. 한편으로는 강호가도(江湖歌道)를 논하는 영남가단에 의해서, 다른 한편으로는 풍류정신(風流精神)을 따르는 호남가단에 의해서 시조는 널리 애호되었다. 한편으로, 시문보다는 도학을 더욱 존중하는 영남지방에서는 시조를 짓되 심성을 닦고 도의를 실천하는 자세를 앞세우는 기풍을 길렀다. 시조를 지어 즐기는 풍류가 따로 놀지 않고 도학하는 자세에 수렴하게 되고, 강호에서 노닐며 선비로서 마땅히 실행해야 할 도리를 찾자는 강호가도(江湖歌道) 구현을 시조 창작의 목표로 두었던 것이다. 이황에 따르면, "한시는 읊을 수 있을 따름이고 노래 부를 수는 없는 것이기에 우리말 노래를 찾아야 했는데, 시조는 노래부르고 춤추는 데 소용된다."고 했다. 또 "스스로 그렇게 하지 않아도 노래부르고 춤추는 것을 보고 듣고 있노라면, 넘치는 감흥 때문에 마음이 맑아져서, 뜻을 바르게 하고 배움의 길을 찾는 데 크게 유익하다."고 했다. 이렇게 노래는 도학을 전하는 데 그치지 않고 흥취로 체득하게 하는 더욱 중요한 구실을 한다는 것을 기본 이

부를 수 있는 시조가 단지 읊을 수 있는 것이 고작이었던 한시보다 나은 점은, 조용히 관조하는 시에 그치지 않고 넘치는 흥취를 움직임으로 살릴 수 있다는 데서 인정된다. 우리말이 풍부하게 갖추고 있는 서술어의 활용이 큰 구실을 해서 그런 효과를 돋보이게 하는 것이다. 이렇듯 국문문학이 성장하는 추세에 따라, 국문 시가를 창작하여 글로 옮겨 적고, 그때까지 구전되어오던 시가들을 정리하는 노력들이 잇달아 일어났다. 국문문학이 자리를 잡자 구비문학을 기록문학으로 발전시키는 결정적인 계기가 마련되었던 것이다. 우리말의 특징을 그대로 살리고 있는 노래가 그 빛을 발하고 우리글로 옮겨지게 된 것이다.

그러나 언문불일치의 역사는 바로 그런 불일치의 폐단을 시정하기 위해 훈민정음이라는 고유 문자가 만들어진 이후에도 여전히 계속되었

론으로 삼고, 그렇게 하자면 시조가 한시보다 소중하다고 했으니, 시조를 당대 문학의 최고 수준에 올려놓는 데 모자람이 없는 논리였다. 다른 한편으로, 호남가단은 자기합리화의 설명은 늘어놓지 않고 작품을 통해서 감회를 나타내는 것으로 만족했으며, 도리는 따지지 않은 채 풍류를 자랑했다. 그들은 시조에 대한 의의를 입증할 이론을 스스로 갖추지 못했다. 이론을 따지거나 이유를 묻지 않고 풍류를 생활화하는 것은 바로 호남가단의 지속적인 풍조였다. 영남가단은 이황 이후에 차차 움추려들었고, 호남가단은 정철에 이르러서 절정을 보였다. 정철의 시조는 마음의 바른 도리를 찾는 철학적이고 도덕적인 주제를 지닌다거나 자연을 즐기면서 그 배후의 이치를 생각한다거나 하지 않고, 풍류를 즐기는 감흥을 나타내는 데 치중한 점에서 이황의 시조와 크게 다르며, 그 점에서 이이의 시조와 상통하는 면을 보였다. 그리고 바로 이 점이 후에 김만중이 민족문학론을 펴면서 정철을 높이 평가하게 한 단서였다.

다. 고유 문자가 없었던 시기에야 어쩔 수 없었다 치지만 고유 문자를 갖게 된 후에도 그러한 후유증이 쉽사리 가시지 않았던 데에는 또 다른 이유가 있었다. 고유한 문자가 생긴 이후에도 한문을 숭상했던 사대부층의 편견은 고유 문자의 보급을 두고두고 저해하였던 것이다. 사대부들은 여전히 한문을 사용하고 소수만이 특수한 경우, 즉 시가를 표기하거나 한문 서적을 번역할 경우에나 겨우 훈민정음을 사용했을 뿐이었다. 이러한 사정 때문에 기록문학의 역사에서 국문문학이 한문문학을 대신하는 일은 결코 만만치가 않았다.

그러던 것이 두 차례의 국난을 겪으면서 그 체험에 바탕하여 세상을 새롭게 바라보게 됨에 따라, 문학에서도 새로운 전기를 모색하게 되었다. 한문 문학에서는 제대로 표현될 수 없었던 우리의 말씨와 삶의 모습을 잘 살리고 있는 국문문학에 대한 재평가가 이루어지게 된 것이다. 그리하여 민족어의 가치를 충분히 발휘하고 민족이 당면한 현실에 참여하는 민족문학 및 민족문학론이 대두하였다. 아마도 우리의 말씨와 풍류는 어쩔 수 없는 것이었던가 보다. 또 중국의 옛것을 답습해서 비슷하게 되려는 어리석은 풍조에서 벗어나, 말과 글의 불일치에서 빚어지는 문제를 해결하고 우리 문학의 독자적인 방향을 찾아야 한다는 것이었다. 김만중은 그의 「서포만필」에서 이러한 각성을 집약적으로 표현하고 있다.

송강(松江)의 관동별곡(關東別曲), 전후사미인가(前後思美人歌)는 우리나라의 이소(離騷)이나, 그것은 문자(文字)로써는 쓸 수가 없기 때문에 오직 악인(樂人)들이 구전(口傳)하여 서로 이어받아 전해지고 혹은 한글로 써서 전해질 뿐이다. …… 사람의 마음이 입으로 표현된 것이 말이요, 말의 가락이 있는 것이 시가문부(詩歌文賦)이다. 사방의 말이 비록 같지는 않더라도 진실로 말할 수 있는 사람이 각각 그 말에 따라서 가락을 맞춘다면, 다 같이 천지를 감동시키고 귀신을 통할 수가 있는 것은 유독 중국만이 그런 것은 아니다. 지금 우리나라의 시문은 자기 말을 버려두고 다른 나라 말을 배워서 표현한 것이니, 설사 아주 비슷하다 하더라도 이는 단지 앵무새가 사람의 말을 하는 것이다. 여염집 골목길에서 나무꾼이나 물긷는 아낙네들이 에야디야 하며 서로 주고받는 노래가 비록 저속하다 하여도 그 진가(眞假)를 따진다면, 정녕 학사(學士) 대부(大夫)들의 이른바 시부(詩賦)라고 하는 것과 같은 입장에서 논할 수는 없다. 하물며 이 삼별곡(三別曲)은 천기(天機)의 자발(自發)함이 있고, 이속(夷俗)의 비리(鄙俚)함도 없으니, 자고로 좌해(左海)의 진문장(眞文章)은 이 세 편뿐이다. 그러나 세 편을 가지고 논한다면, 후미인곡이 가장 높고 관동별곡과 전미인곡은 그래도 한자어를 빌어서 수식을 했다.36)

---

36) 松江關東別曲, 前後思美人歌, 乃我東之離騷, 而以其不可以文字寫之, 故惟樂人輩, 口相授受, 或傳以國書而已. …… 人心之發於口者, 爲言. 言之有節奏者, 爲歌詩文賦. 四方之言雖不同, 苟有能言者, 各因其言而節奏之, 則皆足以動天地通鬼神, 不獨中華也. 今我國詩文, 捨其言而學他國之言, 設令十分相似, 只是鸚鵡之人言, 而閭巷間樵童汲婦伊啞而相和者, 雖曰鄙俚, 若論眞贗, 則固不可與學士大夫所謂詩賦者, 同日而論. 況此三別曲者, 有天機之自發, 而無夷俗之鄙俚, 自古左海眞文章, 只此三篇. 然又就三篇而論之, 則後美人尤高. 關東前美人, 猶借文字語, 以飾其色耳. (김만중, 서포만필, 홍인표 역주, 일지사, 1987, 388−389쪽.)

여기서 김만중은 문학작품을 글이라고 하지 않고 말이라고 했기에 그릇된 전제를 일거에 타파할 수 있었다. 그리고는 한문을 어디까지나 다른 나라 말이라고 함으로써, 통용되는 글이 중요하지 말은 대수로운 것이 아니라고 생각했던 기존의 문학관을 근저에서 불신하였다. 또한 문학이 말로 이루어진다는 근거에서 천한 백성의 노래(민요)가 진실되고 사대부의 시부는 허망하다고 보면서, 정철의 가사는 민요에 가까운 위치에 있다는 것으로 의의를 입증하는 증거로 삼았으니, 이제 그것을 격찬하기 위해서 한시에 못지 않은 품격을 지녔다고 할 필요조차 없어졌다. 악인들에 의해 구전되거나 한글로 써서 전해지는 우리의 시가, 평범한 사람들의 말로 불러졌던 민요와 맥을 같이 하는 우리의 시가, 그것은 우리말의 가치와 우리의 현실을 드러낸다는 점에서 참으로 우리의 문학이라 할 만한 것이다.

이로부터 민요에 대한 인식이 새로워지는 계기가 마련되었다. 그리고 민요에 대한 재인식과 더불어 국문시가는 한층 풍부해졌다. 민요처럼 우리말의 특징을 그대로 살릴 수 있는 국문시가가 필요했고, 우리말의 특징을 살리기 위해서는 기존의 틀에 굳이 얽매일 까닭이 없어졌다. 보다 분방한 형식이 모색되었고, 민요에서 그것을 찾고자 했다. 그리하여 국문시가는 새로운 형식으로 거듭날 수 있었고, 또 널리 보급될 수 있었다.37) 민요는 언제나 그랬듯이, 우리 시가를 거듭날 수 있

---

37) 특히 시조의 작자층이 확대되고 담아내야 하는 삶의 내용이 복잡해지자 그에 적합한 새로운 형식이 필요했다. 그에 부응한 것이 긴 민요의 형식을

게 해주던 그 저력을 다시금 발휘했던 것이다. 뿐만 아니라 사회체제가 동요하면서 민중 의식이 크게 성장하였고, 이에 힘입어 국문문학은 한층 활기를 찾아 나갔다. 물론 이렇게 해서 국문과 한문의 관계가 하루아침에 역전될 수는 없었다. 하지만 점차로 국문의 사용을 확대하고 공식화하는 등 국문 운동은 꾸준히 이어졌다. 그리고 그 꾸준한 노력의 결과로 비로소 근대 국어학과 근대 국문학의 기틀이 마련되었던 것이다.

우리의 문학사는 언문불일치라는 특수한 사정 속에서 우리 민족이 겪었던 온갖 우여곡절들로 얼룩져 있다. 그 우여곡절 속에서 우리의 시가에 생기를 불어넣어 주었던 힘은 어디서 비롯되었던가? 고유한 문자가 없어서 우리의 말과 노래를 그대로 옮길 수 없었던 시절, 한자 표기에 갇혀 화석화된 우리의 시는 겨우 그 뜻을 전달할 수 있을 뿐 그 말씨는 살릴 수 없었다. 우리는 그런 시 속에서 우리의 말소리가 주는 어감을 잃어버려야 했고, 우리말의 다양한 변통력을 하나의 의미 체계 안에 두들겨넣음으로써 그 흥취를 잃어버려야 했다. 그러나 우리의 시가는 기록으로 화석화되고 왜곡되는 진통 속에서도 살아남았다. 그 말씨는 꾸준히 입에서 입을 통해 노래로 불려질 때마다 되살아났기 때문이다. 고유한 문자의 성립과 더불어 국문시가가 기록되고 그것이

본뜬 사설시조였다. 기존의 평시조가 그래도 글자 수 내지 음보 수에 매여 제한을 받았다면, 사설시조의 성립은 그러한 제한을 떨치고 보다 자유로운 형식을 추구한 성과라고 볼 수 있다.

점차 보급되면서, 우리의 시는 한자 표기에 따르는 제약을 깨고 우리의 말씨를 본격적으로 담아낼 수 있게 되었다. 우리말을 소리나는 대로 적을 수 있게 됨에 따라 그 어감을 살려낼 수 있었고, 같은 뜻이라도 다양하게 변통할 수 있는 재주를 가진 우리말의 활용을 그대로 보여줌으로써 그 흥취를 살려낼 수 있었다. 말과 글이 어긋나던 시대에서 말과 글이 통하는 시대로 넘어오면서, 한자 표기 속에 가려서 우리의 말씨가 드러날 수 없었던 애로사항을 우리는 한글 표기를 통해 그렇게 극복할 수 있었다. 우리글은 노래 속에서나 살려지던 우리의 말씨를 적을 수 있게 해주었던 것이다.38) 따라서 우리글의 성립, 그것은 우리의 시가가 신장할 수 있었던 절호의 기회였다.

그러나 여기서 우리는 다시 한 번 묻는다. 그렇다면 우리의 시가에 생기를 불어넣어 준 원동력은 궁극적으로 우리의 글이었다고 볼 수 있는가? 우리글이 우리 시가를 참으로 우리 시가답게 해준 장본인인가? 우리글로 표기되기 이전에 외래문자를 빌려 표기되면서도 꾸준히 입에서 입으로 전해 내려온 노래는 우리 시가가 아닌가? 분명 우리글의 성립은 우리 시가를 가꾸는 일을 도왔고, 우리글의 성립으로 우리 시가가 여러모로 발전하게 되었다는 것은 부정할 수 없는 사실이다. 그러나 우리글이 생기기 이전부터, 차자표기를 하거나 그나마 어떤 기록도

---

38) 모든 기록문학이 그러하듯이, 국문문학 역시 그 소재나 원천을 구비문학에서 구하지 않을 수 없었는데, 한문문학과는 달리 국문문학은 특히 구비문학에서 발휘되는 우리의 말씨에 자극받은 바가 크다.

하지 않았던 때부터, 또 우리글이 생기고 난 다음에도, 우리는 늘상 말에 가락을 붙여 우리의 삶을 노래했었다는 사실을 상기해야 한다. 글이 있었거나 없었거나 우리의 노래는 우리의 생각과 삶을 길어내고 솟구치게 하는 샘이었다. 그래서 우리는 기록문학이 아니라 구비전승 시가에서 우리 문학의 원천을 찾았던 것이다.

따라서 우리의 생각을 우리글로 표현할 수 있게 되었다는 것, 그 사건이 우리의 전체 역사를 대변해준다거나, 우리의 정체성을 정립시켜주었다고는 볼 수 없다. 우리글을 갖게 됨으로써 말과 사상의 표현이 자유로와지고 우리의 정체성을 확인할 수 있는 방편이 대폭 신장되었던 것도 사실이지만, 어디까지나 우리글의 역사는 우리의 전체 역사 속에서 그렇게 오래되지 않은 일부일 뿐이며, 그로 인해 우리의 사고방식이 근본적으로 변했던 것도 아니기 때문이다. 우리글이 생기기 이전에도 우리는 고유의 말을 가지고 있었고, 우리말은 항시 우리의 삶 속에서 가장 가깝게 우리의 생각을 담아내는 일을 계속해왔다. 이런 맥락에서 우리글의 성립은 우리의 말씨를 살려내고자 하는 노력이 맺은 하나의 결실일 수 있다.

그러면 우리의 말씨를 살린다는 것, 그것은 도대체 무엇을 의미하는가? 우리 노래가 살려내고 있는 우리의 말씨, 그리고 우리글이 다시금 살리고자 한 우리의 말씨는 어떤 것인가? 여기서 우리는 언문불일치의 문학사라는 긴 여정을 통해 참으로 우리를 고심하게 했던 문제, 즉 우리말의 특징을 묻는 물음으로 되돌아가게 된다.

(2) 언어에 있어서 형식체계와 실질체계

우리의 시가를 살펴보면서 우리는 시가의 기본 형식이 민요에서 유래하였으며, 민요에서 아무 뜻도 없는 후렴구가 고정체계로 이어져왔다는 사실을 발견할 수 있었다. 거기서 어떻게 아무 뜻도 없는 말이 시나 노래의 특징을 규정하고 구비전승의 과정 속에서 고정체계로 남아 있을 수 있었는지에 대한 의문이 생겼고, 또한 언문불일치의 문학사 속에서 구전되는 노래나 국문시가가 살려내고자 했던 것은 다름 아닌 우리 말씨였다는 평범한 진리를 확인하면서, 이제 우리는 우리의 시가를 통해 접근했을 때 드러나는 우리말의 특징이 정확히 무엇인지를 밝혀야 하는 시점에 이르렀다.

우리말의 특징에 대한 분석을 위해, 예나 지금이나 계속 애로사항이 되는 번역의 문제를 살펴보는 것이 도움이 될 것이다. 우리말(특히 시가)을 외국어로 옮겨놓는다고 해보자. 어떤 일이 벌어지는가? 그 뜻(意)은 대체로 구하겠지만 그 말씨(辭)는 사라진다. 즉 뜻 이외의 요소들은 옮겨지지 않는다.

우선 우리말의 말소리가 없어지고 말소리에 따라붙는 운율(음절의 수, 강약, 장단, 고저 등)이 변한다. 나라마다 말의 운율이 다른 것은 쉽게 관찰할 수 있는 사실이다.[39] 그래서 말을 할 때에는 물론이거니

---

39) '대학'을 'university'로 번역하면, 음절의 수, 강약, 장단, 고저 등 모든 운율적 요소가 변하게 된다.

와 특히 운율을 중시하는 노래를 번역할 때, 운율이 파괴되고 만다.40)

사실은 그 뜻조차도 적확하게 옮겨졌다고는 볼 수 없다. 같은 뜻을 나타내는 말로 옮겨졌다고는 하지만, 우리말의 풍부한 어휘들, 특히 감각어나 감탄사에 묻어있는 독특한 어감이 살아나지 않는다.41) 한 민족의 어휘에는 그것을 사용해온 이들의 역사적 운명이나 사회적 배경, 생활풍속과 정서체계가 삭여져 있기에, 같은 뜻이라고 여겨지는 어휘들이 자세히 따지고 보면 비슷하면서도 아닌 것일 수 있다. 그래서 때로는 지극히 평범한 말일지라도 같은 뜻을 가지는 외국어로 번역했을 때 그 말이 매여있는 문화적 배경이 사장되거나,42) 심지어 그 배경이 유달리 독특하여 마땅히 대체할만한 말을 찾지 못하는 수가 있다.43)

뿐만 아니라 뜻있는 말을 배열하는 순서도 바뀐다. 만일 말의 순서를 고려하지 않고 그대로 옮기게 되면 말의 뜻이 통하지 않으므로, 같은 뜻을 유지하려면 순서를 조정해야 한다.44) 어떤 뜻을 나타내기 위

---

40) 그래서 운율을 중시하는 음악의 경우, 번역어에 곡을 붙일 때에는 음악어법이 바뀌어야 한다. 가령 '대학'을 'university'로 번역하고 곡을 붙일 때, 한국 음악에서는 '대-'에 강박이 오고, 서양 음악에서는 '-ver-'에 강박이 오도록 작곡되는 것이 자연스럽다.

41) '아이고'라는 말의 어감이 'Oh'라는 번역에서 충분히 살려지지 않는다.

42) '쌀'이라는 말에 담겨 있는 우리의 가치체계와 'rice'라는 말에 담겨있는 서양인의 가치체계는 사뭇 다른 것이다.

43) '김치'라는 말의 번역을 하느니 차라리 고유명사로 그냥 내버려두는 것이 나을텐데, 그렇게 되면 아무 느낌도 전달되지 않는다.

44) '나는 바다보다 산을 좋아한다.'라는 문장은 'I prefer mountain to sea.'로

해서 사람들이 말의 순서를 정하는 데에는 차이가 있다. 말의 순서를 어떻게 잡느냐 하는 것은 말을 부리는 사람이 어디에 비중을 두고 생각하는가를 반영하고 있기 때문이다.

하물며 뜻없는 말들은 옮겨지지도 않는다. 우리말에는 뜻없는 말들이 무수히 많다. 체언에 따라붙는 조사, 서술어에 따라붙는 접미사가 그런 것들이다. 그런 뜻없는 말들은 일정한 뜻이 있는 말에 따라붙어 다양한 기능을 발휘한다. 뜻없는 말들은 뜻있는 말들의 파생이나 합성을 가능케 한다. 뿐만 아니라 뜻없는 말들은 문장을 구성하는 데 있어서 결정적인 역할을 한다. 우리말에서는 뜻있는 말의 조각들을 일정한 순서로 배열해 놓는다고 해서 하나의 문장이 이루어지는 것은 아니다. 뜻 없는 말들의 매개를 통해서 뜻있는 말들이 서로 짜임새 있게 엮여야 비로소 하나의 문장이 성립한다. 일정한 뜻을 가리키는 말들에 아무런 뜻도 없는 말들이 따라붙어 뜻있는 말들의 문법적 자리를 매겨준다. 우리말의 어법은 이처럼 뜻없는 말들이 짜는 기능에 크게 의존해 있다. 그런데 우리말을 외국어로 옮길 경우, 뜻을 가리키는 말들만 유지되고 형식을 짜는 말들은 탈락되고 만다.45)

이렇듯 우리말이나 노래를 외국어로 번역할 경우에는, 우리말이 지

번역되어야 뜻이 통한다. 'I sea to mountain prefer.'라는 식으로 순서를 그대로 옮기면 뜻이 통하지 않는다.

45) '나는(-가) 봄을(-은) 좋아하지(-네, -는구나, -네그려, -고말고).' 등의 다양한 표현은 'I like spring.'으로 번역될 뿐이다.

니고 있는 뜻 이외의 다양한 요소들이 제대로 전달될 수 없음에 따라 그 음악적 요소와 문학적 요소가 모두 변질될 수밖에 없다는 어려운 사정이 있는 것이다. 이런 사정은 외국어를 우리말로 번역할 경우에도 마찬가지로 나타난다.

물론 이런 현상이 다만 오늘에만 일어나는 일은 아니었고, 이와 같은 사정에 대한 자각도 비단 오늘에 와서 이루어진 것은 아니었다. 특히 우리 선조들은 기나긴 언문불일치의 역사 속에서 살았기 때문에, 이 방면에 민감했었다. 우리가 고유의 말은 가졌으면서도 고유의 문자를 갖지 못한 탓에 한문을 빌려 표기할 때, 우리는 우리말과 한문을 비교하지 않을 수 없었고, 그러면서 우리말의 특징에 대한 인식을 해나갔던 것으로 보인다. 입으로 말하는 언어(口語)는 계속 우리말을 사용하면서 글로 표기하는 언어(文語)는 한자를 사용하는 데에서, 양자 간의 갈등은 곧 양자 간의 간섭 현상으로 나타났다. 이 간섭 현상이 어떠한 방식으로 나타났는가를 살펴보는 데에서 우리말의 특징이 단적으로 드러난다.

한편으로 구어에 대한 문어의 간섭 현상이 일어나 우리의 어휘 속에 방대한 양의 한자어가 들어오게 되었다. 우리말은 이것을 막을 수 없었는데, 그 잔재는 오늘에도 다량 남아 있다. 우리 선조들도 우리도 이것을 방치해두었다. 중국인들이 한화(漢化)되지 않은 말은 쓰지 않는 것에 비하면, 퍽 대비되는 현상이 아닐 수 없다. 그러나 우리의 이런 성향에 대한 평가는 또다른 간섭 현상을 함께 고려하여 내려져야 한다.

언문불일치에서 오는 갈등은 다른 한편으로 문어에 대한 구어의 간섭 현상을 초래했다. 우리 민족은 무조건적으로 한자를 들여다 쓰지는 않았다. 한문의 원리와 우리말의 원리가 너무나 달랐기 때문에, 그렇게 할 수가 없는 노릇이었다. 한자와 우리말의 차이는 두 가지 측면에서 말할 수 있다. 낱낱의 단어가 만들어지는 원리를 놓고 보더라도 차이가 나고, 그런 단어들이 모여서 하나의 문장이 구성되는 원리를 놓고 보더라도 차이가 난다. 우리 민족은 이 두 측면에서의 차이를 모두 인식하고 있었다. 한자의 차용은 우선 낱낱의 단어를 표기하는 데에서 비롯되어, 차츰 문장을 표기하는 데까지 확대되었다. 그런데 그렇게 확대되는 과정에서 한자와 우리말의 원리 사이에 메꿀 수 없는 차이가 점점 심각하게 인식되었다. 물론 그에 따라 그런 차이나 문제점에 대해 고심하고 그러한 간극을 어떻게든 좁혀 보려는 시도가 이루어졌다. 그래서 한자를 차용하되 우리의 어법을 고려하여 표기하게 되었고, 그렇게 표기하는 다양한 방식들이 개발되었다. 우리 선조들이 개발한 표기법에는 고유명사 표기, 서기체(誓記體) 표기, 이두(吏讀), 구결(口訣), 향찰(鄕札) 등이 있는데, 처음에는 단어 표기부터 시작하여 점차 문장을 표기하는 방식을 개발하게 되었다. 우리의 선조들이 한자를 차용하여 표기한 방식을 살펴보면, 한문으로는 제대로 표현될 수 없었던 우리말의 특징들이 과연 무엇이었는지 절로 드러난다.

한자에 어느 정도 익숙해지면서 그것을 가지고 우리말을 표기하고자 했을 때 우선 단어를 표기하려는 시도에서부터 출발하였던 것은, 외국어 습득과 활용에 있어 자연스러운 순서였다. 단어 표기 가운데서도 고유명사 표기는 한자를 사용한 우리말 표기의 제일단계였다.46) 그러나 이렇게 단어를 표기하려는 데 있어서조차 그들은 벽에 부딪쳤다. 한자에서 단어가 만들어지는 원리와 우리말에서 단어가 만들어지는 원리가 달랐기 때문이었다. 한자는 본래 중국어를 표기하기 위해 발달한 문자였기에, 그것은 중국어의 특징을 잘 반영하고 있다. 중국어(특히 고전 중국어)는 모든 단어가 단음절(單音節)임을 특징으로 하였는데, 이의 문자화에 있어서도 이 특징을 살려 각 단음절 단어를 한 문자 단위로 표시하는 원칙을 택했던 것이다. 그 결과 하나하나의 한자는 한 단어의 의미와 동시에 그 발음(음절)을 나타내게 된 것이다. 그러나 우리말의 경우, 하나의 단어가 단음절로 되어 있다는 원칙은 통용되지 않는다. 즉 우리말에서는 하나 이상의 음절들이 모여서 하나의 단어를 구성하게 된다. 이런 까닭에 한자는, 중국어와 다른 구조를 가진 우리말을 표기하는 데에는 매우 부적합하였다. 따라서 선조들을 한자를 가지고 우리말을 표기할 수 있는 궁리를 내지 않을 수 없었다. 그래서 고안된 것이 한자 차용 표기법인데, 그 표기법의 원리는 두 가지였다. 첫째 원리는 음독(音讀)의 원리이다.47) 각각의 한자는 뜻을 표시하는

---

46) 그들은 특히 우리의 인명(人名)이나 지명(地名)과 같은 고유명사를 표기해야할 필요를 절실히 느꼈다.

47) 음독의 원리는 한자의 육서 중 가차(假借)의 원리에 통하는 것이요, 실제로 고대 중국인들이 외국의 고유명사를 표기하는 데 이 방법을 사용했으니,

기능과 소리를 표시하는 기능을 가지고 있는데, 이것은 그 중 소리를 표시하는 기능만을 취하는 원리이다. 둘째 원리는 석독(釋讀)의 원리이다.48) 이것은 한자에서 소리를 표시하는 기능을 버리고 뜻을 표시하는 기능만 살리되, 이렇게 뜻을 표시하는 성질을 우리말의 단어로 고정시키는 원리이다. 그리하여 고유명사를 표기하는 방식에는 음독 표기, 석독 표기, 그리고 때로는 이들의 혼합 표기가 있게 되었다.

여기서 단음절 단어인 한자와 그렇지 않은 우리말의 차이에 대한 인식, 따라서 한자는 뜻을 표시하는 기능과 소리를 표시하는 기능을 한음절 안에 모두 가지고 있는 반면, 우리말은 뜻을 표시하는 기능과 소리를 표시하는 기능이 독립적이어서 한 음절이 소리를 표시하는 기능은 갖되 반드시 뜻을 표시하는 기능을 갖지는 않는다는 차이에 대한 인식이 있었음을 볼 수 있다. 따라서 이런 차이를 좁히고 우리말을 한자로 표기하기 위해서는 불가피하게 뜻과 소리를 갈라서 생각하지 않을 수 없었기에, 음독 표기니, 석독 표기니 하는 표기법이 생겨난 것이다. 그런데 이렇게 뜻과 소리를 구별해서 인식하는 방법, 그것은 바로 우리말의 특징이었다. 따라서 선조들은 우리말의 특징에 준해서 한자 차용 표기법을 고안해냈던 것임을 알 수 있다.

완전한 독창이라고 볼 수 없는 측면이 있다.
48) 석독의 원리는 우리 선조들의 독창이라고 할만한 것인데, 한자의 뜻을 규정하고 고정화시키는 데에는 상당한 시일이 걸렸을 것이므로, 이것은 소리를 이용하는 원리보다는 연대적으로 뒤졌을 것으로 짐작된다.

이렇듯 단어 하나를 표기하는 데 있어서도 말의 차이에서 비롯되는 어려움이 있어 한자를 그대로 들여다 쓴 것이 아니라 그것을 우리말의 성격에 비추어 소화하였으니, 하물며 이런 단어들이 모여서 구성되는 문장을 표기하는 일은 말할 나위도 없었다. 사실 단어를 표기하는 방식에서는 우리말의 결정적인 특징이라고 할만한 것이 뚜렷이 드러나지 않는다. 그런 특징은 문장을 표기하는 데에서 비로소 인식된다. 문장을 표기하는 데에는 보다 심각한 어려움이 뒤따랐다. 한문의 어법과 우리말의 어법에는 상당한 차이가 있었기 때문이다. 그러나 그 어려움을 다소라도 용이하게 하기 위해 고안된 것이 바로 서기체 표기, 이두, 구결, 향찰 등의 표기법이었다.

서기체 표기는 한자를 빌어 우리말을 문장으로 표기하는 것인데, 특이할만한 점은 한자를 신라어의 어순에 따라 배열하였다는 것이다. 그러나 이 표기는 문법 형태를 표시하는 데까지는 아직 미치지 못했다. 후에 이두가 생겨나면서, 서기체 표기에 문법 형태를 보충하여 그 문맥을 더욱 분명히 할 수 있었다. 구결은 다름 아닌 토(吐)이다. 즉 한문을 읽을 때 문법적 관계를 표시하기 위해서 삽입되는 요소들이다. 다만 한자의 약체(略體)를 사용한 점에서 이두와 차이를 보인다. 향찰은 신라에서 한자를 이용하여 자국어를 표현하려는 노력의 집대성이라고 볼 수 있다. 이것은 어떤 새로운 원리라기보다는 이미 발달되어 있는 체계들을 확대시킨 것이다. 향찰 표기는 실질적 의미를 가진 부분(어간)은 석독(釋讀) 표기로 하고 문법적 요소(접미사)는 음독(音讀)

표기로 하여 아주 복잡했다. 그러면서도 향찰은 우리말을 만족스럽게 표현하지 못했다. 우리말의 음절 구조가 복잡하고 그 수가 많아서 한 자로써는 도저히 만족스럽게 표기할 수 없었던 것이다.[49]

　이런 표기법들이 제안하고 있는 원리를 간추리면 다음과 같다. 첫째, 한자를 쓰되 우리말의 순서대로 쓴다. 둘째, 문장의 구문 관계를 분명하게 하기 위해서 문법적 요소들을 첨부한다. 셋째, 뜻을 나타내기 위해서는 같은 뜻을 가진 한자를 빌려 쓰고, 문법적 요소를 나타내기 위해서는 같은 음을 가진 한자를 빌려 쓴다. 이러한 표기법에서 우리말의 특징에 대한 다음과 같은 자각을 엿볼 수 있다. 첫째, 우리말은 그 어순(語順)에 있어서 한문과 다르다. 즉 우리말에서는 서술어가 맨 나중에 온다. 둘째, 우리말은 그 문장구성법에 있어서 한문과 다르다. 즉 우리말은 뜻을 나타내는 말과 문법적 기능을 나타내는 말의 결합으로 이루어지는데, 독립적인 뜻을 갖지 않으면서도 뜻을 나타내는 말 뒤에 따라붙어 문법적 기능을 나타내주는 말이 특히 발달되어 있다. 이 두 가지 특징을 조합해보면, 우리말에서는 문장 끝에 오는 서술어에 따라붙는 뜻 없는 말의 문법적 기능이 크게 부각된다는 결론에 도달할 수 있다. 이것이 바로 한자와 우리말이 접촉하면서 확인된 우리 어법의

---

49) 향찰은 고려 초엽 까지 쓰이다가 그 뒤에는 점차 소멸의 길을 밟았다. 향찰이 소멸하게 된 이유로 표기 원칙이 복잡한데다가 그러면서도 우리말을 만족스럽게 표현할 수 없던 비효율성을 지적할 수는 있을 것이다. 그러나 향찰은 순전히 그 원칙의 관점에서만 보자면, 우리말의 특징을 가장 분명하게 인식하고 고안된 표기법이었다고 생각된다.

특징이다.

　선조들은 한자를 빌려 문장을 표기하면서 우리말의 어법이 한문의 어법과는 확연히 차이가 난다는 사실을 인식할 수 있었고, 그 차이를 충분히 존중해서 우리말의 어법에 맞는 표기법들을 고안해냈던 것이다. 물론 그런 표기법이 고안되었다고 해서 우리말이 한문을 통해 충분히 살아날 수는 없는 노릇이었다. 외래의 문자를 빌려서 자국의 말을 기록하는 작업의 한계는 피할 수 없는 것이었다. 그러나 그들이 고안해낸 다양한 표기법에서 우리가 읽어낼 수 있는 것이 그런 것뿐만은 아니다. 우리는 비록 한자를 빌려 쓸망정 거기에 동화될 수 없었던 우리의 어법상의 특징에 대한 그들의 자각에 깊이 감탄하며, 그러한 특징을 살리려는 일관된 노력을 높이 평가하지 않을 수 없다.

　이렇게 볼 때, 훈민정음의 출현은 우연한 창작이 아니다. 훈민정음의 출현은 고대로부터 지속되어왔던 우리 어법에 대한 자각과 어떻게 하든 그것을 표현하고자 했던 일관된 노력이 오랜 세월 끝에 마침내 이루어낸 결실이라고 볼 수 있다. 훈민정음은 우리말을 소리나는 그대로 표기하였다. 낱낱의 단어도, 문장도 그대로 표기되었다. 낱말의 어감이 그대로 전달되었고, 문장의 조어법이나 어순도 그대로 지켜졌다. 우리말이 우리글로 살아날 수 있었던 것이다.

　그런데 이와 같은 성과에도 불구하고 이미 굳어진 한문의 지위는 좀처럼 흔들리지 않았다. 훈민정음은 한문의 중압에 눌려 널리 쓰일 수가 없었다. 훈민정음의 창제로 언문일치의 숙원이 일단은 이루어졌지만, 실제로 언문일치의 길은 멀고멀었다. 그 길을 앞당기려는 노력이 민족문학론을 통해 이루어졌다. 앞에서 소개했던 것처럼, 김만중은 우리의 글로써 우리의 생각이나 말을 더 잘 담아낼 수 있는데도 굳이 한문을 즐겨 쓰는 세태에 대해 개탄을 표시하고, 우리글의 사용을 촉구하였다. 그러나 그의 주장이 단지 우리의 글로써 우리의 생각이나 말이 더 잘 표현된다고 하는 단순한 논리로만 이루어진 것은 아니었다. 그러한 논리는 그것을 뒷받침해줄 수 있는 통찰이 있어야 가능한 것이었다. 즉 나라마다 각기 말이 다르니, 각기 자기 나라 말에 맞추어서 노래하는 문학이야말로 진정한 문학이라고 하는 그의 주장이 설득력을 갖기 위해서는, 중국과 우리의 말이 어떻게 다른지, 또 우리말의 특성은 무엇인지를 밝힐 수 있어야 했다. 그가 우리말의 특징에 대해 언급하고 있는 측면은 여러 가지가 있지만, 우리말의 어순이 선체후용(先體後用)으로 되어 있음을 밝힌 점은 특히 주목할 만하다.50) 이로써

---

50) 이 점에 대해 김만중은 다음과 같이 기술하고 있다. "원각경(元覺經) 소(疏)에 「바라밀다」(波羅密多)는 중국말로는 「도피안」(度彼岸)이라 했는데, 「바라」는 「피안」이라 역(譯)되고, 「밀다」는 「도」라 역하는데, 「도피안」이라고 한 것이 아니라 「피안도」라고 한 것이다. 서축어(西竺語)의 말씨는 <u>먼저 체언을 쓰고 뒤에 용언을 쓰기 때문에</u>, 예를 들면 독경타종(讀經打鐘)이라는 것도 경독종타(經讀鐘打)라고 한다 하였다. 이를 살펴보면, 마치 우리나라 말씨와 서로 비슷하다."("元覺疏曰；波羅密多, 華言度彼岸. 波羅譯彼岸, 密多譯度. 不曰度彼岸, 而曰彼岸度者, 西竺語勢, 先體而後用, 故如讀經打鐘謂之經讀鐘打. 按此正與我國語勢相類.")(김만중, 서포만필, 홍인표 역주, 일지사, 1987, 196-198쪽. 밑줄은 글쓴이의 강조.)

그는 우리말이 한문과 부합될 수 없는 사정을 단적으로 지적하였다. 또한 그는 단지 민족어의 특수성만 주장한 것이 아니라 보편성도 함께 고려하였고, 그런 비교 끝에 언어의 특성이 사상의 특성을 좌우한다고 하는 통찰을 보여주었다.[51] 그러므로 중국과는 그 특성을 달리하는 우리의 말로 우리의 시와 노래를 담아낼 때 비로소 그 표현하고자 하는 바가 제대로 살아난다는 것은 매우 당연한 귀결이 될 수 있었다. 그리고 보면 그의 민족문학론은 바로 민족어의 특성을 살피는 민족어 학론에 바탕하여 나온 것임을 알 수 있다. 그러나 우리말의 특징에 대한 그의 분석은 아직 미진한 탓에[52], 우리말이 중국의 말 뿐 아니라

---

51) 김만중은 이어 다음과 같이 부연하고 있다. "서역의 범어(梵語) 문자는 초성·중성·종성으로 합하여져서 글자를 이루니 그 생성이 무궁하다. 원(元)의 세조(世祖) 때 서역승(西域僧) 파사파가 그 문체를 변화시켜 몽고글자를 만들었고, 우리나라도 이로 말미암아 언문(諺文)을 만들었고, 청국(淸國) 역시 이른바 청서(淸書)라고 하는 것은 그 문체가 비록 다르지만, 그 방법은 이와 같다. 여기서 동서양의 이치가 통하지 않음이 없음을 볼 수 있다. 오직 중국만이 어세(語勢)와 자체(字體)가 스스로 일가(一家)를 이루고 있어 아주 다르다. 이것이 만국에서 독존하는 까닭인 것이지만, 그러나, 불법(佛法)은 사바세계에 행하여졌는데도, 주공·공자의 책은 동으로는 삼한(三韓)을 넘지 못했고, 남쪽으로는 교지(交趾)를 넘지 못했다. 아마도 언어문자의 이치가 상통하지 않아서 그럴 것이다". (西域梵字以初聲 中聲 終聲合而爲字, 生生無窮. 元世祖時, 西僧八思巴變其體而爲蒙書. 我國因之而爲諺文, 淸國亦有所謂淸書者, 其體雖別, 其法則同此, 亦可見東海西海理無不通也. 惟中國語勢字體自作一家, 逈然不同, 此所以獨尊萬國者. 然佛法行於沙界, 而周公孔子之書, 東不過三韓, 南不過交趾. 蓋以言語文字之理, 不相通而然也.)

52) 그의 분석은 어순(語順)과 제자(製字)원리에 국한되어 있다.

다른 나라 말53)과 어떻게 구별되는지를 밝힐 수 없었고, 따라서 그로 부터 우리 고유의 정체성을 펴는 데 까지는 미치지 못하였다. 다만 그는 민족어학론의 실마리를 제공해주었을 따름이다.

그렇게 해서 민족어의 특성을 살펴봐야 한다는 각성은 근대 국어 연구에까지 이어졌다. 근대 국어학을 확립시킨 주시경은 민족주의적 국어관에 바탕하여 국어를 연구하였다. 그에 따르면, 한 영역은 독립국가 형성의 바탕(基)이요, 그 영역에 삶을 받은 사람은 독립국가 형성의 몸(體)이요, 거기에서 쓰이는 말은 독립국가 형성의 성(性)이라 하였고, 이 '성(性)'은 그 중 가장 중요한 요소로서, 이 성(性)이 없으면 바탕도 몸도 있을 수 없으니, 국가의 성함과 쇠함, 국가의 있고 없음은 오로지 이 성(性)인 말에 달려 있다고 하였다. 그리고 우리나라는 개국 이래 천연 특성의 우리 '국어'가 4천여 년간 전하여 내려오고 세종대왕에 의하여 국어에 상당한 '국문'을 만들어냈다고 하였다.54) 그리

---

53) 김만중은 특히 범어(梵語)와 우리말의 차이점을 밝히지 못했다.

54) "境의 地에 일종의 人을 産하고 一種의 人에 一種의 言을 發하게 함이라. 是以로 天이 命한 性을 從하여 其域에 其種이 居하기 宜하며 其種이 其言을 言하기 適하여 天然의 社會로 國家를 成하여 獨立이 各定하니 其域은 獨立의 基요 其種은 獨立의 體요 其言은 獨立의 性이라. 此性이 無하면 體가 有하여도 其體가 안이요, 基가 有하여고 其基가 안이니, 其國家의 盛衰도 言語의 盛衰에 存하고 國家의 存否도 言語의 存否에 存한지라. 是以로 古今天下列國이 各各 自國의 言語를 尊崇하며 …… 其言을 記하여 其文을 各制함이다. 檀君이 開國하신 以來로 神聖한 政教를 四千餘載에 傳하니 此는 天然特性의 我國語라. 李朝世宗朝께서 天縱의 大聖으로 國語에 相當한

하여 그는 자신의 문법서를 내면서, 세계 문법의 보편성을 따르면서도 어디까지나 우리말의 특수성을 고려하였음을 밝히고 있다.[55]

주시경의 문법 체계에서 가장 주목할 만한 점은 바로 그의 분석주의적 언어관에 있다. 그에 따르면, 낱말은 실질적 요소와 기능적 요소로 되어 있다고 한다. 이렇게 기능적 요소를 낱말로 보는 견해는 곧, 토나 씨끝까지 독립된 낱말로 볼 수 있다는 것을 뜻한다. 이런 견해는 의미와 기능이라는 두가지 관점에서 온 것이다. 즉 주시경이 구상하고 있는 우리말의 체계는 철저하게 실사와 허사를 갈라 보는 분석적인 체계라고 할 수 있다.

이렇게 점화된 국어 연구는 현대에 이르러 국어 문법의 기틀을 다지는 작업으로 연결되었다. 주시경 이후의 학맥은 이른바 3대 문법 체계로 나타난다. 첫째, 주시경의 분석주의적 체계를 거의 그대로 이어받는 분석주의 체계를 들 수 있다.[56] 둘째, 말의 본질의 종합성을 들어, 주시경의 분석주의로부터 종합주의 쪽으로 지향하는 준종합주의 체계를

文字가 無함을 憂慮하사 國文二十八字를 親制하시매 …… 此는 天然特性의 我國文이라." (주시경, 『국어문법』 서.)

55) 이 글은 俗世界에 두로 쓰이는 文法으로 웃듬을 삼아 꿈임이라. 그러하나 우리 나라 말에 맞게 하노라 함이라. (주시경, 『국어문전음악』.)

56) 분석주의적 체계는 주시경으로부터 김두봉, 김윤경, 박승빈 등에게 계승되었다. 여기서는 가능한 한 최소 단위에 이르기까지 분석하여 그 분석의 결과들이 실질적인 의미를 갖건 갖지 않건 간에 모두 낱낱의 말의 자격을 가진 것으로 인정한다. 이에 따르면, 우리말은 형태배합상 뿌리에 접미사가 첨가되는 첨가어의 특성을 지닌다고 한다.

들 수 있다.57) 세째, 철저한 종합적인 언어관 밑에서 종합적 체계를 이루려는 종합주의 체계를 들 수 있다.58) 그런데 이 3대 문법 체계 중 우리말본 학계에 주류를 이루게 된 것은 준종합주의 체계요, 그것은 최현배로 대표되는 것이다. 이리하여 주시경의 근대 국어학의 확립은 최현배의 현대 국어학의 확립으로 그 자리를 물려주게 되는 것이다.

그러나 우리말을 어떤 체계로 보아야 하는가, 또 각 체계에서 제안하고 있는 여러 가지 분류의 타당성을 어떻게 평가해야 할 것인가 하는 점들은 이 자리에서 우리가 문제삼고자 하는 바가 아니다. 우리는 먼저 왜 이토록 우리말에 대한 규정은 분분하게 나타나는지에 대해 의문을 제기하는 데에서 출발하려고 한다. 그리고 우리는 단지 현대의 국어 연구들이 배출해낸 분분한 결론보다는 그런 분분한 결론들을 내게 했던 다양한 연구들의 공유하는 관심사가 무엇이었는지를 알아보고

---

57) 준종합주의적 체계는 최현배로부터 정인승, 이희승, 허웅 등에게 계승되었다. 이 체계는 낱말에 대한 분석을 인정하면서도 낱말을 한 덩어리로, 즉 종합적으로 보아야 하는 필요성에 대해 강조한다. 그래서 이 체계는 조사를 체언에 첨가되는 하나의 낱말로 보는 점에서는 분석주의에 따르면서, 서술부 전체를 하나의 단위로 보고 그 하나의 단위 속에서 어미에 해당하는 부분이 굴절하는 것으로 보는 점에서는 종합주의에 따른다.

58) 종합주의적 체계는 정열모로부터 이숭녕 등에게 계승되었다. 종합주의 체계에서는 한 낱말에 또다른 종류의 낱말, 즉 접미사가 첨가되어 낱말부가 형성되는 것이 아니라 한 덩어리의 낱말부가 수행하는 기능에 따라 그 끝 부분, 즉 어미가 곡용하는 것으로 보는데, 이것은 우리말을 서양말처럼 어미 활용을 하는 굴절어로 보는 접근법이다.

싶은 것이다. 그리하여 그 공통의 관심사가 대두된 배경을 짚어보고 그것이 무엇을 시사하는지 그 논점을 포착하려는 것뿐이다.

도대체 우리말에 대한 규정이 분분하게 나타나는 까닭은 어디에 있을까? 물론 그것은 기본적인 언어관의 차이에서 오는 것이지만, 실질적인 뜻이 없는 형식어가 유달리 발달한 우리말의 특수성이 그런 차이를 유발하기도 한다. 우리말에는 형식어가 무수히 많으며, 그 쓰임새 또한 각별하게 분화되어 있다. 따라서 우리말을 어떤 체계로 볼 것인가 하는 현대 국어학의 문제는, 단적으로 말하면 우리말에서 특히 뜻 없는 말들(허사, 형식어)에 대해 어떻게 자리매김할 것인가 하는 관심으로 응집된다고도 볼 수 있다. 그러나 품사 분류표에서 뜻없는 말들이 독립적인 단어로 간주되느냐 그렇지 않느냐 하는 것은 어디까지나 관점에 따라 상대적일 수 있는 문제이다.59) 다만 어떤 체계에서나 그런 뜻 없는 말들이 낱말들을 부리고 문장을 형성하는 데 있어서 핵심적인 역할을 수행한다는 사실에는 이견이 있을 수 없다. 우리의 관심의 촛점이 되는 것은 바로 이 부분이다.

우리말에서는 뜻 있는 말들의 단순한 열거만으로는 그것들의 얽힘을 이해할 수 없다. 뜻 있는 말은 어떤 실질적인 의미를 가리킬 수 있을

---

59) 대체로 분석주의 체계에서는 조사나 접미사를 모두 독립적인 품사로 간주한다. 준종합주의 체계에서는 조사는 독립적인 품사로 간주하지만 어미는 독립적인 품사라기보다는 단지 곡용될 뿐인 것으로 간주한다. 종합주의 체계에서는 조사나 어미 모두 독립적인 품사라기보다는 격변화하고 어미활용하는 것으로 간주한다.

뿐이다. 그러나 말을 하고 또 이해한다는 것이 단순히 의미들의 집합을 이해한다는 것은 아니다. 의미들의 집합을 아무리 분석해도 의미들의 얽힘을 이해할 수 없다. 의미들을 얽어 짜고 의미들을 부리는 이의 마음을 알 수 없다. 의미들의 얽힘과 부림이 드러나는 것은 의미를 가리키는 실질적인 말들이 아니라 바로 엮어내는 기능을 담당하는 형식적인 말들에서이다. 이렇듯 뜻 없는 형식어가 뜻 있는 실질어를 운용하는 역학 속에 우리말의 특성이라 할 만한 것이 자리잡고 있다. 그러면 형식체계와 실질체계라는 이중구조에서 이루어지는 운용의 역학은 어떤 것일까? 형식적인 말이 담당하는 기능은 단순하지가 않다. 의미들을 엮어내고 부리는 기능은 무척 다양하다.

이 점은 외국인이 우리말을 배울 때 겪는 고초를 보더라도 쉽게 확인된다. 그들은 뜻을 가리키는 낱말들은 쉽게 습득하지만 그런 낱말들을 가지고 문장을 구성하려 할 때 곤란에 부딪치게 되는데, 그들이 가장 곤욕을 치루는 것은 바로 우리말의 무수한 형식어들이라고 한다. 또한 그들이 그런대로 문장을 구성하는 듯 하다가도 끝마무리를 서툴게 하는 것을 볼 수 있다. 그들은 형식어 가운데서도 특히 종결접미사에서 결정적으로 막히는 것이다. 이는 곧 문장 구성의 기능을 담당하는 형식어, 특히 종결접미사에서 우리말의 특징이 가장 첨예하게 드러난다는 이야기이기도 하다. 이제 종결접미사를 예로 들어 우리말 형식어의 다양한 문법적 기능들을 살펴보자.

우선 종결접미사는 형태적 특성을 가진다. 우리말의 서술부에는 여러 가지 접미사가 올 수 있는데, 그 맨 끝은 항상 종결접미사로 마감된다. 다시 말해, 우리말에서는 서술어 다음에 아무리 많은 다른 접미사가 놓인다 하더라도 끝에 종결접미사가 통합되지 않으면 독립된 단위로서 기능을 할 수가 없다. 종결접미사는 서술어의 뿌리가 독립된 단위로서 서술어라는 문장 성분의 기능을 담당할 수 있게 하는 역할을 하는 것이다. 그래서 우리는 종결접미사가 나오지 않았을 경우에는 아무리 많은 말들을 늘어놓더라도 문장의 서술이 마무리되었다고 볼 수 없는 것이다. 또한 이처럼 서술부를 마감하는 종결접미사의 다양한 맺음의 방식들을 살펴보면, 종결접미사는 그 종류에 따라 형태적 배합관계를 다르게 하는 힘이 있기 때문에 각 종결접미사마다 고유한 형태적 특성을 나타내는 기능을 갖는다는 것을 알 수 있다.60) 그러나 종결접미사가 단지 형태적 특성만 갖는 것은 아니다. 그것은 형태론적 다양성 이외에도 구문론적, 의미론적, 화용론적 특징을 모두 갖는 대단히 복합적인 기능어이다.

종결접미사는 나름의 구문론적 특성을 갖는다. 서술어에 따라서 문장의 끝에 오는 종결접미사의 문법적 기능은 서술부의 범위 안에서만 일어나는 것이 아니라 문장의 다른 성분에까지도 영향을 미치게 된다.

---

60) 종결접미사의 종류에 따라 또다른 접미사들을 선택하는 일이 자유롭게 이루어지기도 하고 제한당하기도 한다. 그리고 종결접미사의 종류에 따라 서술어의 어간과의 통합관계에서 차이가 나타나기도 한다. 또한 종결접미사는 토씨와의 통합관계에서도 차이를 나타내기도 한다.

그것이 비록 형태적인 측면에서 보면 서술부의 끝에 놓이더라도, 기능적인 측면에서 보면 단지 서술어에만 관계하는 것이 아니라 문장 전체에 관계한다는 것이다.61) 그러므로 문장의 구성 성분들이 모두 갖추어져 있더라도 그것들이 진정한 하나의 문장으로 성립하려면, 반드시 문장을 마감하는 접미사가 서술어의 끝에 놓여야 할 뿐 아니라, 종결접미사와 다른 문장 성분과의 공기 관계가 적절하게 놓여야 하는 것이다. 그래서 우리말은 끝까지 들어봐야 그 틀거리가 잡힌다고 하는 것이다.

또한 서술부에 어떤 접미사를 첨가할 때, 말하는 이는 그가 표현하고자 하는 의미에 따라 상응하는 접미사를 선택하게 된다. 이는 곧 접미사마다 각기 독특한 의미론적 특성을 가지고 있음을 말하는 것이다. 물론 여기서 의미론적 특성이라 함은 어떤 구체적이고 실질적인 의미를 말하는 것이 아니다. 그것은 추상적이고 형식적인 의미라고 이해할 수도 있을 것이다.62) 뿐만 아니라 그 의미는 일의적으로 규정될 수

---

61) 종결접미사는 문장 성분들과의 공기 관계에 영향을 미친다. 그래서 명제 내용이 모두 같은 문장일지라도 종결접미사가 다름으로 말미암아 어떤 문장은 문법적인 것이 되는가 하면, 또 어떤 문장은 부자연스러운 문장이 되는 수도 있다. 이를테면, "제가 그 일을 하겠어요"와 "제가 그 일을 하겠네"라는 문장은 같은 명제 내용을 나타내지만, 전자는 문법적인 문장이고 후자는 부자연스러운 문장이 된다. 마찬가지로 종결접미사의 종류에 따라 주어의 인칭이 제약될 수 있다. "내가 그 곳에 갈께"라는 문장은 자연스럽게 쓰일 수 있지만, "네가 그 곳에 갈께"라는 문장은 쓰일 수 없다.

62) 종결접미사는 같은 서법과 같은 들을이높임일지라도 각기 의미가 다를 수

있다기보다는 여러 가지 중첩적인 의미로 나타나는 수가 많다. 그렇기 때문에 그 의미를 파악하는 데에는 어려움이 따르기 마련이다. 그래서 우리는 때로는 우리말을 끝까지 다 듣고도 그 의미가 얼른 떠오르지 않고 오히려 묘연해지는 듯한 경험을 하게 되는 것이라고 생각된다.

뿐만 아니라 종결접미사는 문장으로 표현되지 않은, 그러나 발화와 관련된 여러 요소들과도 관련을 맺고 있다. 다시 말해서, 종결접미사는 문장을 발화하는 데 관련되는 말할이에 관한 것, 들을이에 관한 것, 말할이와 들을이의 사회적 관계, 들을이에 대한 말할이의 태도, 말이 행하여지는 장면 등 화용론적 특성을 나타내는 기능을 담당하고 있는 것이다. 이와 같은 여러 가지 화용론적 기능 중에서도 우리말은 서법[63]을 표시하는 기능과 들을이높임[64]을 나타내는 기능이 특히 발달되어

있다. 이를테면, (1) "철수가 밥을 먹었어?" (2) "철수가 밥을 먹었지?" (3) "철수가 밥을 먹었을까?" (4) "철수가 밥을 먹었나?" 등의 문장에서처럼 명제 내용은 모두 같으나 종결접미사만 다른 경우를 살펴보자. 이 문장들은 서법상 모두 의문문으로 같으며, 들을이높임의 등분도 반말로 모두 같으나, 의미에 있어서 차이를 보인다. (1)에서는 '-어'가 '말할이의 단순한 물음'의 의미로 이해되고, (2)에서는 '-지'가 '말할이가 추정한 것을 들을이에게 확인하기 위한 물음'의 의미로 이해되며, (3)에서는 '-을까?'가 '말할이의 추정 물음'의 의미로 이해되며, (4)에서는 '-나'가 '말할이 자신의 의혹을 물음'이란 의미로 이해된다.

63) 서법에는 서술형, 의문형, 명령형, 청유형을 드는 것이 보통이나 이 밖에도 감탄형이나 약속형, 허락형까지 포함시키는 주장도 가능하다.

64) 들을이높임의 종류로는 아주높임, 예사높임, 예사낮춤, 아주낮춤 등을 들 수 있는데, 이 또한 다양한 분류가 가능하다.

있다. 그래서 우리말을 들을 때에는 말의 구문이나 의미 못지않게 끝맺는 말에 실려 있는 화법적 어감을 잘 새겨들어야 그 말을 제대로 이해했다고 볼 수 있는 것이다.

이와 같이 우리말의 형식어 중 대표적인 것이라 할 수 있는 종결접미사를 예로 살펴본 결과, 형식체계와 실질체계라는 이중구조로 이루어지는 우리말의 운용이 얼마나 다양한가를 살펴보았다. 우리말의 형식체계는 그 독특한 형태적 특성이 다양하게 분화되어 있을 뿐 아니라 구문론적, 의미론적, 화용론적 기능을 모두 담당하는 것이었다. 이런 형식체계는, 단지 일정한 의미만을 가리키는 실질체계에 비할 수 없이 다양하게 엮는 기능을 부담하고 있는 것이다. 따라서 이렇듯 문법적 기능 부담성이 큰 형식체계가 발달되어 있는 우리말은 이제 결코 외국어 못지않게 갖춘 논리성에 비추어 평가받아야 할 것이다.

이상과 같은 문제들이 오늘의 국어 연구에서 우리가 관심의 촛점으로 부각시키려는 것들이다. 그런데 이 시점에서 우리는 전혀 새삼스러울 것 없이 우리 선조들이 각별한 구문의식을 가지고 있었다는 사실을 떠올리지 않을 수 없다. 왜냐하면 이상과 같이 기술한 우리말의 특징이라고 하는 것이 단지 우리 시대에 우연히 규명된 것이 아니라는 점을 우리는 기억하고 있기 때문이다. 이와 같은 특징들을 논의하면서, 우리는 우리의 선조들이 언문불일치라는 오랜 세월 동안 개발해온 한자 차용 표기법에서 나타나는 특징들을 그대로 확인하게 된다. 우리말의 어순에 따라 표기했던, 그리고 토와 접미사 등의 문법적 요소를 첨가해서 표기했던, 더우기 실질적인 뜻을 가진 말들을 옮길 때에는 석독을 하고 문법적 관계만 나타내는 말들을 옮길 때에는 음독을 했던, 그들의 철저한 구문의식에서 이미, 우리 고유의 글은 어떠해야 한다는 생각 내지 우리말에 대한 오늘의 국어학의 규정들이 미처 꽃필 수 없었던 가능성으로 숨어있었던 것이 아닐까? 오늘의 우리도 여전히 한문을 읽을 때에는 토를 달아 읽는 습관을 가지고 있지 않은가? 이제 현대에 이루어진 국어학의 성과들, 그런 연구의 직접적 실마리를 제공해준 근대 국어학의 확립자 주시경, 주시경의 민족주의적 언어관이 근대에 자리를 틀기 이전에 벌써 그 맹아를 보여준 김만중, 김만중을 각성시키고 그의 주장을 뒷받침해주었던 우리글의 창제, 우리글이 출현하기까지 그 자극과 밑거름이 되었던 한자 차용 표기법, 이러한 일련의 과정들은 하나의 줄기로 이어진다. 그 하나의 줄기는 다름 아니라 형식체계와 실질체계라는 이중구조로 이루어진 우리말에서 형식체계가 부리는 탁월한 논리적 운용력에 대한 암시들로 꿰어지는 것이다.

이제 우리 민족이 겪어왔던 언문불일치의 오랜 역사 속에서 항상 어려움의 근원이 되었던 문제 및 그에 대응하여 꾀해졌던 선조들의 전략이 어떤 것이었는지를 한층 명확하게 바라볼 수 있다. 우리말이 한자에 동화될 수 없었던, 한자로는 표현될 수 없었던 부분, 그러나 한자 차용 표기법을 통해 가능한 한 표기하고 싶어 했던, 그리고 우리글이 생김으로써 비로소 표현될 수 있었던 부분은 바로 의미의 부분이 아니라 논리의 부분이다. 언문불일치의 시대부터 언문일치를 향해 경주된 노력들에서 과연 무엇이 살아남았는가를 물을 때, 대답할 수 있는 것은 바로 우리말의 형식체계에 해당하는 것들 즉 논리어들이다.

그런데 그 옛날 고유의 글자가 없었던 시절에 그랬던 것처럼, 외래어와 우리말이 접촉함으로써 생기는 간섭현상은 오늘날에도 지속되고 있다. 오늘날에도 습관적으로 외래어를 그대로 빌려 쓰고 있는 것을 지켜보자면, 어째서 외래어를 고유어로 소화해내는 과정이 결여되었는가를 개탄하게 되면서도, 그에 아랑곳하지 않는 우리들에게는 어쩌면 그럴만한 나름의 이유가 있지는 않은가에 대해서도 생각해 보게 된다. 예나 지금이나 세태를 반영하는 숱한 외래어들(실질적인 뜻을 나타내는 개념어, 즉 실질체계)은 속속히 들어오고 있다. 그래도 일상 어휘와 감각어에는 그나마 고유의 어휘가 많이 남아 있다.65) 그러나 무엇보다도 문법적 기능 부담성이 큰 논리어(조사나 접미사 그리고 '-이다', '-아니다'를 표현하는 지정사와 같은 형식체계)는 결코 대치된 바 없이 지속되었다. 언문 불일치의 역사 속에서도 살아남았던, 그리고 오늘에도 여전히 살아 있는 그것은 바로 논리어이다. 각양각색의 의미로 윤색된 외래말이 우리말에 끼치는 간섭현상을 막을 수 없었던 우리말은 그렇게 수입된 말 자체에 대한 거부와 비판 없이 그 말들을 고스란히 받아들였다. 그러나 오히려 우리말이 외래말에 끼치는 간섭 현상만은 지속적으로 유지함으로써, 우리말은 그 숱한 외래어들을 우리말의

---

65) 의성어와 의태어 그리고 감탄사처럼 실질체계와 형식체계의 배합으로 생긴 것으로 볼 수 있는 말들을 가리킨다.

틀거리로 받아들임으로써 버틸 수 있었던 것이다. 따라서 우리말의 진가는 바로 실질적인 뜻은 갖지 않으면서 온갖 기능을 수행하는 형식적인 낱말들이 독특한 운용의 묘를 발휘하는 데 있다 하겠다.

지금까지 우리는 우리말이 실질체계와 형식체계라는 이중구조로 되어 있고, 거기서 실질체계의 이런 저런 내용보다는 형식체계, 즉 논리적 기능어의 탁월한 운용력을 강조하였다. 그런데 우리말이 상당한 논리성을 갖추고 있는 말이라는 사실을 인정할 때, 도대체 우리는 어떠한 논리적 특성을 말하는 것인가? 우리말의 형식체계들은 어떤 논리적 특성을 반영하는가? 그리고 그것은 오늘의 우리에게 지배적인 외래어가 되고 있는 서양 언어에서 형식체계들이 지닌 논리적 특성과 어떻게 다른가?

앞에서 우리는 단지 형식체계들이 수행하는 상당히 복합적인 기능을 가리켜 '논리적'이라는 평가를 하였다. 가령 '−이다' 혹은 '−아니다'라는 논리적 작용을 표현하는 각양각색의 종결접미사로 말미암아 한 문장의 최종적 형식과 의미가 드러난다고 할 때, 우리는 그 접미사의 형태론적, 구문론적, 의미론적, 화용론적 기능을 복합적으로 고려한다고 볼 수 있다. 물론 그래서 단순한 긍정이나 부정 이상의 요소들이 가미되는 것도 사실이다. 그러나 우리말의 접미사에서 나타나는 이런 복합성을 들어 우리말의 섬세한 논리적 특성을 말하는 것으로 그친다면, 그것을 가리켜 서양말의 논리적 특성과 결정적으로 구별되는 특징이라고 하기에는 아직 미흡하다. 서양말에서도 단순한 긍정이나 부정 이상으로 가미되는 여러 가지 성질들(시제, 양상, 명제적 태도 등)이 접속법이나 화법조동사 같은 것에 의해 어느 정도 세밀히 표현될 수 있다. 더욱이 그들은 단순한 긍정이나 부정만으로 사태를 기술하는 전통 논리학의 편협성을 극복하기 위해, 그런 복합적인 기능마저 논리학의 영역으로 끌어들이려고 하고 있다. 즉 그들의 말이 수행하는 복합적인 기능들을 충분히 담아낼 수 있는 그런 논리학을 구상하고 있는 것이다.

그러나 그 복합적인 기능들을 고려하는 데서도 그들과 우리의 방식엔 차이가 있다. 말이 지닌 복합적인 기능을 고려할 때, 그들은 여전히 긍정과 부정이 다시금 판별하게 갈라지는 바탕, 바로 그들의 전통 논리학의 바탕을 떠나지 않는다. 아무리 복합적인 특성일지라도 그들의 마음 속에서는 그것이 결국 긍정 아니면 부정으로 수렴된다. 긍정과 부정을 판별하게 갈라보는 그들의 기본적인 논리전략에는 변함이 없다. '-인' 것은 어디까지나 '-인'이고 '-아닌' 것은 어디까지나 '-아닌' 것이다. 거기에는 '-인' 것이 '-아닌' 것으로 또는 '-아닌' 것이 '-인' 것으로 탈바꿈할 여지가 없다. 그들 언어에서 나타나는 형식체계는 탈바꿈의 가능성을 원천적으로 봉쇄한 동일성의 바탕에 서 있다. 그래서 그들의 언어에서는 실질어들 역시 형식어들의 무차별적 질서 안에 길들여져서 자기변신의 혼란과 위협으로부터 보호받고, 그 말이 지닌 본 바탕을 떠나지 않게 되는 것이다. 그러므로 서양의 언어나 그것을 바탕으로 하는 논리학에서는, 일정하지 못한 형식이라는 것을 생각할 수가 없다. 그래서 심지어는 '-인' 것과 '-아닌' 것 간의 미결정의 사태를 고려하기 위해 변칙적으로 고안된 그들의 다치 논리학이나 확률 논리라는 것도 결국은 일정한 변칙의 규칙 속에 갇힘으로써, 다시금 무차별한 동일성의 바탕으로 돌아 앉고 만다. 그들 논리학의 규칙은 다양한 방식으로 형식화될 수는 있어도, 일단 형식화되고 나면 그 다음에는 어떻게 변통할 도리가 없다. 그만큼 그들에게서 진정한 변통성이 발휘되기를 기대한다는 것은 어려운 일이다.

그러나 우리말의 경우는 그렇지가 않다. 우리말의 종결접미사에서는 그런 탈바꿈이나 변통이 자유롭게 이루어진다. 종결접미사로 마감하는 한 문장만을 들어 말하더라도, 도대체 '-이다'를 말하는 것인지, '-아니다'를 말하는 것인지 그 분별이 흐릿하여 그 말이 주는 어감이 석연치 않은 경우가 있다. '-이다'와 '-아니다'가 판별하게 갈라지지 않는 우리말에서는 한 사태의 '-이다'를 '-이다'로만, 또 '-아니다'를 '-아니다'로만 잡아두지 않는다. 우리말의 형식어가 지니는 형식은 일정하게 꼭 짜여진 형식이 아니다. 만일 누가 일정성을 유지하지 못하는 형식이 도대체 형식일 수 있느냐고 반문한다면, 형식이라는 것이 꼭 일정한 것일 필요는 없으며, 오히려 어떤 민족에게는 일정성으로 붙잡아 둘 수 없는 어떤 양상이 아예 체질화되어 있다면 그것을 가리키는 말로 이를테면 허튼(흩어진) 형식이라는 것도 가능하지 않겠느냐고 우리는 대답해야겠다. 허튼 형식에서는, 형식어들이 실질어들을 얽어짜기는 하되 어떤 고정된 틀 속에 실질어들을 묶어두는 것이 아니라, 실질어들로 하여금 변통이 가능한 지대로 자유롭게 옮아다닐 수 있게 한다.

'-이다'와 '-아니다'가 판별하게 갈라지지 않는, 그래서 늘 변통과 분열에 능숙한 허튼 형식의 체계, 그것이 우리말 서술어에 따라붙는 꼬리들이 내밀어 보이는 균열의 모습이다. 이런 모습은 여러 개의 문장들이 모여서 말이 이루어지는 경우에 특히 심하게 나타난다. 가령 어떤 하나의 사태를 기술하는 과정에서 '-이다'라는 기술과 '-아니다'라는 기술이 중첩되어도 우리는 문제를 느끼지 않는다. 우리가 말을 부리는 방식은 그런 것이다. 서양 논리학의 규칙에 따르자면 이내 모순이나 역설이라는 딱지가 붙어 형식적 결함으로 간주될법한 발언들이 아무렇지도 않게, 아니 더욱 적절한 의미로 우리의 마음을 파고 들어온다. 우리가 말을 부리는 방식은 그들이 말을 부리는 방식인 일관성이라는 기준으로는 이해하기 힘든 것이다.

사실 서양말과 우리말 간의 논리적 특성의 차이, 그것은 궁극적으로는 그 말을 부리는 방식에서 찾아져야 한다. 그렇게 말을 부리는 이의 마음의 바탕이 다른 데에서 찾아야 한다. 논리학의 특성은 궁극적으로 낱낱의 단어나 낱낱의 문장의 차이에서보다는 문장들을 엮어 말하는 방식에서 드러나는 것이다. 즉 우리는 서양말에서보다는 우리말에서 형식어들이 더욱 발달해 있고, 그런 형식어들이 문장을 형성하는 데 있어서 보다 복합적이고 섬세한 구실을 담당한다고 말하기보다는, 그런 형식어들로 틀이 잡히는 문장들을 구사할 때 그런 형식어들이 어떻게 부려지는지를 말함으로써, 우리말과 서양말의 논리적 특성을 구별할 수 있다는 것이다. 우리말에서 뜻없는 형식어들이 짜는 허튼 형식,

그것은 의미를 담아두기만 하는 형식이 아니며, 또 일관적으로 짜여진 형식도 아니다. 우리의 허튼 틀거리는 언제라도 유의미성이나 일관성이라는 기준을 일탈하여 흩어지고 균열을 일으키기를 계속한다. 거기에 무슨 궁극적 이념이나 목적과 같은 것이 깃들 수 있겠는가?

이처럼 의미를 가리키는 데 집착하기보다는 엮어 짜는 기능을 자유로이 부리는 능력을 귀하게 평가했던 우리말의 역사는 우리 시가의 특징과도 맞물려 있다. 시가의 형식의 모체가 되는 민요가 구비전승되는 과정에서 비록 각종 의미 내용은 유동적이었지만 뜻없는 말들은 고정 체계로 살아남을 수 있었다는 사실은, 우리말의 특징이 보여주듯이 우리가 절대의 의미나 이념을 추구해온 민족이라기 보다는 뜻없는 말들이 펼치는 허튼 형식 속에서 온갖 잡다한 의미나 이념들을 자유로이 부리는 데 익숙했고 또 만족했던 민족이었음을 말해준다. 이렇게 볼 때, 허튼 형식으로 짜여지는 우리의 노래들은 우리말의 특징과 그 말을 부리는 이의 마음을 유감없이 보여주는 좋은 모델이었음을 새삼 확인하게 된다.

4) 허튼 형식, 그 허튼 마음을 찾아서

(1) 다시 엮이는 길

우리는 처음에, 왜 우리는 이런 식으로 시를 짓고 노래를 불렀을까, 왜 사람들은 이런 식으로 말을 했을까 하는 의문으로부터 출발하였고, 이런 의문들을 통해서 우리의 논리 의식 내지 마음이라 할 만한 것을 그려보고 싶었다. 그래서 이 글은 우리의 시가에 대한 연구 자체가 목적이라기보다는 우리의 시가를 통해 드러나는 우리의 말씨가 문제였고, 또한 우리 말씨에 대한 연구 자체가 목적이라기보다는 말을 부리고 시가를 지어 불렀던 이의 마음에 접근하는 것이 문제였다. 이 문제를 풀어나가기 위해서, 우리는 글로 기록되기 이전의 구비전승 시가에서 그 원형을 찾아 예로부터 오늘까지 이어져온 형식적 특징을 추려내었고, 글로 기록되면서 언문불일치의 시대로부터 언문일치의 시대에 이르기까지 문제의 초점이 되었던 우리말의 형식적 특징에 대해 알아보았다. 그렇게 함으로써 우리는 전승 시가의 형식이 우리말의 형식과 맞물리는 점을 발견하고, 거기서 우리의 마음을 읽을 수 있기를 기대했었다. 이제 이 모든 조각난 줄거리들이 어떻게 처음에 제기되었던 하나의 관심으로 다시 엮여드는지를 그려 보여야 한다.

구비전승 시가로 접근하면서 우리는 구비전승의 특성으로부터 시가의 구조를 이해하려고 했다. 구비전승의 역사는 보존과 변화라는 두 세력의 이중성을 연습하는 데서 이루어진다. 그런데 그 연습은 궁극적 안정이나 완성을 바라볼 수 없도록 되어 있다. 전승의 가치는 통일적 전체를 구성하기보다는 끊임없는 균열을 일으키는 데 있다. 전승의 특징은 작품 구성에 그대로 반영되기 마련이다. 전승에 있어서 보존과 변화의 이중성은 작품 구성에 있어서 고정체계와 유동체계의 이중성을 가져왔다. 전승의 과정이 그 궁극적 완성의 모습으로 통일적 전체를 바라볼 수 없듯이, 작품 역시 미완결적인 분열의 모습을 하고 있다. 구비전승되는 작품의 참맛은 완결된 형태를 거부하는 균열의 미의식을 익히는 데 있다.

전승 시가의 이중적 구조와 거기서 빚어지는 균열의 미학이 가장 뚜렷한 형태로 나타나는 것은 바로 우리 시가의 전형이랄 수 있는 민요에서이다. 민요는 뜻 있는 말로 된 노랫말과 뜻 없는 말로 된 후렴으로 이루어지는 것이 보통이다. 그런데 거기서 아무런 의미도 없는 후렴은 노랫말들의 의미가 일관적으로 엮어지는 것을 방해한다. 그런 후렴을 가진 노래는 유의미성과 일관성이라는 기준을 일탈하여 균열을 일으키는 흩어진 형식일 수밖에 없다. 그리고 그런 노래를 즐겨 부르던 사람들은 오히려 거기서 해방감을 느끼고 창조성을 발휘할 수 있었다. 이런 노래가 전승되는 과정에서 뜻 있는 노랫말들은 유동체계로 변화를 겪었지만, 뜻 없는 후렴은 고정체계로 보존된다. 뜻 있는 노랫말보다 뜻 없는 후렴이 오히려 고정체계로 보존될 수 있었던 것은 우리 민요의 중요한 특성이 아닐 수 없다. 바로 이 대목이 우리말의 특징을 생각하게 하는 실마리로 던져진다.

우리의 시가를 통해 우리말의 특징을 살펴보기 위해, 우리는 우리의 문학사를 길게 장식했던 언문불일치라는 특수한 사정을 회고하지 않을 수 없었다. 언문불일치의 문학사에서 가장 심각한 애로사항은 우리의 말씨를 담아낼 글이 마땅치 않다는 점이었다. 한자를 빌려 쓰는 것으로는 단지 말의 의미만 옮길 수 있을 뿐 구비문학에서 생생하게 표현되던 우리의 말씨를 살려낼 도리가 없었던 것이다. 이런 곤란에서 벗어나기 위해 필요했던 우리글이 생기면서 드디어 국문문학으로의 전환 가능성이 마련되었다. 그리고 우리의 말씨가 드러나는 우리의 글을 써서 우리의 독자성을 살리자는 민족문학론이 대두하면서 우리 글로 표현된 국문문학은 점차 보급될 수 있었다. 이렇게 고유의 글이 없던 시대에서 고유의 글이 생기고 또 그것이 점차 보급되는 시대로 이행하면서, 우리의 시가를 거듭나게 해준 근원적인 원동력은 바로 구비문학, 특히 민요에 있었다. 민요는 우리의 말씨 내지 어법을 충실히 살려내고 있는 훌륭한 모델이었기 때문이다. 구비전승 시가를 통해 우리말의 특징을 살펴보려는 우리의 노선은 이렇게 열릴 수 있었다. 또한 우리 민요의 흩어진 형식에서 우리말의 특성을 짐작해 볼 수 있으리라는 기대도 이렇게 마련되었다. 우리의 시가를 외국어로 번역하면 그 뜻은 대체로 구할 수 있으나 그 말씨, 특히 뜻없는 말과 그것이 수행하는 기능은 사장되어 버리는데, 이로 미루어 보아 우리말에서는 뜻없는 말의 역할이 큰 비중을 차지하리라는 것을 짐작할 수 있었고, 그와 같은 사정은 민요의 경우에도 마찬가지였기 때문이다.

그리고 이런 짐작은 우리의 역사 곳곳에서 확인될 수 있었다. 우리는 어떤 형태로건 우리말의 특성을 자각하고 있었다. 우리의 글이 만들어지기 이전에 한자를 차용해서 표기하던 시절에도 그런 자각은 있었다. 투철한 구문 의식을 지녔던 우리의 선조들은 한자를 빌려 쓸 때, 우리의 어순에 따라 서술어를 문장 끝에 오도록 하고, 뜻을 나타내는 말 뒤에 문법적 기능을 표시하는 말을 부착시킴으로써, 한자를 빌려 쓰되 우리의 어법에 맞게끔 빌려 썼다. 우리 고유의 글이 만들어지고 그에 대한 본격적인 연구를 수행한 오늘의 국어학은 바로 우리말의 특징에 대한 이와 같은 자각을 발전시킨 것으로도 볼 수 있다. 우리말은 의미를 나타내는 실질어와 문법적 기능을 나타내는 형식어의 이중 배합으로 이루어지는데, 형식어가 실질어들을 운용하는 방식에서 그 특징이 드러날 수 있다. 우리말의 형식어는 형태론적, 구문론적, 의미론적, 화용론적 특성 등 복잡한 기능을 수행한다. 가장 까다로운 형식어라고 볼 수 있는 종결접미사는 문장 끝에 나타나서 문장 전체의 구문을 지배하고 여러 가지 추상적 의미와 화법적 상황을 표현한다. 그래서 우리말은 끝까지 들어야 하고, 끝까지 들어도 추상적 의미와 화법적 어감을 전달받기 어려운 경우가 발생하기도 하는 것이다. 이렇게 볼 때 우리말은 무엇보다도 형식어가 구사하는 섬세한 논리적 특성에 비추어 평가되어야 한다. 그렇다면 우리말이 구현하고 있는 논리적 특성은 무엇이며, 그것은 서양의 언어를 바탕으로 성립한 서양 논리학과 어떻게 다른가? 서양의 언어 그리고 논리학이 '-이다'는 '-이다'로, 또 '-아니다'는 '-아니다'로 일정하게 규정되고 판별하게 갈라지는 같음의 원칙 위에 세워져 있다면, 우리말은 '-이다'와 '-아니다'가 판별하게 갈라지지 않고 서로 간의 탈바꿈이 허용되는 다름의 원칙 위에 세워져 있는 것으로 볼 수 있다. 그래서 우리는 같은 사태를 놓고 '-이다'라는 기술과 '-아니다'라는 기술을 번복해도, 그것을 형식적 결함으로 인식하기보다는 오히려 더 잘 알아듣기도 하는 것이다. 우리가 우리말을 부리는 방식은 서양인들이 그들의 말을 부리는 방식으로는 납득되기 힘든 면이 있다. 다시 말해서 우리말의 형식어가 지닐 수 있는 형식이란 의미의 일정성이나 일관성이라는 기준을 버린 형식, 변통과 균열에 능숙한 흩어진 형식이라고 볼 수 있다.

이상과 같은 탐구를 통해, 우리는 우리의 시가와 말의 역사에서 과연 무엇이 그 숱한 변화 속에서도 살아남았는지를 한 눈에 알 수 있다. 우리 시가에서 유동체계에 해당하는 것과 우리말에서 실질체계에 해당하는 것들은 각 시대의 모습을 반영하면서 전승되는 과정에서 실로 숱한 변화를 겪었다. 그러나 우리 시가에서 고정체계에 해당하는 것과 우리말에서 형식체계에 해당하는 것들은 특정하게 나타내고자 하는 것도 없이 다만 그렇게 변화하는 모습들을 담아내는 가운데 살아남았다. 여기서 우리는 구비전승 시가의 틀거리와 우리말의 틀거리가 맞물리는 지점으로 인도된다. 어떻게 해서 우리 역사에서는 시도 노래도 말도 하나같이 뜻있는 말의 체계는 변하면서 오히려 뜻없는 말의 체계가 그 맥을 이어올 수 있었는가? 그렇다면 소위 우리의 정체성을 어디서 찾아야 하는 것일까? 시대적 흐름에 따라 표출되는 여러가지 변신의 모습 중 하나를 잡을 것인가, 아니면 그렇게 자유로운 변신을 가능케 했던 우리의 틀거리를 돌아보아야 하는가? 우리 민족으로 하여금 끊임없이 노래부를 수 있게 해주었던 밑천, 우리의 말을 다채롭게 부릴 수 있게 해주었던 밑천, 그것은 어떤 대단한 이념이나 목적에 있지 않았다. 그 밑천은 오히려 어떠한 의미의 일정성이나 일관성에도 구애받지 않고 끊임없이 균열을 일으키는 흩어진 형식에 있었다. 이제 우리는 그 흩어진 형식을 돌아보아야 한다.

(2) 철학적 풀이

우리는 어떤 일정한 의미나 규범에서 벗어날 때 허튼(흩어진) 소리를 한다고 말한다. 제멋대로 일탈하여 일정하게 붙잡아둘 수 없는 모양을 가리켜 흩어진다는 표현을 하는 것이다. 그런데 만일 그 허튼 양상이 어쩔 수 없이 체질화되어 있는 경우라면, 거기에 형식이라는 말을 덧붙여도 좋을 것이다. 허튼 형식은 어떤 절대적 의미나 규범의 완성을 지향하지 않는다. 오히려 완결되지 않는 불연속적인 흐름 가운데서 임시의 의미나 규범을 조이고 풀기를 반복할 따름이다. 이렇듯 자유로 맺고 푸는 허튼 리듬을 타고 우리의 노래가 짜여지고 말이 짜여진다.

우리는 임시의 마음을 실어 노랫말을 지어 부른다. 그 한 절의 노랫말이 채 끝나기도 전에 이내 우리의 입술은 텅빈 마음처럼 아무 뜻도 없는 후렴으로 미끌어진다. 그렇게 후렴을 흥얼거리면서 우리는 다음 노랫말을 준비한다. 보석처럼 갈고 닦이는 노랫말 뒤에는 닳아빠진 듯한 후렴이 언제나처럼 아무렇지도 않게 아직 거기에 있다. 거기서 기왕에 끌어안은 노랫말들을 일그러뜨리고 새로운 노랫말을 부추기고 있다. 그런 데서 의미있는 노랫말들이 일관적으로 엮이기를 기대하는 것은 속절없는 일이다. 그런 노래는 끝도 없다. 후렴은 의미의 일정성이나 일관성 또는 완결성을 흩어 놓는 형식이다. 뜻없는 후렴구의 허튼 형식을 따라 우리의 노래는 조이고 푸는 리듬을 연출한다. 그리고 그 허튼 형식을 빌려서 우리의 마음은 언제나 몰래 뒷걸음쳐 달아난다.

우리의 말이 짜여지는 방식도 이를 닮아 있다. 우리말은 아무 뜻없는 말들이 뜻있는 말들을 운용함으로써 이루어진다. 거기서 뜻있는 말들의 지위는 뜻없는 말들의 운용을 기다려야 한다. 그런데 그 운용의 길이 일정성이나 일관성을 따라 놓여지지는 않는다. 오히려 자유자재로 맺고 풂으로써 일정성이나 일관성을 흩어 놓는 그 파격성에서 뜻없는 말의 운용의 묘가 살아난다. 뜻없는 말들의 허튼 형식으로 우리의 얘기는 이렇게도 저렇게도 짜여지는 것이다. 이렇게도 저렇게도 짜아내는 그 허튼 형식에 우리의 마음이 매달려 있다.

그런 허튼 형식을 자유로 부리는 이의 마음은 도대체 어떻게 생겼을까? 우리의 관심은 그 마음을 그려보려는 데 있다. 그러나 거기에 무슨 일정성이나 일관성과 같은 것이 깃들어 있겠는가? 또 거기에 무슨 종합성 내지 정합성과 같은 것이 있을 수 있단 말인가? 거기에는 이미 하나의 같음이나 전체가 유지될 수 없는 균열이 준비되어 있을 뿐이다. 아무것도 잡고 있지 않기 때문에 무엇이나 잡을 수 있는, 무엇인가 잡는 듯하지만 한없이 일그러지고 미끄러지는 그래서 오히려 넉넉한 거기에 우리의 길들여지지 않는 마음이 숨어 있다. 우리의 시가나 말의 리듬을 통해 드러나는 우리의 마음은 그런 것이다.

여기서 우리는 서양철학에도 중국철학에도 동의할 수 없는 우리의 철학적 바탕이라 할만한 것과 만난다. 우리의 시가나 말이 짜여지는 허튼 형식들은 서양의 일관성이나 중국의 정합성과 같은 기준으로는 솎아낼 수 없는 우리의 허튼 마음을 보여주는 실마리들이다.

서양철학이 일관적인 같음의 논리학을 추구해왔다는 것은 곧 그들의 말을 그렇게 짜왔다는 애기일 것이다. 그러나 우리의 말은 같음이 같음으로 유지될 수 없고 다름으로 탈바꿈될 수 있는 길을 따라 짜여진다. 그렇게 말을 부리는 이의 마음이 일관성이라는 기준에 묶여 있다고는 볼 수 없다.

또한 중국인들의 정합적인 세계관은, 어느 하나를 말하는 데 있어서 그와 다른 하나와의 정합성을 고려하여 이야기를 엮어나가고, 말단의 사건조차 거대한 우주적 질서에 편입시키지 않고서는 거론하지 않는 그들의 언어 습성에서도 능히 엿볼 수 있는 것이었다. 하나의 같음이 언제든 또 하나의 다름으로 이어지는 중국적인 사고방식에서는 이미 일관성이라는 기준은 필요치 않은 것이다. 오히려 이렇듯 같음과 다름을 모두 끌어안으려 하는 데서, 양자의 상보적 의존 관계를 논하는 그들의 대대논리라는 것이 둥지를 틀 수 있었다. 그러나 이것을 달리 말하자면, 그들의 대대논리로 표현되는 같음과 다름의 상보적 의존성은 같음과 다름을 하나의 전체로 잡아두려는 정합적 세계관의 발로로 볼 수 있다. 그래서 중국인들이 펴는 대대논리와 정합적 세계관에서는, 같음이 다름으로 열리지만, 같음과 다름이 순환하는 거대한 같음의 체계에는 더이상의 다름으로의 길이 막혀 있다. 서양인들의 마음을 붙들어 두었던 동일성 내지 일관성이라는 기준 대신에, 대대관계나 정합성의 이상이 중국인들의 마음을 움켜쥐고 있는 것이다.

중국인들도 서양인들도 나름의 논리로 자기 중심을 지켜 왔다. 반면 우리는 오랜 세월을 두고 중국철학을 본떠왔고, 또 단시일 내에 서양철학에 흡수되었다. 그러나 아직도 우리의 마음 밑바닥에서는 서양의 일관성 논리나 중국의 정합성 논리로는 걷잡을 수 없는 균열이 일어나고 있다. 그 균열의 정체는 무엇일까? 논리적 관점에서 그 균열에 대해 어떻게 설명할 수 있을까? 우리는 일관적인 같음의 길을 따라 말을 하고 노래를 해오지도 않았고, 또한 정합적인 전체를 구상한 바도 없다. 서양인들처럼 다름을 제거함으로써 같음을 유지하는 전략을 꾀하지 않았으므로, 우리에게는 같음에서 다름으로의 열림이 자유로웠다. 그러나 우리는 중국인들처럼 그 열림을 또다시 하나의 폐쇄체계에 가두어 두는 일은 하지 않았다. 같음과 다름의 부단한 교체와 공존에서 우리 민족이 보았던 것은 전체를 향한 정합성이 아니라 오히려 전체를 일그러뜨리고 깨뜨리는 균열 그 자체이다. 균열은 언제나 어디서나 다름으로써만 그 얼굴을 드러낸다. 그러니 같음의 원리나 정합의 원리로써는 균열을 평정할 수 없었던 것이다. 어디에나 흡수되었지만 어디에도 붙잡아둘 수 없었던 우리의 허튼 마음의 자락은 그러한 균열의 미학, 균열의 논리에 닿아 있다.

역사는 우리의 논리라는 것이 떠오를 기회를 주지 않았다. 그러나 다른 질서에 편입되고 또 그로부터 떨어져나오기를 반복하면서 익숙해질 수 있었던 균열의 리듬은 우리에게 어떤 이념이나 논리로도 대신할 수 없는 생존력을 발휘하게 해주었다. 이제 우리의 역사는 어디를 향해 접어들고 있는가? 다른 세계의 사상들을 수용하고 시험해 본 우리는 이 시점에서 과연 무엇을 말할 수 있는가? 서양인도 중국인도 나름의 논리로 잡아가두려 했던, 그러나 결국은 서양인의 마음에도 중국인의 마음에도 잡힐 수 없었던 균열의 리듬, 그것은 어쩌면 그들도 또 우리도 벗어날 수 없는 공동의 숙명은 아닐까?

*참고가 되었던 자료들

1. 책보기를 꺼려해서 체계적인 읽기를 하지 않았다. 다만 이따끔씩 곁눈
   질로 두서없이 훑어보았던 책들로는 이런 것들이 있다.

임기중 편저, 『우리의 옛 노래』, 현암사, 1993.

김희보 편저, 『한국의 옛시』, 종로서적, 1986.

박종홍 외 집필, 『한국의 명저』, 현암사, 1986.

김만중 저, 홍인표 역주, 『서포만필』, 일지사, 1990.

이기문, 『국어사 개설』, 탑출판사, 1972.

김석득, 『우리말 연구사』, 정음문화사, 1992.

고영근, 『국어학 연구사』, 학연사, 1992.

김종진 외 공저, 『국어 연구의 발자취』, 서울대학교출판부, 1985.

한길, 『국어 종결어미 연구』, 강원대출판부, 1991.

북한 어학 자료 총서, 『언어학 론문집』, 과학, 백과사전 출판사, 1985.

조동일, 『한국 문학 통사』, 지식산업사, 1994.

김윤식, 김현 공저, 『한국 문학사』, 민음사, 1973.

장덕순 외 공저, 『구비 문학 개설』, 일조각, 1993.

조동일, 『구비 문학의 세계』, 새문사, 1980.

정병욱, 『한국 고전 시가론』, 신구문화사, 1993.

김동욱 외 공저, 『한국의 전통 사상과 문학』, 서울대출판부, 1982.

최현무 엮음, 『한국 문학과 기호학』, 문학과 비평사, 1988.

천이두, 『한의 구조 연구』, 문학과 지성사, 1993.

백대웅, 『인간과 음악』, 어울림, 1993.

신대철, 『우리음악, 그 맛과 소리깔』, 교보문고, 1993.

장사훈, 『한국 전통 음악의 이해』, 서울대 출판부, 1981.

장사훈, 『최신 국악 총론』, 세광음악출판사, 1985.

민속학회, 『한국 민속학의 이해』, 문학아카데미, 1994.

임재해 편, 『한국의 민속 예술』, 문학과 지성사, 1988.

2. 책보다 가까웠던 것이 노래였다. 그래서 이 글은 책들에 대한 논문이기
보다는 노래들에 대한 느낌에 크게 의존해 있다. 민요와 판소리 등의 우
리 노래를 주로 들었고, 서양의 가곡과 오페라 등을 가끔씩 섞어 들었
다. 그러나 요즘의 한국 가곡이라고 하는 것은 다시 들을만하지 않았다.

3. 그리고 생활하면서 여러 방식으로 접할 수 있었던 우리 예인들의 증언
에서 도움을 얻기도 하였다.

4. 어떤 형태로건 한 자리에 엮어 볼 필요는 있었다. 그러나 쫓기듯 쓰다
보니, 이 모든 자료들, 특히 우리의 옛시와 노래들이 구체적인 사례로
글 가운데서 살아날 수 없었던 점과 서양철학과의 비교와 연결이 너무
나 당연했기에 미처 드러날 수 없었던 점에 아쉬움이 남는다.

■ 저자 연보 ■

1963년 8월 14일 서울 종로2가 14번지에서 출생.
　　　　리라초등학교, 계성여자중학교, 서울여자고등학교 졸업.

1982년 3월 연세대학교 철학과 입학.

1992년 6월 연세대학교 대학원 철학과에서 『흄의 관념론 비판』으로 문학
　　　　석사 학위 받음.

1993년~2006년 5월 조상현 심청가춘향가 학습(판소리보존회-창우회).

1999년 12월 연세대학교 대학원 철학과에서 『흄의 상상력비판』으로 철학
　　　　박사 학위 받음.

2000년~2001년 이보형의 민속악연구, 한국예능음악, 속요론, 한국근현대
　　　　음악사, 한국무속음악연구 등 청강.

2003년~2007년 성우향 춘향가·심청가 학습(소리강산회).

2003년 6월 『동양 문화의 이해』(총331쪽)와 『문화와 상상력』(총395쪽)을
　　　　'도서출판 동과서'에서 동시 출간.

2006년 9월~2014년 8월 연세대학교에서 '철학입문'·'철학과 방법'·'현대
　　　　철학의 문제'·'서양철학사'·'서양철학특강'·'영국경험론'·'경험론의 문
　　　　제' 등을 강의. 2011, 2012, 2014년 우수강사로 연세대학교 총장
　　　　상 수상.

2008년 2월 논문 「한국인의 미의식과 세계관-판소리 음악어법에서-」 탈고.

2009년 2월~2014년 5월 정회석 춘향가수궁가·적벽가 학습(소릿길여행).

2014년 5월 서울대학교 병원 입원.

2015년 3월 15일(음 乙未 1월 25일) 폐암으로 강남성모병원에서 작고.

『한국 문화의 철학적 해석』 출간에 부쳐

　세상에는 자신들이 가지고 있는 것에 비해 많이 드러내는 자들이 있고, 드러내 보이지 않고 홀로 산을 쌓는 자들도 있다. 김선영 박사는 지난 삼십년간 새하얗게 밤을 새우며 누구도 범접할 수 없는 산을 홀로 쌓았다.

　그 산은 철학과 판소리로 이루어진 산이다. 얼핏 보면 생소할 수 있는 이 두 영역을 아우르기 위해 그녀는 철학자로서 판소리 세계로 몰입하여 매주 명창들의 판소리를 듣고 배우고 녹음하였으며 방대한 자료(판소리 음악도서 675권, 음향영상자료 6,369건)를 수집하여 분석하고 연구하였다. 이는 한국 문화의 철학적 이론의 근거가 부족함을 안타까워하는 마음에서 시작된 작업이었다.

　진정한 우리의 마음, 한국인의 정서가 내재해 있는 것은 판소리라고 생각하였던 그녀는 판소리를 이론으로만 연구한 것이 아니라 직접 배우기도 하였으며 결국에는 판소리계에서 놀라워하는 귀명창이 되기도 했다. 이러한 독보적이고 치열한 작업을 통해 그녀는 드디어 판소리를 통한 한국문화의 철학적 문법을 밝혀내기 시작하였고, 그녀의 연구는 우리나라의 문화를 설명해내는 다이어그램을 형성하는데 중요한 기반이 되리라 본다.

그녀가 떠나고 3년이 되었다. 이십년 동안 단 한 번도 빠짐없이 명창들의 판소리 수업을 매주 녹음하였으며, 대부분의 날들은 밤을 새우며 작업을 하였다. 고강도의 몰입과 끊임없는 인식력은 그녀의 몸을 힘들게 한 것일까, 그동안의 연구를 출력할 계획과 프로그램들을 정지시킨채로 병마는 순식간에 그녀를 떠나게 하였다.

평생 동안 친구였던 나에게 그녀의 빈자리는 아직도 인정하기 어려운 슬픔이듯이, 이 책을 읽은 독자들도 그녀의 후속 연구가 정지된 아쉬움을 발견하게 되리라 본다. 우리 문화를 사랑하는 이들께서 지속적인 이해와 관심으로 그녀의 연구를 이어주기를 바라는 것은 지나친 바람일까.

2018년 3월
박계원(철학, 가톨릭대 강사)